柳南客专路基工程设计关键技术研究

罗军◎著

西南交通大学出版社
·成都·

图书在版编目（CIP）数据

柳南客专路基工程设计关键技术研究 / 罗军著.
成都：西南交通大学出版社，2024.8. --ISBN 978-7
-5643-9966-5

Ⅰ.U416.104

中国国家版本馆 CIP 数据核字第 2024ET3286 号

Liu-Nan Kezhuan Luji Gongcheng Sheji Guanjian Jishu Yanjiu
柳南客专路基工程设计关键技术研究

罗　军　著

策 划 编 辑	吴　迪
责 任 编 辑	何明飞
助 理 编 辑	陈发明
封 面 设 计	GT 工作室
出 版 发 行	西南交通大学出版社 （四川省成都市金牛区二环路北一段 111 号 西南交通大学创新大厦 21 楼）
营销部电话	028-87600564　028-87600533
邮 政 编 码	610031
网　　　址	http://www.xnjdcbs.com
印　　　刷	成都蜀通印务有限责任公司
成 品 尺 寸	170 mm × 240 mm
印　　　张	12.75
字　　　数	196 千
版　　　次	2024 年 8 月第 1 版
印　　　次	2024 年 8 月第 1 次
书　　　号	ISBN 978-7-5643-9966-5
定　　　价	65.00 元

图书如有印装质量问题　本社负责退换
版权所有　盗版必究　举报电话：028-87600562

前　言

按照国家《"十四五"现代交通运输体系发展规划》目标要求，预计2025年底全国铁路营业里程将达16.5万公里左右，其中高速铁路（含部分城际铁路）5万公里左右，覆盖95%以上的50万人口以上城市，基本形成"全国123高铁出行圈"，更好地满足人们美好出行需要。自我国第一条高速铁路——京津城际铁路建成通车后，我国的高速铁路发展势头迅猛。这些高速铁路的建成，在改变我们日常出行方式的同时，也为改善我国的交通运输结构发挥了积极的作用，为我国经济社会的发展提供了源源动力。

铁路路基作为铁路线路工程中不可或缺的一部分，在铁路的建设和运营期间发挥着重要作用。路基结构承受着上部轨道的自重和列车的动荷载，由此产生的沉降变形和侧向位移是路基产生几何不平顺的主要原因，也影响着路基结构稳定性。

柳南客运专线位于广西壮族自治区，是设计速度目标值为250 km/h的有砟轨道铁路，该线是连接柳州和南宁的快速城际铁路，也是广西连接全国的重要通道。作为广西最早的铁路客运专线，分析研究柳南客专比较有代表性的膨胀土路基、锰矿开采区路基、四线并行段路基、喀斯特地貌条件下岩溶和危岩落石路基、中等压缩性土地基现场监测及级配碎石过渡段强度检测等具有重要意义，通过总结相关设计经验，归纳形成关键技术研究成果，可为未来的高速铁路建设提供积极有效的经验。本书的相关研究成果可为从事路基工程设计与研究的相关人员提供参考。

本书成果是作者在中铁二院工程集团有限责任公司工作期间部分研究工作的总结。本书的撰写也得到了西南交通大学蒋关鲁教授、刘先锋教授、李建国副研究员等的关心与指导。在此，向他们表示衷心的感谢！

由于作者水平有限，书中难免存在疏漏和不足之处，衷心希望读者不吝赐教。作者电子邮箱地址：550662385@qq.com。

作　者

2024.03

目录

1 绪 论 ·· 001
   1.1 研究背景 ···································· 001
   1.2 国内外研究现状 ······························ 003
   1.3 研究目的及意义 ······························ 007
   1.4 研究内容及技术路线图 ························ 007

2 膨胀土路基设计 ···································· 010
   2.1 概 述 ······································ 010
   2.2 试验研究 ···································· 011
   2.3 沉降计算 ···································· 019
   2.4 路基稳定性分析 ······························ 027
   2.5 地基加固和高陡边坡防护设计 ·················· 042
   2.6 本章小结 ···································· 046

3 锰矿开采区复合地基加固及承载力研究 ················ 048
   3.1 概 述 ······································ 048
   3.2 常用复合地基加固机理及优缺点 ················ 048
   3.3 水泥搅拌桩加固洗矿池方案 ···················· 050
   3.4 预应力管桩加固采空区方案 ···················· 056
   3.5 本章小结 ···································· 064

4 四线并行段路基设计 ··· 065
4.1 概　述 ··· 065
4.2 线间距的确定 ··· 066
4.3 路基排水设计 ··· 068
4.4 四线并行段设计方案 ··· 076
4.5 本章小结 ··· 078

5 喀斯特地貌岩溶及危岩落石整治 ··· 080
5.1 概　述 ··· 080
5.2 岩溶整治 ··· 081
5.3 危岩落石整治 ··· 087
5.4 本章小结 ··· 096

6 中等压缩性土地基现场监测 ··· 098
6.1 试验目的及意义 ··· 098
6.2 监测方案 ··· 098
6.3 监测工点介绍 ··· 100
6.4 监测结果及数据分析 ··· 101
6.5 本章小结 ··· 188

7 结论与展望 ··· 190
7.1 主要结论 ··· 190
7.2 展　望 ··· 192

参考文献 ··· 194

1 绪 论

1.1 研究背景

自我国第一条高速铁路——京津城际铁路建成通车后,我国的高速铁路发展势头迅猛,预计到 2025 年,其营业里程将超过 5 万公里。这些高速铁路的建成,在改变我们日常出行方式的同时,也对改善我国的交通运输结构发挥了积极的作用,为我国经济的发展提供源源动力。

铁路路基作为铁路线路工程中不可或缺的一部分,在铁路的建设和运营期间发挥着重要作用。路基结构承受着上部轨道的自重和列车的动荷载,由此产生的沉降变形和侧向位移是路基产生几何不平顺的主要原因,也影响着路基结构稳定性。

柳南客运专线位于广西壮族自治区,是设计速度目标值为 250 km/h 的有砟轨道铁路,该线是连接柳州和南宁的快速城际铁路,也是广西连接全国的重要通道。柳南客运专线正线里程:D1K546+200~DK738+900,线路全长 193.651 km,其中区间路基长 103.79 km,站场路基长 9.92 km,路基长度在线路总长中占比高达 58%。柳南客专于 2009 年 6 月开工建设,2013 年 12 月 31 日通车运营。

作为广西壮族自治区内最早的铁路客运专线,分析研究柳南客专比较有代表性的膨胀土路基、锰矿开采区地基、四线并行段路基、喀斯特地貌条件下岩溶和危岩落石路基、中等压缩性土地基现场监测等具有重要意义，通过总结其设计经验，归纳相关成果，将对类似路基工点提供设计依据，对未来的高速铁路建设提供积极有效的经验。

膨胀土作为中等压缩性土，对高速铁路尤其是无砟轨道路基的沉降控制影响较大。按照传统的理论计算原理，无砟轨道路基往往需要采取复合地基进行加固，一般采用 CFG（Cement Fly-ash Gravel）桩加固，加固深度为 15~20 m，如能合理优化桩长和桩间距，可节约大量投资。而针对有砟轨道路基，即使是设计速度为 250 km/h，按照传统的理论计算原理，其沉降计算值和边坡稳定性分析值在高路堤中会超出规范规定值，这样的膨胀土地基一般未采取加固措施。这样的路基工点，在极端气候条件下又往往成为运营线路中的薄弱点、隐患点。在此背景下，根据原铁道部科研课题，在柳南客专选取膨胀土地基试验段，开展了一系列的研究。

锰矿开采区路基，在铁路路基设计中并不常见，柳南客专路基出现了洗矿坑和采空区地下巷道两种地形，分析其加固原理、施工工艺，总结其设计、施工经验，对类似工点的处理有重要的指导意义。

四线并行段路基在高速铁路中非常少见，但是随着国内高速铁路网的加密，在未来的铁路建设中的应用会越来越多。如何减少征地和路基工程数量，且满足设备和运营要求，值得深入研究。

喀斯特地貌在我国分布广泛，西南地区的高速铁路建设往往会遇到岩溶、危岩落石等问题，早期的铁路设计通常是：前期勘察的深度和细度不够，参建各方、铁路局工务部门认识不足，造成施工图设计不深、不细，配合施工中变更设计解决一部分，运营出现病害时再处理一部分。这样的结果是，铁路运营风险较大，且处理病害的难度也大。本书选取这部分内容开展研究，是希望总结柳南客专岩溶整治和危岩落石防护专项设计的成功经验，并根据施工和运营的经验教训，为以后类似工点的设计优化和完善提供指导性意见。

中等压缩性土地基现场长期观测是研究膨胀土的沉降变形特性，主要包括长期应力测试和长期沉降监测两部分。长期应力测试于基底桩顶、桩间土不同位置处埋设土压力盒，量测施工和预压期内基底应力变化。加筋垫层土工格调埋设柔性位移计监测土工格栅的拉伸量,分析复合地基土拱效应和柔性基础变形机理,进一步研究基底应力的分布和变化规律。长期沉降监测通过现场监测路堤填筑期和预压期中的地基沉降变形和侧向位移变化,探讨中等压缩性土地基沉降变形规律,检验地基加固效果,验证设计理论的正确性,制定施工控制标准,完善中等压缩性土地基沉降控制技术,以指导高速铁路路基地基设计和施工。现场监测成果,一方面可为中等压缩性土地区有砟轨道高速铁路的建设提供技术支撑,另一方面也可为相关标准的编制或修订提供理论依据。

综上所述,参考规范的要求,在安全、可靠、实用、经济的指导原则下,本书结合柳南客运的设计标准、地质条件、地形地貌等特点开展了比较有代表性的路基工点研究,为后续铁路工程的建设及运营管理工作提供经验和必要的参考依据。

1.2 国内外研究现状

膨胀土是一种由伊利石、蒙脱石等亲水矿物组成的黏土,具备胀缩性、超固结性、多裂隙性、易风化性等特征。在膨胀土上修建的各种建筑物经常面临变形破坏、边坡失稳、土体开裂沉陷、浸水软化、基层翻浆冒泥等问题。国内外针对膨胀土的研究包含强度、变形、微观结构、胀缩等级判定等方面。王国强[1]通过地基载荷试验,对江淮地区膨胀土进行了研究,发现当地基土受到扰动或含水量剧增时,膨胀土体会呈现强度突降、压缩性变大的趋势。周建普等[2]通过相关膨胀土的试验,得出土样的膨胀力和膨胀量会随着干密度的增大或湿度的降低而增大。Jiang 等[3]通过现场试验研究了高速铁路路堤荷载作用下膨胀土的胀缩特性,结果表明土体反映的膨胀特性主要取决于路堤荷载,通过适当设计路堤的高度并考虑膨胀土地面可能引起的最大膨胀压力,可以有效地控制路堤的沉降。Miao 等[4]针对膨胀土的水土作用特性进行了若干试验研究。此外,在胀缩等级的判定方面,冯玉国[5]提出了以胀缩等级、判别指标等作为物元,构建关联函数来判别土体胀缩等级的方法;国内膨胀土规范则将自由膨胀率和地基分级变形量作为相关指标,把膨胀土分为了Ⅰ、Ⅱ、Ⅲ级；卢国斌等[6]构建了一种 Fisher 模型用以划分膨胀土胀缩等级，并以黏粒含量、液塑限等参数作为判别指标；Aytekin 等[7]则建立了一种针对膨胀土膨胀势的数值模型。

土的沉降量由瞬时沉降 S_d、主固结沉降 S_c 和次固结沉降 S_s 组成。其中，瞬时沉降是荷载施加瞬时，孔隙水无法及时排出而使土体发生侧向挤出变形所带来的沉降；荷载施加后，土中孔隙水流出，同时伴随体积的减小，由此形成主固结沉降；而主固结沉降停止以后，因剪应力作用造成土体发生蠕变所带来的沉降称为次固结沉降。基于上述内容的沉降计算方法涉及基底应力、附加应力等内容。其中，曾国熙等[8]对比例荷载法和均布荷载法进行了分析比较，对于无黏性材料填筑的路基，荷载传递到基底时呈现为均布荷载；路基为黏性土填料时，基底应力则介于均布荷载法与比例荷载法之间。蒋关鲁等[9]提出了用比例荷载法、均布荷载法和弹性土堤法来确定基底应力的方法。对于附加应力的求解，通常先基于 Boussinesq 解法得到地基土在集中力作用下的附加应力分布，再通过积分换算得到不同荷载形式下的应力解；而应力扩散法则认为土中的应力是以一个特定的扩散角均匀传递的，从而计算出扩散范围内土中的附加应力。Perloff 等[10]分析了将路堤和地基看成连续、各向同性的线弹性材料，并考虑了路堤边坡高度、宽度、坡度及泊松比的影响，给出了路堤和地基中应力的分布形式。王海龙[11]对坡度为 30° 的路堤在不同高宽比下的附加应力进行了分析拟合，得到了计算地基附加应力的拟合公式。

复合地基的总沉降分为加固区和下卧层两部分。针对加固区沉降量的计算，《铁路工程地基处理技术规程》（TB 10106—2023）对复合模量法、承载力比法等方法作了介绍：复合模量法将不同深度处所对应的天然地基土和桩体的模量进行加权平均，并将加权得到的复合模量作为该层的模量；承载力比法则是通过将地基土模量乘以一个模量提高系数 ξ 来得到复合模量，提高系数由所在地区地质情况和工程经验确定。下卧层的沉降量主要取决于附加应力在其中的分布，现阶段有 Boussinessq 解法、应力扩散法、$L/3$ 法等方法用以确定土中的附加应力。在国外研究中，Mindlin[12]得出了竖向集中荷载下半无限弹性体内任一点的应力解。Geddes[13]在 Mindlin 的基础上将端阻力和侧阻力以集中力的形式作用在桩端和桩侧，以此求得土中应力的解析式。Randolph[14]则将桩头在荷载作用下的受力看成了桩端集中力和桩侧摩阻力两部分，用以求解桩头产生的位移。当相对位移在某一限值内时，侧摩阻力与位移呈函数相关，位移超过该限值时，侧摩阻力保持不变。国内方面，李建国等[15]通过对比分析 Boussinesq 解法、等效实体法、应力扩散法和当层法在计算下卧层附加应力时的适用情况后，推荐使用布氏法来确定其中的附加应力。《铁路工程地基处理技术规程》（TB 10106—2023）中也提到了计算下卧层沉降中常用的 $L/3$ 法，即假设荷载直接作用于距离下卧层顶面 $L/3$ 处，并以30°的扩散角从两端向下扩散，由此求得附加应力。在确定复合地基的承载力时，须参照规范进行地基载荷试验，同时参考理论分析的结果。肖渼等[16]利用可靠度分析理论来确定复合地基的承载力。李哲[17]提出了"复杂度"这一理论，并结合数值模拟和载荷试验的方式进行了承载力的研究。

路基边坡失稳是因为土体本身的抗剪强度无法承担剪应力的作用，从而产生了贯通的破裂面，进而发生失稳。当前，有极限平衡法、极限分析法、有限元法等方法用以分析边坡稳定性。极限平衡法先假设一个滑动面，根据力及力矩的平衡，求解极限状态下的稳定安全系数，然后通过安全系数的最小值来确定危险滑面，具体分析方法主要有：瑞典条分法[18]、Bishop 法[19]、不平衡推力法[20]、Janbu 法[21]、Spencer 法[22]、Sarmar 法[23]等。刘怡林[24]通过求解不同路基形式下的稳定安全系数，总结了特殊土路基边坡下针对路堤、路堑的稳定性分析方法。刘金龙[25]用不同的极限平衡条分法对路基稳定性进行了研究，并对每种方法的假设前提、准确度及使用的局限性进行了总结。极限分析法则是在理想的塑性体、小变形及遵循联流动规则这三个假设条件之上，从上、下限两个方向逼近真实解。李国英等[26]在极限分析法的基础上，参考数学规划法的求解方式得到了下限解。郑颖人等[27]通过对比经典极限分析法和数值分析法，对有限元极限分析法具有的优越性进行了概括。有限元法通常用来求解非线性问题，由于有限元法在材料、边界条件、施工过程设置方面的优越性，因此其得到了广泛的应用。赵尚毅等[28]在有限元法的基础上，利用强度折减来求解安全系数，所得安全系数与屈服准则相关。周资斌[29]在有限元法的基础上，利用材料折减、敛散性计算及塑性区分析，求得了安全系数及最危险破裂面的位置。

参考国内外文献，针对岩溶整治和危岩落石的防治研究已经获得了大量成果，主要集中在岩溶形成机理、风险评估及岩溶整治等方面。在岩溶形成机理的研究方面，国外一些学者利用模型试验、数值分析等方法，模拟了地基土的潜蚀塌陷：Shiraishi[30]研究了隧道工程中由于上覆软土入侵所造成的塌陷问题；Howell[31]模拟分析了覆盖层为砂层的岩盐洞穴产生潜蚀塌陷的情况；Craig[32]针对洞穴覆盖层为黏土或砂层的情况进行了离心机模型试验，并得到了极限状态下的安全系数。谢忠球等[33]将土洞在发展过程中引发坍塌和崩坏的主要原因归结为剥落力的作用。王建秀等[34]通过对造成岩溶塌陷的前提条件及岩溶塌陷发育客观规律的研究，提出了针对岩溶塌陷时的危险性分区理论。冷长明[35]以覆盖型岩溶路基加固工程为例，对该工程所涉及的设计及施工技术要求进行了论述。薛元等[36]以云桂铁路岩溶整治工程为例，利用施工过程中获取的地质信息验证前期的勘探情况，同时开展分序施工、动态设计，并总结出了具体的施工准则。

危岩落石方面，国内外学者主要从危岩成因机制、落石运动特征及防护等方面进行研究。Al-Jabali 等[37]根据也门 Al-Huwayshah 的落石现场的分析得出，造成滚石灾害的主要因素有岩体自重、地形、节理、风雨地震等自然因素，以及人类活动等。Dunning 等[38]以 2005 年 10 月 8 日的 Kashmir 地震为例，总结了震后边坡滑动、崩塌的形态特征及分布规律。叶四桥等[39]提出：一个地区的岩层、地质构造、物理风化作用，以及气候和人为活动都是危岩发育的原因。陈洪凯等[40]通过分析太白危岩，从宏观链与微观链的角度揭示了危岩的群发性机理，总结出了针对群发性危岩形成的若干条件。另一方面，针对滚石运动特征的研究对落石防护措施的制定有着重要参考价值。Azzoni 等[41]通过数值模拟方法分析了不同坡面情况下落石的受力特征。Jiang[42]利用离散单元法模拟了滚石在下落过程中的运动轨迹，并总结了一套基于上述理论的反演计算方法。袁进科等[43]设计了一种冲击力测试装置，再通过多种计算方法的结果比较，总结出了最大冲击力计算的新方法。叶四桥等[44]通过分析国内外若干具有代表性的冲击力算法，认为国内有关方法计算所得冲击力偏小，而日本道路工团所使用的经验算法比较贴合实际，建议引用。

1.3 研究目的及意义

柳南客专路基工程设计涉及内容多、专业性强，本书对具有代表性的膨胀土路堤、锰矿开采区地基加固、四线并行路基设计、岩溶整治和危岩落石防护等四个方向予以研究，研究目的如下：

（1）通过室内及现场试验，获取膨胀土及其他路段地基土的相关力学性质参数。

（2）结合试验研究成果和相关理论，对膨胀土路基进行沉降计算和稳定性分析，并对膨胀土地基加固和高陡边坡防护设计案例进行总结研究，形成勘察设计经验成果。

（3）查阅相关复合地基及桩基资料，对锰矿开采区进行水泥搅拌桩及管桩加固，并进行承载力计算分析。

（4）结合现行规范及相关资料，对线路线间距的影响因素进行分析，对四线并行段进行线路、排水及其他附属工程的设计。

（5）通过现场勘探了解岩溶地段的地质情况，并结合相关理论研究，确定岩溶治理方案。

（6）查阅危岩落石的相关研究资料，结合落石冲击试验和落石计算给出危岩落石路段的整治措施和防护方案。

（7）通过中等压缩性土地基的监测成果分析，总结该地层高填方路基的沉降特性，得出该地层地基加固处理措施。

本书以柳南客运专线路基工程为依托，对相关路段展开有关力学特性、地基沉降变形、稳定性及承载力特性的研究，并结合工程情况给出路基治理方案及防护措施。

1.4 研究内容及技术路线图

本书通过固结试验、平板载荷试验、旁压试验、静力触探试验、标准贯入试验等获取相关模量及参数；根据理论成果，总结路基沉降变形、边坡稳定性及承载力计算的理论方法，并对比现场实测数据，最终确定适合的计算理论；

总结膨胀土高填方路基和路堑高陡边坡的设计方法，提出有价值的解决方案。针对锰矿开采区，研究复合地基加固的原理，通过复合地基承载力计算分析复合地基的适用条件、施工工艺，总结设计经验；分析四线并行段路基的线间距确定、排水设计及站后附属工程的设置，合理控制投资；根据地质资料及理论计算，给出岩溶整治和危岩落石防护的设计原则和具体方案。通过中等压缩性土地基现场监测，详细掌握高路堤低压缩性地基的沉降特性，是对高速铁路中等压缩性土地基的整体工作性能研究及设计合理性的综合验证。技术路线图如图 1-1 所示；图 1-2 为岩溶区 D1K591+300 左侧深路堑路基现场实景，图 1-3 为 D1K737+200 右侧膨胀土深路堑高陡边坡处理后的运营实景。

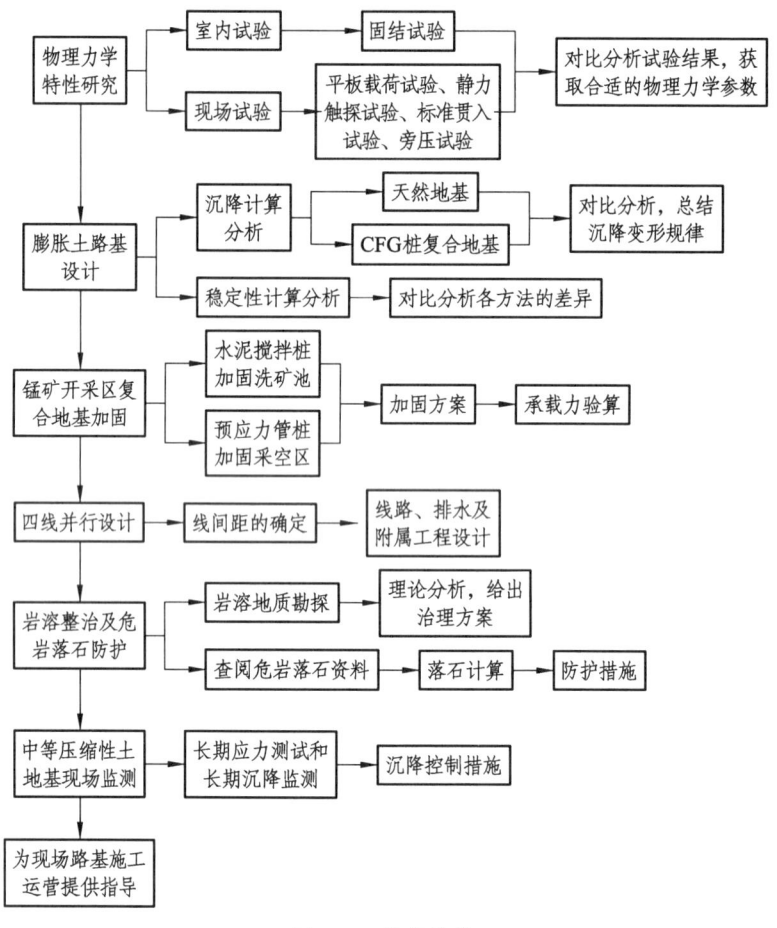

图 1-1 技术路线

图 1-2　D1K597+300 现场实景

图 1-3　D1K737+200 现场实景

2 膨胀土路基设计

2.1 概 述

柳南客专路基全长 133 km，其中膨胀土路基长 22.1 km。在膨胀土中，亲水矿物的存在使得土体能够在吸水后产生软化和膨胀，在失水后发生收缩和开裂，因此具有反复胀缩变形的性质。针对膨胀土路基，目前国内高速铁路工程中大都将其当成普通黏性土处理。对于无砟轨道路基，须满足沉降控制标准，若采用 CFG 桩、管桩等桩基进行处理，其工程量往往偏大，且成本高昂，这就在一定程度上限制了投资；对于有砟轨道，则须结合沉降及边坡稳定分析确定其加固方案，而不同加固措施之间的差异往往较大。现阶段，地基沉降计算理论、沉降变形控制及路基稳定性分析方面的研究已经取得了一定的成果，但仍存在一些问题，主要体现在以下几个方面：① 膨胀土地基沉降变形计算精确度偏低，沉降变形参数获取方法不完善；沉降计算理论值与实测值差异过大。② 在进行路基沉降预测时还需提高其准确度；③ 路基稳定性分析计算方法不统一。

针对以上存在的问题，本书选取柳南客专 D1K559+417～D1K559+712 段作为膨胀土试验段，通过综合勘察和土工试验，对比分析多种地基加固措施的处理效果，对膨胀土地基的沉降特性与地基处理技术进行系统研究。

2.2 试验研究

根据现行规范及资料,对柳南客专试验段内地基土进行试验研究,主要包括膨胀土试验、液塑限试验、比重试验、颗粒密度试验、颗粒分析试验、固结试验、三轴试验等室内土工试验,以及平板载荷试验、静力触探试验、旁压试验、标准贯入试验等现场原位试验,以便充分了解试验段内地基土的物理力学特性。

2.2.1 室内试验

本次室内试验在柳南线 D1K559+379.41~D1K559+717 段内选取了若干断面进行,包括膨胀土试验、液塑限试验、比重试验、颗粒密度试验、颗粒分析试验、固结试验、三轴试验等。本书对 D1K559+650 断面的相关数据进行了分析研究。

(1)膨胀土膨胀势的判定。

《铁路工程特殊岩土勘察规程》(TB 10038—2012)中关于膨胀土详判指标如表 2-1 所示。

表 2-1 膨胀土详判指标

名　　称	判定指标
自由膨胀率 F_s/%	$F_s \geqslant 40$
蒙脱石含量 M/%	$M \geqslant 7$
阳离子交换量 (NH_4^+)/(mmol·kg^{-1})	$CEC(NH_4^+) \geqslant 170$

当土样满足表 2-1 中的两项要求时,便可判定该土样为膨胀土。

膨胀土的膨胀潜势应根据阳离子交换量 (NH_4^+)、蒙脱石含量及自由膨胀率等参数综合评定[45]。其中,阳离子交换量指土颗粒表面分布的矿物晶体结构内的片层之间或者腔体内的阳离子与游离在孔隙溶液中的阳离子发生的等量交换作用。自由膨胀率的计算如下:

$$\delta_{ef} = \frac{v_w - v_0}{v_0} \qquad (2-1)$$

式中　　δ_{ef}——自由膨胀率(%);

v_w——膨胀后的体积(mL);

v_0——土样的初始体积（mL）。

因此，参考《铁路工程特殊岩土勘察规程》（TB 10038—2012），将膨胀土的膨胀势分为强、中、弱三级，如表 2-2 所示。

表 2-2　膨胀土的膨胀潜势分级

阳离子交换量 (NH_4^+)/ （mmol·kg^{-1}）	蒙脱石含量 M / %	自由膨胀率 F_s / %	分级指标
$170 \leqslant CEC(NH_4^+) < 260$	$7 \leqslant M < 17$	$40 \leqslant F_s < 60$	弱膨胀土
$260 \leqslant CEC(NH_4^+) < 360$	$17 \leqslant M < 27$	$60 \leqslant F_s < 90$	中等膨胀土
$CEC(NH_4^+) \geqslant 360$	$27 \leqslant M$	$90 \leqslant F_s$	强膨胀土

在柳南客专 DK540+140 ~ DK634+181.1 范围内取 58 组试样开展了阳离子交换量、蒙脱石含量、自由膨胀率试验，部分试样指标如表 2-3 所示。58 组试样中，10 组土样为中等膨胀土，44 组土样为弱膨胀土，2 组土样为非膨胀土。

表 2-3　柳南客专红黏土膨胀势判别指标

序号	取样地点	取样深度 /m	阳离子交换量 $CEC(NH_4^+)$/ (mmol/100g)	蒙脱石含量 M / %	自由膨胀率 F_s /%	定名
1	DK548+676.25 左 2.75 m	1.50~1.80	30.54	13.64	48	弱膨胀土
2	DK547+664.40 右 3.30 m	1.00~1.20	25.45	11.59	50	弱膨胀土
3	DK547+435.07 右 3.00 m	1.20~1.40	25.45	11.82	43	弱膨胀土
4	DK548+746.15 右 0.95 m	1.47~1.77	20.87	9.09	40	弱膨胀土
5	DIK550+871.66 右 3.00 m	2.30~2.80	34.10	15.23	53	弱膨胀土
6	DIK550+804.62 左 0.8 m	1.30~1.80	25.45	11.36	44	弱膨胀土
7	DIK559+408.44 左 0.8 m	4.00~4.50	20.45	20.45	56	中膨胀土
8	DK567+442.88 右 2.30 m	3.50~3.90	8.86	8.86	46	弱膨胀土

续表

序号	取样地点	取样深度/m	阳离子交换量 CEC(NH_4^+)/(mmol/100g)	蒙脱石含量 M/%	自由膨胀率 F_s/%	定名
9	D1K548+287.62 右 6.84 m	2.00~2.40	13.74	13.74	47	弱膨胀土
10	D1K546+960 中心	2.60~2.00	14.35	14.35	37	弱膨胀土
11	D1K547+060 中心	2.00~2.40	9.37	9.37	36	弱膨胀土

（2）液塑限试验。

本试验采用光电式联合测定仪进行，参照《铁路工程土工试验规程》(TB 10102—2010)，试验时记录圆锥沉陷深度为 17 mm、10 mm、2 mm 时土样的含水率，将其作为液限、10 mm 液限及塑限指标。

塑性指数 I_p 需要根据试验所得的 10 mm 液限计算。黏性土的划分应参照《铁路工程岩土分类标准》(TB 10077—2001)，按表 2-4 划分。

表 2-4 黏性土的划分依据

名称	塑性指数 I_p
黏土	$I_p > 17$
粉质黏土	$10 < I_p \leq 17$

黏土的塑性状态划分应根据表 2-5 进行。

表 2-5 黏性土塑性状态划分

塑性状态	液性指数 I_L
坚硬	$I_L \leq 0$
硬塑	$0 < I_L \leq 0.5$
软塑	$0.5 < I_L \leq 1$
流塑	$I_L > 1$

根据上述各类土的划分，取断面 D1K559+650 进行试验，结果如表 2-6 所示。

表 2-6 液塑限实验结果

试验断面：D1K559+650				
深度/m	2.9	8.7	15.3	19.8
液限/%	49.52	43.1	41.03	38.84
10 mm 液限/%	41.73	35.78	34.04	32.86
塑限/%	32.82	27.42	26.05	26.03
天然含水率/%	29.69	26.88	24.57	22.75
塑性指数 I_p	8.91	8.36	7.99	6.83
液性指数 I_L	−0.35	−0.06	−0.19	−0.48
土的状态	坚硬	坚硬	坚硬	硬塑

（3）颗粒分析试验。

本试验根据土的颗粒大小，采用筛分法进行试验，得到断面不同深度处各颗粒的分布情况，如表 2-7 所示。

表 2-7 颗粒分布统计

试验断面：D1K559+650				
深度/m	3.1	8.7	15.3	19.8
砾组/%	0	12.42	8.11	8.74
粗砂/%	2.98	4.85	1.44	1.43
中砂/%	0.99	1.37	0.4	0.4
细砂/%	4.62	3.47	1.65	1.64
粉粒/%	61.03	34.51	39.75	42.04
黏粒/%	30.38	43.38	48.65	45.75
C_u	23.22	23.41	14.06	13.35
C_c	1.7	1.06	0.76	0.9

由表 2-7 的数据可知，柳南客专所取试样中，粉粒和黏粒占主要部分，砂砾和砾组的含量较少，但大部分试样的不均匀系数 C_u 远远大于 5，且曲率系数满足：$1 \leqslant C_c \leqslant 3$。因此，可以做出判定：该土样颗粒级配不均匀且级配曲线连续，级配良好。

$$C_u = d_{60} / d_{10} \tag{2-2}$$

$$C_c = d_{30}^2 / (d_{10} \cdot d_{60}) \tag{2-3}$$

式中　C_u——不均匀系数；

　　　C_c——曲率系数；

　　　d_{60}、d_{10}、d_{30}——小于该粒径的颗粒含量分别占总质量60%、10%和30%的粒径。

（4）颗粒密度试验。

颗粒密度试验参照《铁路工程特殊岩土勘察规程》（TB 10038—2012）中用量瓶法测定颗粒密度的方法进行，开始时应按规定对两组100 mL的量瓶进行量瓶和水总质量的校正，具体操作详见规范。试验结果详见表2-8。

表2-8　颗粒密度试验结果

试验断面	D1K559+650			
深度/m	2.9	8.7	15.3	19.8
颗粒密度/（g·cm^{-3}）	2.71	2.71	2.72	2.68

（5）固结试验。

固结试验是将土样放入环刀内，在单向排水的前提下沿垂直方向逐级加载，观测并记录试样在各个时间段内的形变量，直到各级压力下土样的压缩量接近一个稳定值，然后通过绘图计算求得土的压缩系数 a_v、压缩模量 E_s 等指标。试验得到的 Δe-p 曲线和计算结果详见图2-1和表2-9。

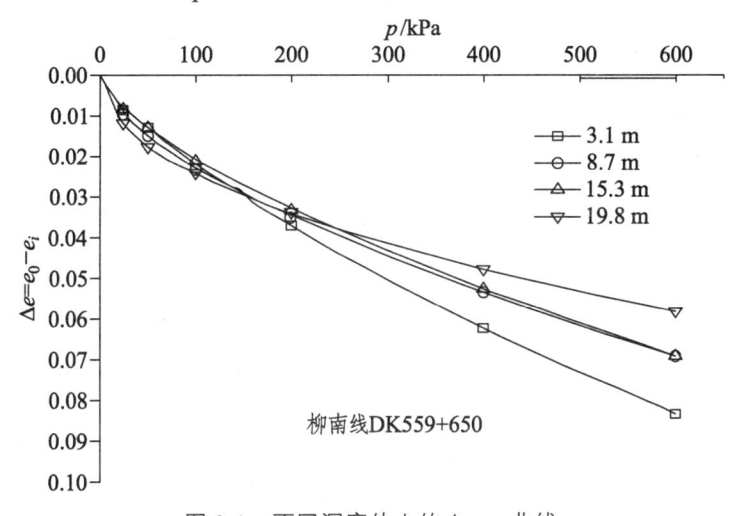

图2-1　不同深度处土的 Δe-p 曲线

表 2-9 一维固结试验结果

试验断面：D1K559+650				
深度/m	3.1	8.7	15.3	19.8
初始孔隙比 e_0	0.840	0.781	0.698	0.621
压缩系数 a_{1-2} /MPa^{-1}	0.152	0.117	0.118	0.097
压缩模量 E_{1-2} /MPa	11.84	14.96	14.07	16.13

参照《铁路工程特殊岩土勘察规程》（TB 10038—2012）中有关压缩性的规定，对黏性土压缩性进行划分，见表 2-10。

表 2-10 黏性土的压缩性

压缩性等级	压缩系数 a_{1-2} /MPa^{-1}
低压缩性	$a_{1-2} < 0.1$
中压缩性	$0.1 \leqslant a_{1-2} < 0.5$
高压缩性	$a_{1-2} \geqslant 0.5$

由表 2-9 中的数据可以得出：试样初始孔隙比 e_0 随深度的增大而减小，压缩系数 a_{1-2} 在 0.097~0.152 MPa^{-1} 之间变动，由此判断该试样为中等压缩性土。

图 2-1 中，孔隙比随着荷载 P 的加大呈逐渐变小趋势；加载初期，土体容易压缩，孔隙比较小较快，随着荷载增量逐渐增大，孔隙比变化量 Δe 与荷载 p 呈线性关系，曲率趋于不变。

（6）三轴压缩试验。

土的抗剪强度指标常用来评价地基承载力及用于路基稳定性分析，通过三轴试验可以对其进行测定。三轴试验包括：不固结不排水剪（UU）、固结排水剪（CD）和固结不排水剪（CU），本试验使用 GDS 双向三轴测试系统进行固结排水剪试验。

试验方案如表 2-11 所示。

表 2-11 三轴压缩试验方案

试验断面：D1K559+650			
深度/m	2.5~3.7	8.5~9.5	14.8~15.4
围压/kPa	50、100、150、200	50、100、150、200	100、150、200

现以柳南线 D1K559+650 断面深度为 9 m 处的土样为例，探讨其在不同

围压作用下的应力-应变关系特性,以轴向应变ε_a和偏应力q为横、纵坐标,作出应力-应变关系曲线,如图2-2所示。

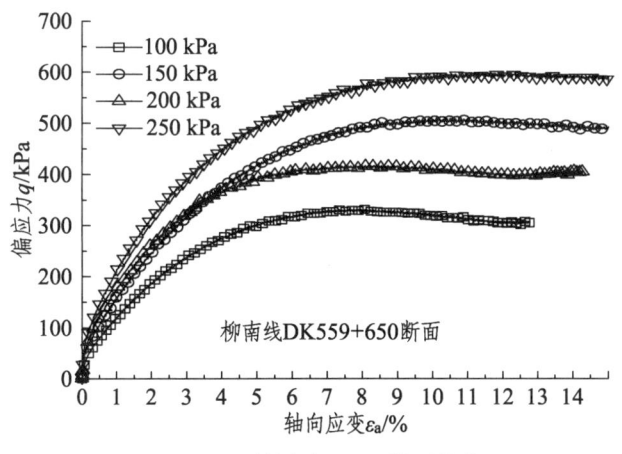

图 2-2 三轴试验q-ε_a关系曲线

由图 2-2 可得,该土样的软化和硬化特征因围压的高低而各有差异。围压偏低时,曲线峰值明显,但峰值强度与残余强度相差不大,软化程度不高;当围压较高时,已找不出明显的峰值点,应变稳定增长。在围压逐渐增长的过程中,曲线的峰值强度不断变大,残余强度值也相应提高,曲线由软化转为硬化特征。

获取抗剪强度指标时,取曲线上峰值为破坏点,当曲线上找不出明显峰值点时,破坏点取轴向变形为 15%时所对应的偏应力值。再分别以$(\sigma'_{1f}+\sigma'_{3f})/2$和$(\sigma'_{1f}-\sigma'_{3f})/2$为圆心和半径,作有效破坏应力圆,以确定抗剪强度指标,结果如表2-12所示。

表 2-12 固结排水试验抗剪强度指标

试验断面	取样深度/m	围压/kPa	黏聚力 c/kPa	内摩擦角 φ/(°)
D1K559+650	2.5~3.7	50、100、150、200	40.04	29.8
	8.5~9.5	50、100、150、200	48.50	27.9
	14.8~15.4	100、150、200	34..44	31

2.2.2 现场原位试验

通常情况下,室内土工试验采用少量小试样进行试验,所获得的结果代表性差，无法反应土层的实际状况。同时，进行室内试验时通常会花费较多的时间和精力，有时由于人为操作的不当还会带来不必要的扰动，故工程上常常进行现场原位试验。原位试验不仅排除了制样时带来的人为扰动，除此之外，它的测定范围一般不受限制，这样就能充分反映土体在微观结构和宏观结构上的特性[46]。原位试验有平板载荷试验、静力触探试验、旁压试验、标准贯入试验等。

（1）平板载荷试验。

平板载荷试验是将荷载逐级作用在刚性板上，记录地基土在各级荷载作用下所受到的压力和产生的变形量。平板载荷适用于填土及碎石土地基。本书主要采用面积为1 m²，厚度为2 cm的正方形承载板进行试验，并绘制 p-s 曲线，据此研究地基承载力和变形特性，用于沉降量的计算。

（2）静力触探试验。

静力触探是采用特定的静压力，在保持一定速率的同时将探头打入土中，通过系统得到的贯入阻力来对土层进行划分，从而掌握土体性质。静力触探试验主要适用于黏性土、粉土及砂性土层。这里只采用了双桥探头进行测定，并绘制试验参数随深度分布的曲线，划定土层界限，划分地层岩性及其空间分布情况。

（3）旁压试验。

旁压试验是通过向旁压器内部注入液体，使其对四周土体施加一定压力，并记录所施加的压力与旁压器所产生的径向变形的关系，从而得到应力-应变曲线及体积压力曲线，由此获取土体强度参数和变形参数，据此估计地基沉降变形和承载力。旁压试验适用于测试黏性土、碎石土、砂土、粉土、残积土和软岩等地层。

（4）标准贯入试验

标准贯入试验是使用标定的锤击动能，把贯入器击入土中，根据得到的贯入阻抗判断地层性质。该项试验一般用于测定砂性土及黏性土的地层性质。由试验所得标准贯入数 $N_{63.5}$，通过相关计算即可得到黏性土的无侧限抗压强度、砂性土的相对密实度、内摩擦角及地基承载力等参数。

2.3 沉降计算

地基土在上部建筑物等荷载的作用下会产生竖向变形、侧向变形和剪切变形，其中，地基土沿竖直方向产生向下的位移称之为沉降。本书从基底应力、附加应力等方面出发，采取了不同的方法对地基沉降进行沉降计算及对比分析，总结其沉降变形特性，为实际工程提供必要参考。

选取柳南线 D1K559+650 和 D1K559+671.52 两个断面进行沉降计算，通过对比两种情况下的计算方法及结果，探讨 CFG 桩在控制铁路路基沉降变形方面所发挥的作用。

2.3.1 天然地基

1）基底应力

对于在基础底面产生的基底应力的计算，有比例荷载法、均布荷载法、弹性土堤法及修正的比例荷载法等方法。

（1）比例荷载法。

比例荷载法将基底荷载看成如图 2-3（a）所示的梯形荷载，而梯形在每一点对应的高度与路基重度的乘积（γH）则作为路基结构在该点产生的荷载。

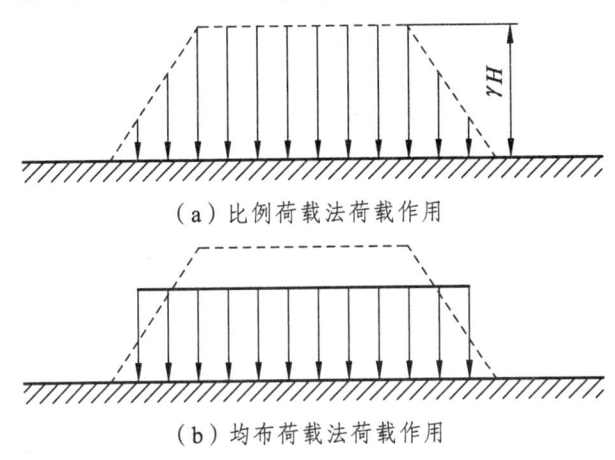

(a) 比例荷载法荷载作用

(b) 均布荷载法荷载作用

图 2-3 基底应力作用图

（2）均布荷载法。

均布荷载法是把路基总荷载均匀作用在路基底面上，即将路基总荷载换算成如图 2-3（b）所示的矩形荷载。

（3）弹性土堤法。

弹性土堤法是根据边界条件及外部荷载建立弹性方程，进而求解出基底应力的方法。求解时将基底应力和附加应力的问题转化为平面应变问题，利用 Airy 应力函数结合边界条件得到应力解。

（4）修正的比例荷载法。

在弹性土堤法的基础上，王海龙[11]经过拟合计算提出了修正的比例荷载法计算基底应力的公式：

$$\sigma = \alpha \cdot \gamma H \tag{2-4}$$

$$\alpha = 0.63 + \frac{0.37 \times b/H}{1.1 + b/H} \tag{2-5}$$

$$b' = \frac{2G}{\gamma H'} - B \tag{2-6}$$

$$H' = \alpha \cdot H \tag{2-7}$$

式中　σ——基底应力（kN/m^2）；

α——地基反力修正系数；

b'——根据式（2-6）计算所得的路基顶面宽度；

H'——根据式（2-7）计算所得的路基高度；

G——路基总荷载（kPa）；

γ——路基容重（kN/m^3）。

上述方法称为修正后的比例荷载法，荷载如图 2-4 所示。

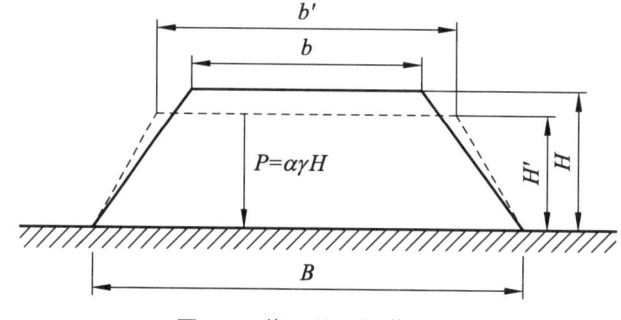

图 2-4　修正的比例荷载法

2）附加应力

（1）Boussinesq 解法。

受到荷载作用后,地基中就会产生附加的应力,从而引发其变形及沉降。当前,对于天然地基中附加应力的确定,常用 Boussinesq 解法,它先是求得地基内任一点在作用集中荷载 P 下的应力解,再通过相应的积分确定面荷载、条形荷载的情况下附加应力分布形式。

路基结构可视为在地基上作用条形面积的梯形分布荷载,如图 2-5 所示。附加应力计算如下：

$$\sigma_z = (K_{z1}^l + K_{z2}^l) \cdot p \tag{2-8}$$

式中　K_{z1}^l——条形面积梯形荷载I部分的应力分布系数；

　　　K_{z2}^l——条形面积梯形荷载II部分的应力分布系数。

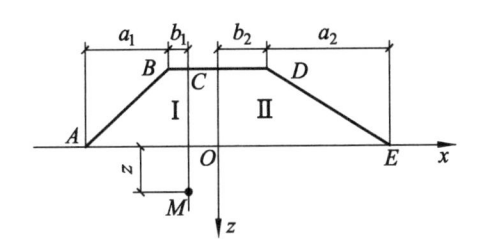

图 2-5　条形面积下梯形分布荷载

（2）弹性土堤法。

弹性土堤法还可以用来求解地基土中的附加应力,该方法将路基和地基假设为各向同性的线弹性体,求解得到的附加应力公式包含高宽比、坡度及泊松比等参数,得到的附加应力更接近实际情况。

（3）拟合公式法。

此外,王海龙还提到了另一种计算附加应力的方法[11],将坡度为 30°的路堤在不同高宽比下的附加应力进行分析拟合,得出了如下公式：

$$\left(\frac{\sigma}{\gamma H}\right) = \frac{B \cdot (y^*/H) - C}{A - (y^*/H)} \tag{2-9}$$

式中　y^*——当坐标原点在路基表面时的深度方向；

$$A = -0.35 \cdot (b/H)^2 + 0.31 \cdot (b/H) - 1.25;$$

$$B = 0.019 \cdot (b/H)^2 - 0.038 \cdot (b/H) + 0.1;$$

$$C = 0.39 \cdot (b/H)^2 - 0.33 \cdot (b/H) + 1.86。$$

3）沉降计算

分别利用上述方法计算 D1K559+671.52 断面处的基底应力和地基土的附加应力，得出不同方案下天然地基沉降的计算结果，并进行对比分析。沉降计算常用分层总和法。即：地基土先被分为数个厚度较薄的均质土层；压缩层计算深度是通过计算各层附加应力与自重应力，取两者比值为 0.2 时所对应的土层深度；各土层压缩模量按标准贯入试验的结果选取，之后便可直接计算各土层的压缩量 S_i，再利用公式 $S = \sum_{i=1}^{n} S_i$ 得出总沉降量。

计算方案如表 2-12 所示。

表 2-12　计算方案

计算方案	方案一	方案二	方案三	方案四
基底应力	修正的比例荷载法	弹性土堤法	修正的比例荷载法	修正的比例荷载法
附加应力	Boussinesq 解法	Boussinesq 解法	弹性土堤法	拟合公式法

沉降计算结果详见表 2-13。

表 2-13　沉降计算结果

计算断面	计算方案	沉降变形/mm	实测沉降值/mm
D1K559+671.52	方案一	55	38
	方案二	55	
	方案三	48	
	方案四	48	

结论：

（1）从上述结果可以看出，采取不同的基底应力和附加应力的计算方法所得的结果之间存在一定差异，其最终沉降变形都比实测值大出很多。这是由于实测值是路堤填高两个月时得到的，此时沉降还没有完成，因此比最终计算所得沉降值小很多。

（2）方案一和方案二附加应力的计算方法一致，只是基底应力计算方法不同，但两者沉降量相近。由于弹性土堤法计算过程比较繁琐，继而选择计算过程更为简便的修正的比例荷载法作为基底应力计算方法。

（3）对比方案一、三、四，发现不同的附加应力计算方法得到的最终沉降量差异很大，说明附加应力对沉降的影响比基底应力大得多。与Boussinesq解法相比，弹性土堤法和拟合公式法中涉及路基高宽比、坡度、泊松比等参数，且计算结果更加接近实测值。

2.3.2　CFG桩复合地基

CFG复合地基的沉降计算方法主要有：传统方法（加固区+下卧层）和$L/3$法。

1）传统方法

地基沉降量计算公式如下：

$$S = m_s(S_1 + S_2) \qquad (2\text{-}10)$$

式中　m_s——经验修正系数；

　　　S_1——加固区沉降量（m）；

　　　S_2——下卧层沉降量（m）。

其中，加固区的沉降量常用复合模量法和承载力比法确定。

（1）复合模量法。

加固区压缩量可按下式计算：

$$S_1 = \sum_{i=1}^{n} \frac{\Delta p_i}{E_{csi}} h_i \qquad (2\text{-}11)$$

式中　Δp_i——第i层土中的附加应力增量（kPa）；

　　　h_i——第i层土厚（m）。

　　　E_{cs}——地层压缩模量（MPa）。

$$E_{cs} = mE_p + (1-m)E_s \tag{2-12}$$

式中 m——复合地基面积置换率；

E_p——桩体压缩模量（MPa）；

E_s——土体压缩模量（MPa）。

（2）承载力比法。

与复合模量法类似，承载力比法通过土体模量 E_s 乘以一个提高系数 ξ 来得到复合模量 E_{cs}：

$$E_{cs} = \xi E_s \tag{2-13}$$

$$\varphi = \sigma_{sp} / \sigma_0 \tag{2-14}$$

式中 ξ——承载力与压缩模量提高系数；

σ_0——天然地基基本承载力；

σ_{sp}——复合地基容许承载力。

下卧层沉降量的确定一般采用分层总和法，为掌握附加应力在下卧层中分布情况，可采用 Boussinessq 解法、应力扩散法等方法进行计算。

（1）Boussinessq 解法。

条形荷载下，地基中心点处任一深度所产生的附加应力为

$$\sigma_z = \alpha_z^s p \tag{2-15}$$

式中：α_z^s——附加应力系数，$\alpha_z^s = \dfrac{2}{\pi}\left(\dfrac{2n}{1+4n^2} + \arctan\dfrac{1}{2n}\right)$。

（2）应力扩散法。

应力扩散法假设地基土中的附加应力是以一定的应力扩散角向下递减的，作用到下卧层顶面时，荷载的平均应力大小可按式（2-16）确定。

$$\sigma_z = \dfrac{BLP}{(B+2h\tan\theta)(L+2h\tan\theta)} \tag{2-16}$$

式中 σ_z——荷载作用在下卧层顶部时产生的平均应力（kPa）；

B——上部荷载的分布宽度（m）；

L——上部荷载的分布长度（m）；

h——加固区深度（m）；

θ——应力扩散角（°），按规范选取。

2）$L/3$ 法

$L/3$ 法是将桩和桩间土看成一个整体，外部荷载直接施加在计算起始面上，应力从起始面两端开始沿着30°的方向向下扩散，利用总应力相同的原理计算每层的沉降量，如图2-6所示。计算时可采取以下两种方式。

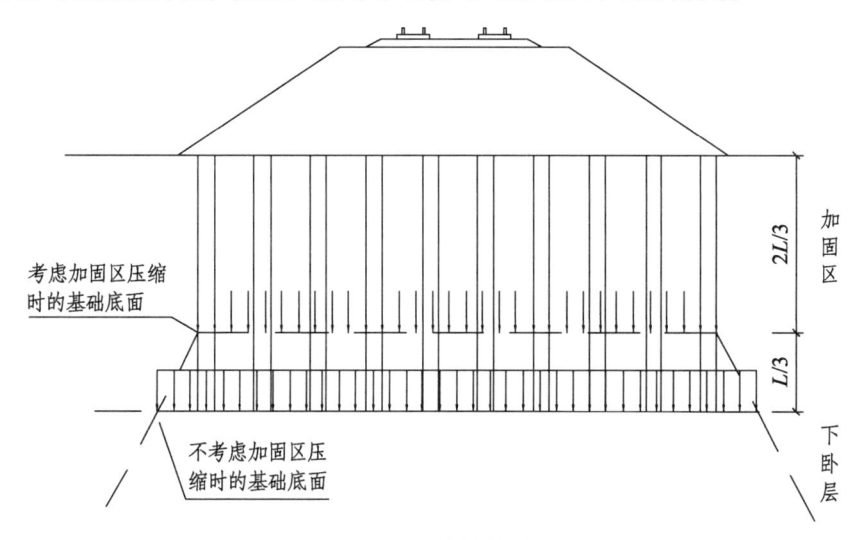

图 2-6 $L/3$ 法计算图示

（1）不考虑加固区压缩量。

假设将下卧层顶面作为基础底面，即上部附加荷载直接作用于下卧层顶面，并以30°的扩散角度沿两端方向分别往下部扩散，然后利用分层总和法计算各层产生的变形量。

（2）考虑加固区压缩量。

假设将距离下卧层顶面 $L/3$ 处的 l_c 作为基础底面，上部附加荷载直接作用于 l_c 处，并以30°的扩散角从两端向下扩散，根据总应力相等求得地基土中不同深度处的附加应力，然后根据分层总和法计算各层的压缩量。

3）沉降计算

CFG 桩复合地基沉降量选取 D1K559+650 断面进行计算，该断面的横断面图及平面布置情况详见图 2-7 及图 2-8。其中，桩径 $\phi = 50$ cm，桩深为 6 m，采用桩间距为 1.8 m 的正三角形形式排列布设。

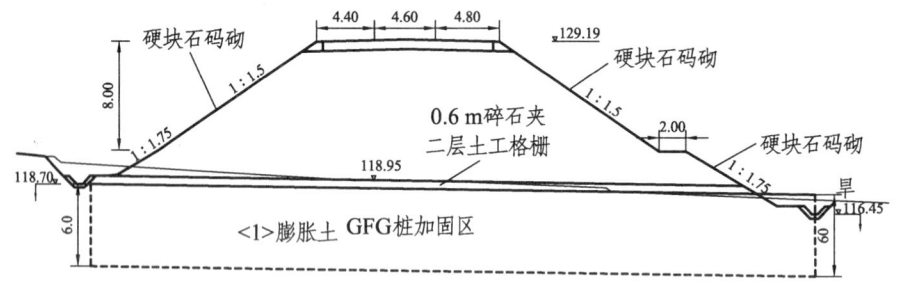

图 2-7 D1K559+650 横断面图（单位：m）

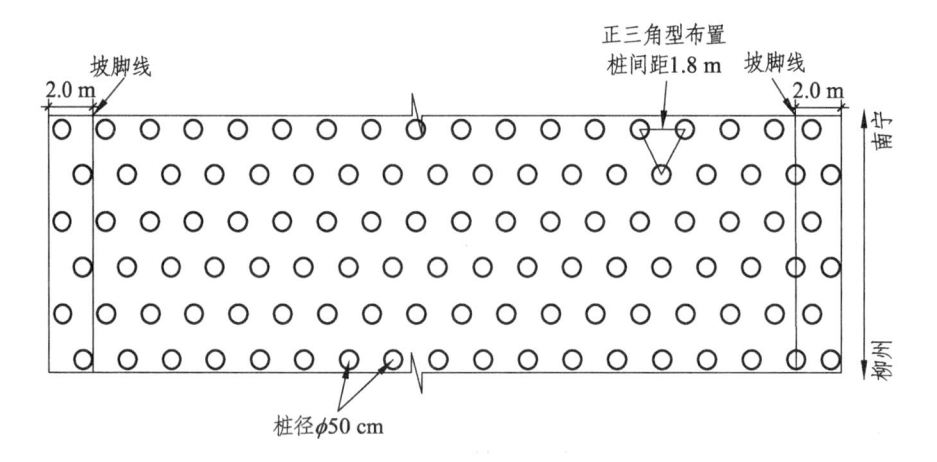

图 2-8 CFG 桩平面布置图

参照前文，使用修正的比例荷载法计算作用在地基表面的基底应力，附加应力的计算参照上述方法，采用承载力比法计算复合模量，采用 $L/3$ 法计算地基附加应力。通过对比传统方法（加固区+下卧层）与 $L/3$ 法的沉降量计算结果，分析各自在复合地基沉降控制上的作用，计算结果见表 2-14。

表 2-14 CFG 桩复合地基沉降计算结果对比

计算断面	沉降计算方法	传统方法 （加固区+下卧层）	$L/3$ 法	实际值
DK559+650	沉降量/mm	43	38	39（34）

注：实际值中 39 mm 为桩顶沉降；34 mm 为桩间土沉降。

将表 2-13 和表 2-14 结果进行对照，可知：

（1）传统的加固区+下卧层计算方法与 $L/3$ 法的计算沉降量相差不多，但 $L/3$ 法与实际沉降值更加接近，再加上 $L/3$ 法的计算过程相比于传统方法更加简便，故建议采用。

（2）通过对比 D1K559+671.52 断面和 D1K559+650 断面可以发现，CFG 桩复合地基的沉降量较天然地基减少了 12%左右，说明 CFG 桩在地基变形控制方面能发挥很好的作用。

2.4 路基稳定性分析

铁路路基边坡稳定性分析是工程中经常遇到的问题之一，路基边坡稳定性主要包括以下内容：① 整体稳定性：路基边坡是否会沿基底整体滑动，造成边坡的滑移和坍塌；② 荷载下的稳定性：路基结构所承受的荷载可以分为动荷载和静荷载两种，当两者同时作用时，它是否会产生较大的沉降变形或发生坍塌；③ 水稳定性：在降雨较多的地区，路基是否会在水流的冲刷或侵蚀作用下使其强度和稳定性降低，进而产生局部破坏。

当前，分析路基稳定性的理论有：极限平衡法、极限分析法及数值分析法等。其中，极限平衡法是把滑体分割成若干条块，通过假设边坡处于临界状态，以此确定最危险的滑裂面，并计算得出相应的最小安全系数。针对这方面的理论计算方法，主要有圆弧滑动法、Bishop 法、传递系数法等，由于前提条件各不相同，各种极限平衡方法有各自的计算精度和适用条件。

本节主要研究路基结构在列车荷载下的稳定性问题，不考虑流水和冻融的影响，通过对目前这几种极限平衡法的对比，结合案例计算分析，得出可供高速铁路客运专线使用的路堤稳定性分析方法，为客运专线的设计施工提供参考。

2.4.1 稳定性分析方法

1）瑞典条分法

瑞典条分法假定滑动面的形状为圆弧，如图 2-9 所示，将滑体进行竖向条分，分别根据每一条块的受力情况，求出各力对条块圆心产生的滑动力矩 M_s 和抗滑力矩 M_r，然后参照式（2-17）求得稳定安全系数 F_s。

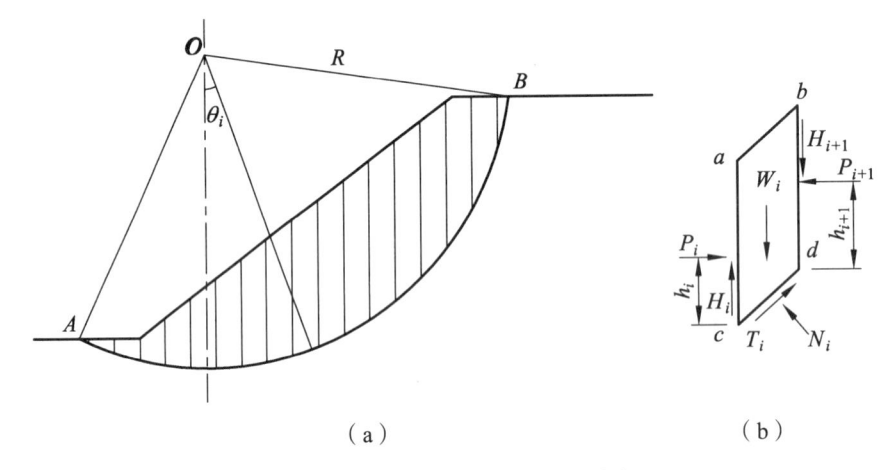

（a）

（b）

图 2-9 瑞典条分法计算边坡稳定性

该方法适用于黏性土边坡和具有较大规模的破碎结构岩质边坡，其边坡稳定安全系数按下式计算：

$$F_s = \frac{\sum M_r}{\sum M_s} \tag{2-17}$$

$$\sum M_r = R \cdot \left(\sum c_i \cdot l_i + \sum N_i \tan \varphi_i + \sum T_i' \right) \tag{2-18}$$

$$\sum M_s = R \cdot \sum T_i \tag{2-19}$$

式中　F_s——边坡稳定安全系数；

$\sum M_r$——各土条上抗滑力所产生的力矩之和（kN·m）；

$\sum M_s$——各土条上下滑力所产生的力矩之和（kN·m）；

W_i——各土条自重（kN/m）；

N_i——第 i 个土条沿对应滑动面法线上受到的反向作用力（kN/m），$N_i = W_i \cdot \cos \theta_i$；

$\sum T_i'$、$\sum T_i$——分别为对应圆心铅垂线左、右两侧土条的切向分力（kN）；

i——土条编号；

n——土条数量;

R——圆弧半径(m);

φ_i——第 i 个计算土条所处滑面的内摩擦角(°);

c_i——第 i 个计算土条所处滑动接触面上的黏聚力(kPa);

l_i——第 i 个计算土条所处滑面的计算长度(m);

θ_i——第 i 个计算土条所处滑裂面对应的倾角(°),当土条所处滑裂面倾向和土条滑动方向一致时取正,反之则为负。

2) 毕肖普(Bishop)法

Bishop 的稳定安全系数可按式(2-20)计算,计算示意图见图 2-10。

$$F_s = \frac{\tau_f}{\tau} \tag{2-20}$$

式中 τ_f——滑裂面上土体的抗剪强度;

τ——土体中实际产生的剪应力。

这样定义安全系数同时考虑了有效应力的作用和实际状况中抗剪强度充分发挥的情况。

式(2-20)的一般形式如下:

$$F_s = \frac{\sum \frac{1}{m_{\theta i}} [c_i b_i + W_i \tan \varphi_i]}{\sum W_i \sin \theta_i} \tag{2-21}$$

式中 F_s——边坡稳定安全系数;

$m_{\theta i}$——包含安全系数 F_s 的系数,故无法直接得到 F_s 的值,需通过迭代法进行求解;

c_i——第 i 个计算土条所处滑动接触面上的黏聚力(kPa);

b_i——土条计算宽度(m);

W_i——各土条自重(kN/m);

φ_i——第 i 个计算土条所处滑面的内摩擦角(°);

θ_i——第 i 个计算土条所处滑面的倾角(°),当土条所处滑裂面倾向和土条滑动方向一致时取正,反之则为负。

（a） （b）

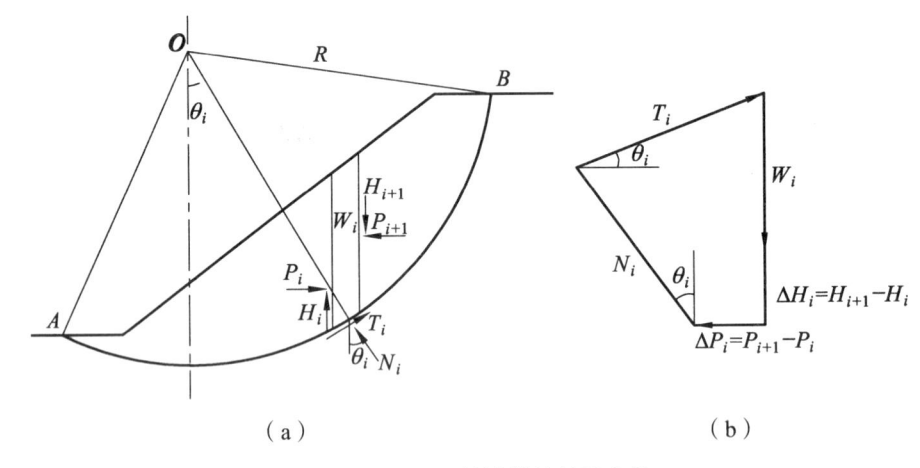

图 2-10　Bishop 法计算边坡稳定性

3）传递系数法

传递系数法在使用时须满足以下几点基本假设：① 把边坡的稳定性问题看成平面应变问题；② 假设滑体为理想刚塑性材料，即滑体在整个滑动过程中发生的变形可忽略不计；③ 滑裂面的破坏须遵从 Mohr-Coulomb（莫尔-库伦）准则；④ 土体产生的滑动力可分解为垂直于滑裂面的正应力 σ 和平行于滑裂面的剪应力 τ；⑤ 剩余下滑力的方向应和滑裂面的倾斜角度相同，当其出现负值时，视其为 0；⑥ 滑体的受力状态能达到力的平衡条件，但力矩平衡不能得以实现。传递系数法一般适用于岩质或土质等滑坡，还可应用于部分滑动路堤的稳定性分析。

按照现行规范，传递系数法存在显式和隐式之分。

（1）显式解法。

参照相关规范，当滑动面为折线时（图 2-11），可按下列公式计算稳定安全系数：

$$F_s = \frac{\sum_{i=1}^{n-1}\left(R_i \prod_{j=i}^{n-1}\psi_j\right) + R_n}{\sum_{i=1}^{n-1}\left(T_i \prod_{j=i}^{n-1}\psi_j\right) + T_n} \tag{2-22}$$

$$\psi_j = \cos(\theta_i - \theta_{i+1}) - \sin(\theta_i - \theta_{i+1})\tan\psi_{i+1} \tag{2-23}$$

$$R_i = N_i \tan\varphi_i + c_i l_i \qquad (2\text{-}24)$$

式中　F_s——边坡稳定安全系数；

　　　θ_i——第 i 个土条所处滑动面的倾角与水平面的夹角（°）；

　　　R_i——作用于第 i 个土条上的抗滑力（kN/m）；

　　　N_i——第 i 个土条滑裂面上的沿法线方向的分力（kN/m）；

　　　φ_i——第 i 个土条所对应土的内摩擦角（°）；

　　　c_i——第 i 个土条所对应土的黏聚力（kPa）；

　　　L_i——第 i 个土条所占的滑动宽度（m）；

　　　T_i——第 i 个土条滑裂面上的滑动分力（kN/m），当其与滑体运动方向相反时，取负值；

　　　ψ_j——传递系数。

其中，稳定系数 F_s 应满足：

$$F_s \geq F_{st} \qquad (2\text{-}25)$$

式中：F_{st}——稳定安全系数，视实际情况而定。

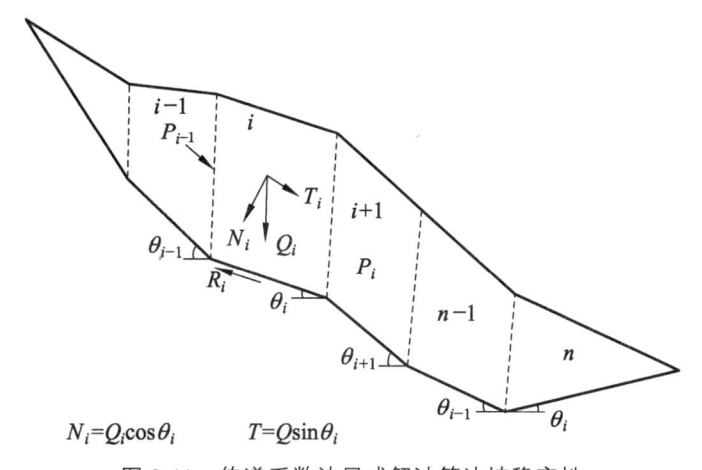

图 2-11　传递系数法显式解计算边坡稳定性

（2）隐式解。

参照规范中的规定：传递系数法的隐式解可用来求解折线形滑动面的边坡稳定问题，如图 2-12 所示。

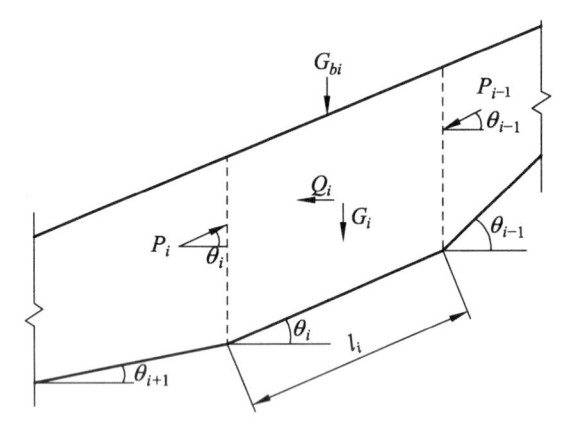

图 2-12 传递系数法显式解计算边坡稳定性

边坡稳定安全系数可按下列公式计算：

$$P_n = 0 \tag{2-26}$$

$$P_i = P_{i-1}\psi_{i-1} + T_i - R_i / F_s \tag{2-27}$$

$$T_i = (G_i + G_{bi})\sin\theta_i + Q_i\cos\theta_i \tag{2-28}$$

$$R_i = c_i l_i + [(G_i + G_{bi})\cos\theta_i - Q_i\sin\theta_i - U_i]\tan\varphi_i \tag{2-29}$$

式中 P_n——第 n 个条块单位宽度剩余滑动力（kN/m）；

P_i——由第 i 个条块和第 i+1 个条块在单位宽度上产生的剩余滑动力（kN/m）；当 P_i 为负时取 0；

T_i——第 i 个条块上重力和所有外力所产生的滑动力（kN/m）；

R_i——第 i 个条块上重力和外力所产生的抗滑力（kN/m）；

ψ_{i-1}——传递系数。

2.4.2 路基稳定性分析计算

1）工程概况

柳南线 D1K559+417～D1K559+712 段为 CFG 桩处理路段，该路段以路堤形式通过，边坡最大填方高度约 13.2 m。路基底部采用桩径 ϕ = 50 cm 的 CFG 桩加固，并以正三角形进行排列布设，桩间距 1.6~2.0 m 内变化。

选取 D1K559+425 断面为路基代表断面进行稳定性分析，如图 2-13 所示。

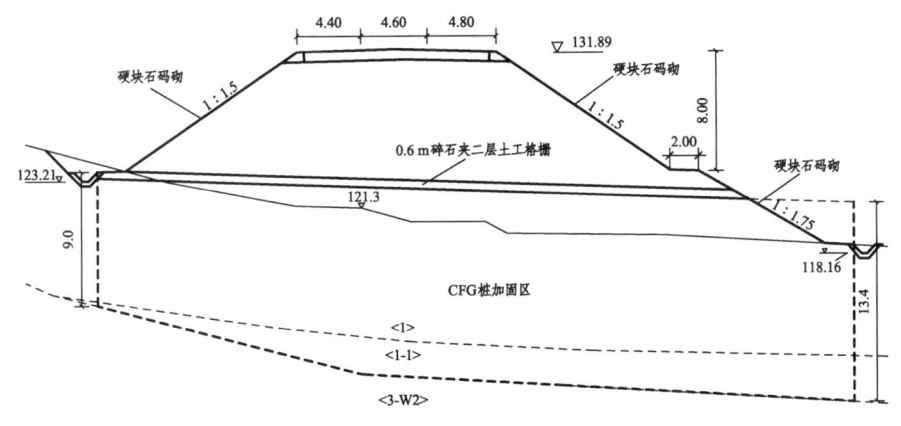

图 2-13 D1K559+425 路基断面示意（单位：m）

土层参数：<1>膨胀土：该膨胀土主要以黏土为主，部分掺杂粉质黏土，厚度 8~12 m；底层为<3-W2>灰岩：岩层地质坚硬，钻探显示其岩芯较完整，带有较多裂隙和节理；膨胀土和底层灰岩之间夹有<1-1>松软土：土体具有较强黏性，大多呈软塑状，土层厚度为 1.5~5 m。各层力学指标参照表 2-15。

表 2-15 地层岩土力学指标

土层编号	土层名称	重度/（kN/m³）	黏聚力 c/kPa	内摩擦角 φ/（°）
<1>	膨胀土	18	25	15
<1-1>	软黏土	17	10	8
<3-W2>	灰岩	25	—	60

由于本路段处于膨胀土分布区域内，所以必须考虑大气影响深度的影响。所谓大气影响深度，指的是指在天然气候的环境中，受降雨、水分蒸发、地表温度变化等因素影响，使土体产生变形的实际深度。本书根据当地历史观测资料及工程经验，将地面线以下 3 m 作为大气影响范围，大气影响深度内的土层抗剪强度指标均按原指标的 80% 计算。

2）DK559+425 处路基稳定性计算

本书选取 D1K559+425 断面为计算点，分别采用瑞典条分法、Bishop 法及传递系数法作为计算理论，并结合中铁二院边坡稳定分析软件计算边坡稳定性。其中，路基结构上覆荷载应包括高速铁路列车车辆活载、轨道结构自重等，具体参考图 2-14 和表 2-16 取值。

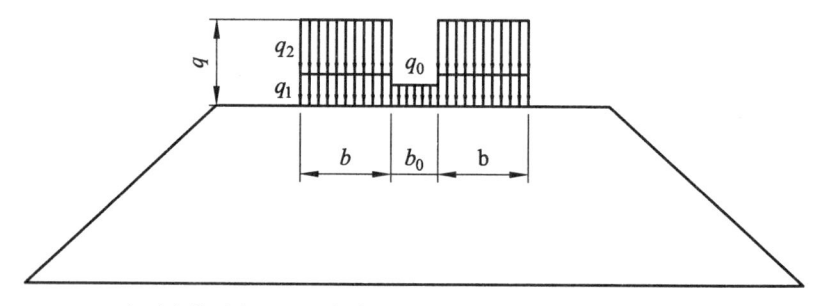

q_1、q_2—分别为轨道自重和列车荷载在路基面上产生的均布荷载强度（kN/m）；
q—总的均布荷载强度（kN/m）；b—每一股道上均布荷载分布宽度（m）；
q_0—两线之间回填均布荷载强度（kN/m）；
b_0—两线之间回填均布荷载的分布宽度（kN/m）

图 2-14 路基面荷载分布

由于柳南客专采用设计速度为 250 km/h 的有砟轨道形式，故其上覆荷载应根据规范按表 2-16 取值。

表 2-16 轨道和列车的均布荷载

轨道形式	有砟轨道
分布宽度 b/m	3.4
轨道自重 q_1/（kN/m²）	17.3
列车荷载 q_2/（kN/m²）	36.8
总荷载 q/（kN/m²）	54.1
线间荷载 q_0/（kN/m²）	10.7

边坡稳定分析计算参数应按表 2-17 设置。

表 2-17 稳定计算参数

设计参数	取值
稳定系数计算精度	0.01
土条块宽度/m	1
地层线左右侧延长长度/m	0.01
圆心移动步长/m	1
半径变化步长/m	2
传递系数法计算推力采用的安全系数	1.05
水平地震力系数 = 水平地震力修正系数（0.25）× 地震峰值加速度	0.012 5

1）D1K559+425 断面天然地基稳定性计算。

天然地基地层参数如表 2-18 所示。

表 2-18 地层岩土力学指标

土层编号	土层名称	重度/(kN/m³)	黏聚力 c/kPa	内摩擦角 φ/(°)
LJ	路基本体	19	30	25
<1>-1	考虑大气影响深度的膨胀土层	18	20	12
<1>	膨胀土	18	25	15
<1-1>	软黏土	17	10	8
<3-W2>	灰岩	25	—	60

将上述荷载参数、计算参数及土层参数输入边坡稳定计算软件，得出最危险的滑动面（图 2-15）和计算结果（表 2-19）。

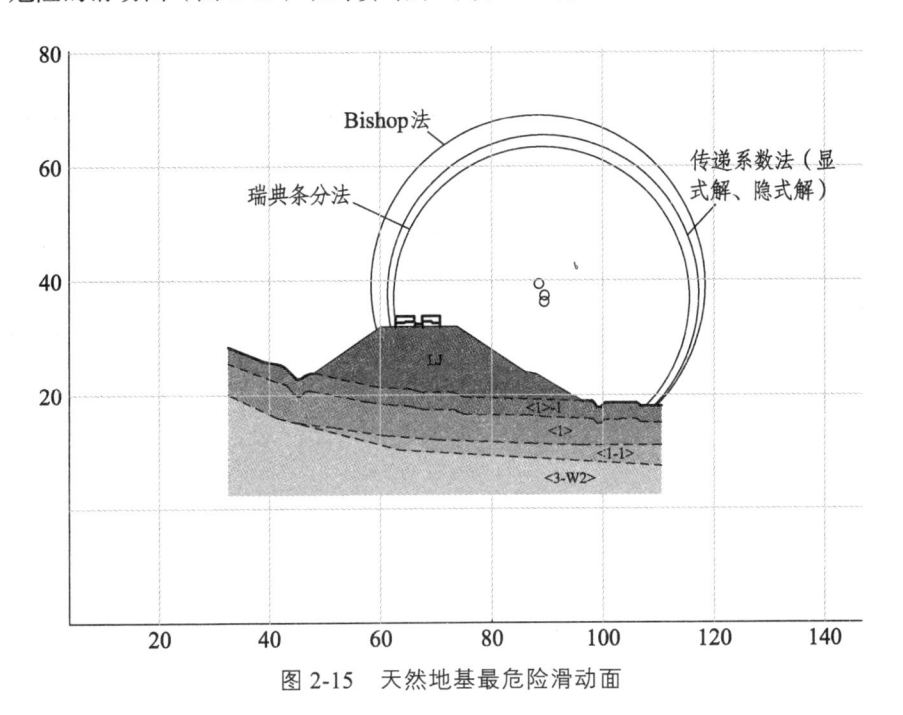

图 2-15 天然地基最危险滑动面

表 2-19 天然地基稳定性计算结果

方法	最小安全系数 F_s	圆弧半径/m	圆心坐标
瑞典条分法	1.057 3	27.09	$X_0 = 89.46$, $Y_0 = 36.47$
Bishop 法	1.222 8	31.01	$X_0 = 88.46$, $Y_0 = 39.47$
传递系数显式解法	1.142 1	28.08	$X_0 = 89.46$, $Y_0 = 37.47$
传递系数隐式解法	1.142 6	28.08	$X_0 = 88.46$, $Y_0 = 37.47$

对于设计速度为 250 km/h 的客运专线，考虑车辆荷载作用时，路基稳定性计算所得的稳定安全系数应大于等于 1.30。从表 2-19 可得，四种方法均未达到规范对于最小安全系数的要求，显然天然地基的路堤稳定性不满足要求，须采取加固措施增加其稳定性。

（2）D1K559+425 断面 CFG 桩复合地基稳定性计算。

该断面采用 $\phi = 50$ cm 的 CFG 桩进行加固，并按桩间距为 1.8 m 的正三角形进行排列布设，断面见图 2-13。

参照相关规范，采用 CFG 桩处理过后的地基土各土层抗剪强度指标应按下列公式计算。

$$c_c = mc_p + (1-m)c_s \qquad (2\text{-}30)$$

$$\tan \varphi_c = (1-m)\tan \varphi_s + m\tan \varphi_p \qquad (2\text{-}31)$$

式中　c_c、φ_c——复合地基土体的黏聚力和内摩擦角；

　　　c_s、φ_s——天然地基桩间土所对应的黏聚力和内摩擦角；

　　　c_p、φ_p——桩体材料的黏聚力和内摩擦角，这里取内摩擦角为 45°；

　　　m——复合地基置换率。

所得复合地基地层参数如表 2-20 所示。

2 膨胀土路基设计

表 2-20 地层岩土力学指标

土层编号	土层名称	重度/(kN/m³)	黏聚力 c/(kPa)	内摩擦角 φ/(°)
0	路基本体	19	30	25
1	考虑大气影响深度的膨胀土层	18	35.28	14.4
<1>	膨胀土	18	44.10	17.2
<1-1>	软黏土	17	29.95	10.7
<3-W2>	灰岩	25	—	59.4

通过软件分别计算 D1K559+425 断面复合地基在施工期和运营期的稳定性，确定出最危险的滑动面（图 2-16 与图 2-17）和计算结果（表 2-21 与表 2-22）。

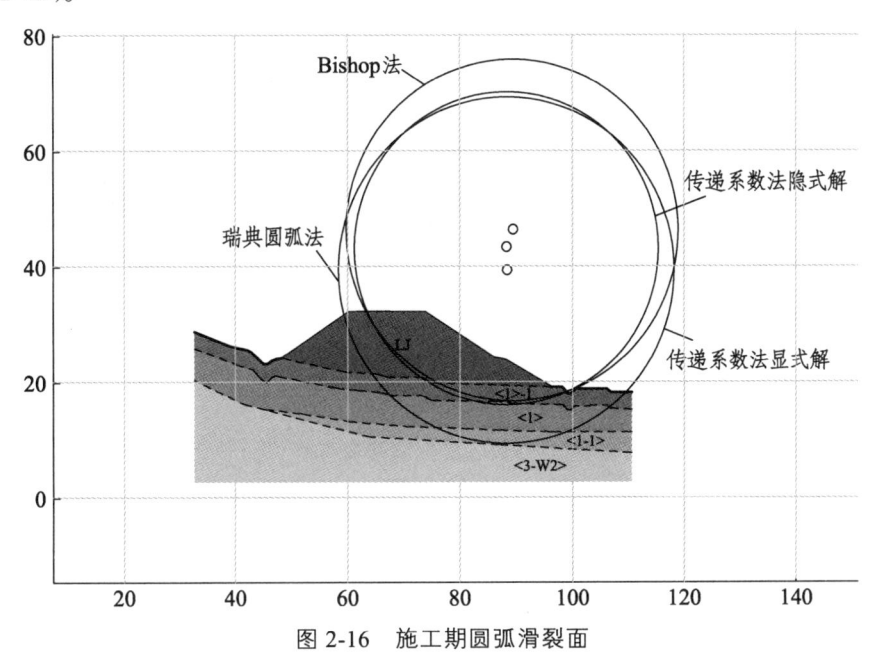

图 2-16 施工期圆弧滑裂面

表 2-21 复合地基施工期稳定性计算结果

方法	最小安全系数 F_s	圆弧半径/m	圆心坐标
瑞典条分法	1.656 1	30.01	$X_0 = 88.46$, $Y_0 = 39.47$

续表

方法	最小安全系数 F_s	圆弧半径/m	圆心坐标
Bishop 法	1.820 4	29.66	$X_0 = 89.46$, $Y_0 = 46.47$
传递系数显式解法	1.692 4	30.01	$X_0 = 88.46$, $Y_0 = 37.47$
传递系数隐式解法	1.753 3	26.94	$X_0 = 89.46$, $Y_0 = 37.47$

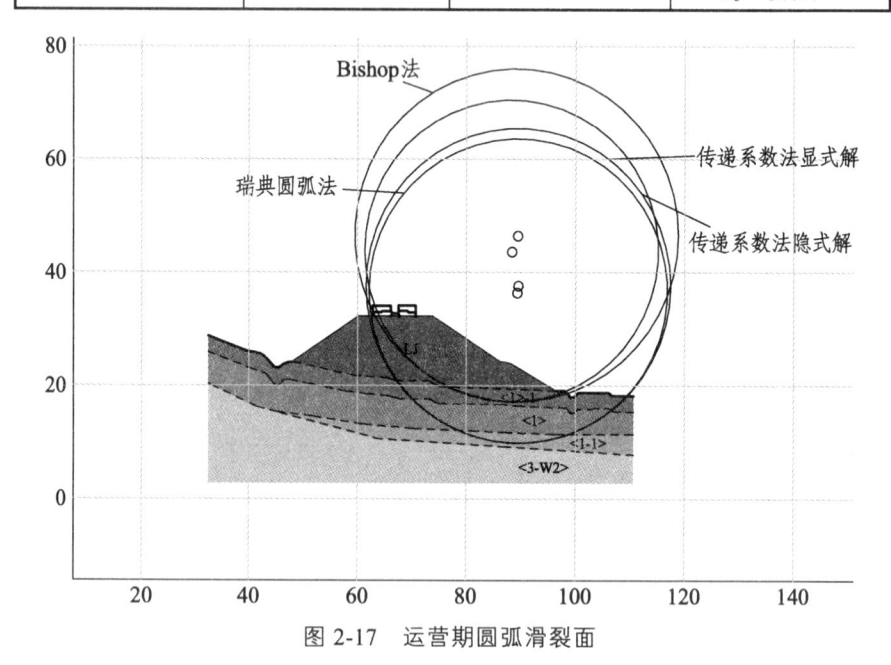

图 2-17 运营期圆弧滑裂面

表 2-22 复合地基运营期稳定性计算结果

方法	最小安全系数 F_s	圆弧半径/m	圆心坐标
瑞典条分法	1.599 1	27.09	$X_0 = 89.46$, $Y_0 = 36.47$
Bishop 法	1.748 6	29.66	$X_0 = 89.46$, $Y_0 = 46.47$
传递系数显式解法	1.654 8	28.08	$X_0 = 89.46$, $Y_0 = 37.47$
传递系数隐式解法	1.694 6	26.94	$X_0 = 88.46$, $Y_0 = 43.47$

针对设计速度为 250 km/h 的客运专线,规范对其路堤稳定性的要求做出了以下规定:对于处在施工期的路堤,稳定安全系数不得小于 1.15;对于处在运营期的路堤,稳定安全系数不得小于 1.30。

由表 2-21 和表 2-22 的计算结果得,以上四种方法均满足规范中对路基稳定安全系数的要求。

2.4.3 稳定计算对比分析

前文主要提到了路基边坡稳定分析中的几种常见的极限平衡法,以下针对假设条件、平衡条件、使用条件等方面对上述几种稳定计算方法进行对比分析,以了解各方法在工程中的适用性。

1)假设条件对比分析

不同的计算方法在根据平衡条件求解方程时都进行了简化假设,不同条件下的假设条件各不相同,如表 2-23 所示。

表 2-23 假设条件对比

稳定分析方法	假设条件
瑞典条分法	① 滑裂面为圆弧;② 不计条间力影响
Bishop 法	① 滑裂面为圆弧;② 只考虑水平条间力
传递系数法	① 任意形状滑裂面;② 作用在条块间的力以集中力表示,且合力指向与滑裂面的倾角相同,并作用在分界面的中点,若剩余下滑力为负,视合力为 0

由表 2-23 得,不同的稳定分析理论之间最大的差别就是条块间的内力如何考虑。当滑裂面为圆弧状或曲面时,一般滑体会整体下滑,相邻条块间不会产生过大的错动变形;针对一些不规则的破裂面,相邻条块间会产生明显的错动变形,需要充分考虑条件作用力。通常情况下,条块间作用力的影响考虑越多,求得的稳定系数也越高。

2)平衡条件对比分析

按照平衡条件的性质可将极限平衡法分为:各自沿水平和竖直方向上力的平衡、整体力矩的平衡、力和力矩的平衡,如表 2-24 所示。

表 2-24 平衡条件对比

稳定分析方法	力多边形	水平力平衡	竖向力平衡	整体力矩平衡	条块力矩平衡
瑞典条分法		不满足	不满足	满足	不满足
Bishop法		不满足	满足	满足	不满足
传递系数法		满足	不满足	不满足	不满足

由表 2-24 可知：由于瑞典条分法只实现了整体范围内的力矩平衡，而每一条块受力不平衡，力多边形不闭合，这样可能会使误差偏大；Bishop法虽然不满足水平力和条块力矩平衡，但满足竖向力平衡和整体力矩平衡，力多边形是闭合的，因此计算结果比较精确。

3）适用条件对比分析

各种稳定分析方法都有具体的适用条件，如表 2-25 所示。

2 膨胀土路基设计

表2-25 适用条件对比

稳定分析方法	适用地质条件
瑞典条分法	适用于含多个土层的路基边坡、内部均匀的土质坝体、折线或台阶型的黏性土路堤、路堑边坡
Bishop法	适用于含多个土层的路基边坡、内部均匀的土质坝体、折线或台阶形的黏性土路堤、路堑边坡
传递系数法	传递系数法一般适用于滑坡面不太陡峭的岩石滑坡、土质滑坡等，还可应用于部分路堤滑动的稳定性分析

4）稳定性结果对比分析

各计算方法的稳定计算结果如表2-26所示。

表2-26 稳定性计算结果对比

稳定分析方法	瑞典条分法	Bishop法	传递系数法显式解	传递系数法隐式解
天然地基下安全系数	1.057 3	1.222 8	1.142 1	1.142 6
CFG桩复合地基安全系数（施工期）	1.656 1	1.820 4	1.692 4	1.753 3
CFG桩复合地基安全系数（运营期）	1.599 1	1.748 6	1.654 8	1.694 6

主要结论如下：

（1）瑞典条分法没有考虑块间力，只考虑了整体的力矩平衡，这样虽使计算过程简化，但结果与实际情况相比稍有偏差；而Bishop法考虑了条块间的水平作用力，这样与实际更加符合，同时忽略条块间切向力的影响，简化了求解过程，因此所求得的结果精确度高，安全系数要比瑞典条分法偏大。

（2）由表中2-26的数据可以看出，传递系数法计算所得安全系数更加趋近Bishop法所得结果；通过对比隐式解与显式解，发现通过隐式解法求得的安全系数更趋近于Bishop法所得结果，因此更为精确。

（3）CFG桩处理天然地基后，经稳定性分析结果可以看出，路堤的安全系数得到了提高，且满足规范要求，以此说明CFG桩对路堤稳定性的提高也能发挥一定作用。由于施工期不考虑上覆列车和轨道的荷载作用，因此计算所得安全系数较运营期略有偏高。

2.5 地基加固和高陡边坡防护设计

2.5.1 膨胀土地基加固

柳南客专 D1K559+379.41～D1K559+717 段为膨胀土高填方路基，路基最大填高 13 m，该段路基施工图设计采用 CFG 桩地基加固处理，斜坡地段边坡中部设置侧向约束桩抗滑。

现场施工期间及施工完成后，对该段膨胀土路基开展了现场长期监测，中等压缩性土地基现场长期观测是研究膨胀土的沉降变形特性，主要包括长期应力测试和长期沉降监测两部分。长期应力测试于基底桩顶、桩间土不同位置处理设土压力盒，量测施工和预压期内基底应力变化。加筋垫层土工格栅埋设柔性位移计监测土工格栅的拉伸量，分析复合地基土拱效应和柔性基础变形机理，进一步研究基底应力的分布和变化规律。长期沉降监测通过现场监测路堤填筑期和预压期中的地基沉降变形和侧向位移变化，探讨中等压缩性土地基沉降变形规律，检验地基加固效果，验证设计理论正确性，制定施工控制标准，完善中等压缩性土地基沉降控制技术，以指导高速铁路路基地基设计和施工。现场监测成果，一方面可为中等压缩性土地区有砟轨道高速铁路的建设提供技术支撑，另一方面也可为相关标准的编制或修订提供理论依据。现场监测显示，CFG 桩地基加固处理措施是可行的，路基工后沉降控制在合理值范围，高边坡的稳定性也得到了改善，地基加固效果良好。图 2-18~图 2-20 为膨胀土路基原地形地貌、CFG 桩地基处理施工过程及 CFG 桩地基处理和路基填筑完成后铺轨施工期间的实景。

图 2-18　膨胀土路基原地形地貌

图 2-19 膨胀土路基 CFG 桩加固施工

图 2-20 膨胀土路基铺轨施工

2.5.2 膨胀土高陡边坡防护

柳南客专 D1K736+917~D1K737+435段右侧为膨胀土路堑高陡边坡，初步设计阶段，采取桩间挡土墙预加固+锚杆框架梁防护方案总体可行。但是在施工单位进场开始长拉槽开挖边坡时，由于高陡边坡上方为富水地形地貌，施工征地前高陡边坡上方为村民长期取水源，施工开挖产生临空面后，大量地下水流失。在雨季来临时高陡边坡产生牵引变形，设置预加固桩段未发生变形，未设置预加固桩的局部段落挡土墙有变形，且挡墙顶以上边坡变形严重，局部已施工的锚杆框架梁边坡发生失稳。图2-21~图2-23为D1K737+200右侧膨胀土深路堑高陡边坡原地形地貌、施工期产生膨胀土溜塌病害的实景。

图 2-21　原地形地貌

图 2-22　施工期第 1 次病害

图 2-23　施工期第 2 次病害

经地质专业补勘，一是取芯补充室内原位测试，二是现场调查地形地质条件，总结出膨胀土高陡边坡的地质特性，施工图设计修正了岩土物理力学指标，膨胀土高陡边坡防护工程措施有所调整。一是扩大锚固桩预加固的纵向范围，提高边坡整体的抗滑力，二是挡墙顶以上边坡刷方坡率由 1∶1.75 调整为 1∶2 或 1∶2.5，锚杆框架梁的间距由 3 m×3 m 调整为 2.5 m×2.5 m，每个框架梁内增设 1 道深层排水孔，孔深基本与锚杆等长。

该段膨胀土高陡边坡处理后，整体的加固防护效果良好，经过两个雨季验证未发生边坡位移；边坡框架梁内的绿化效果较好，未发生局部边坡溜塌。锚固桩预加固+挡土墙+锚杆框架梁的方案抗滑效果很好，边坡防护措施到位，绿化景观兼顾排水的成效显著。总结该工点的方案经验教训，主要内容为：

（1）地质专业判断为弱膨胀土，由于边坡高、施工方法不当，再加上勘察设计认识不足，施工期间出现了两次较大的病害，形成工程滑坡。通过施工图设计优化及病害治理，目前运营情况良好，需要进一步监测整体及局部变形情况。

（2）施工期间存在的主要问题：① 防排水措施不到位，表现为路堑顶天沟施工弃土堆置在天沟上方，影响了上游来水汇入天沟；该膨胀土高边坡地下水发育，未采取地下水排水措施，补充设计增加了深层排水孔措施，效果良好；②施工方法不得当，雨季施工，又是长拉槽施工，由于多种原因，施工周期长，影响了高边坡加固效果；③勘察设计认识不足，地质专业定测阶段的室内土工试验样本较少，膨胀土边坡刷方坡率 1：1.75 偏于不安全，建议调整为 1：2 或 1：2.5。图 2-24 为膨胀土高陡边坡加固整治处理后的运营实景，整治措施到位、绿化景观效果良好。

图 2-24　运营期实景

2.6　本章小结

本章主要针对柳南线膨胀土路基试验段，开展相关物理力学特性、沉降变形特性及路基稳定性等方面的试验研究，得到主要结论如下：

（1）多种室内试验结果表明：膨胀土路基试验段内，土体大多为弱膨胀性，呈坚硬或硬塑状态，且级配良好，压缩系数 a_{1-2} 在 0.097~0.152 MPa^{-1} 变化，由此判断该试样属于中等压缩性土，并呈现出一定的软化和硬化特性。

（2）通过现场原位测试对试验段的土层分布进行研究，并获得了压缩模量、地基承载力、土体抗剪强度指标等参数，结合室内试验的结果，选用合理的参数用于沉降变形特性及稳定分析的研究。

（3）发现采用不同的基底应力和附加应力的计算方法对最终沉降量的影响存在差异。经过对比，建议采用修正的比例荷载法计算基底应力，用弹性土堤法和拟合公式法计算附加应力，从而得到更加趋近真实值的结果。

（4）通过分析传统方法与 $L/3$ 法的沉降计算结果，发现 CFG 桩复合地基的沉降量相比天然地基得到一定程度的减小，即 CFG 桩能很好地控制地基沉降变形。

（5）各稳定性分析方法在平衡、适用及假设条件上存在差异，其中，最大的不同之处就是如何考虑条块间的内力，条块间作用力的影响考虑越多，求得的稳定系数也越高；相对于瑞典条分法，Bishop 法和传递系数法考虑了条块间作用力的影响，其结果的计算精度更高。

（6）稳定性分析结果表明，CFG 桩复合地基的稳定性无论是在施工期还是在运营期，都较天然地基有很大的提高，且满足规范对稳定性的要求。采用 CFG 桩处理地基，对路基沉降变形控制及稳定性提高都能起到很好的作用。

（7）膨胀土高陡边坡防护应坚持贯彻"分层开挖、分层支护、坡脚预加固"的设计理念，加强对高陡边坡整体抗滑和变形控制的处理措施，并在膨胀土边坡中实行"缓边坡、重排水、强防护"的处理原则，做好膨胀土边坡的加固方案。

3 锰矿开采区复合地基加固及承载力研究

3.1 概 述

锰矿开采区位于柳南客专 DK568~DK579 段，分布有两种地形：露天私采锰矿矿坑和锰矿采空区地下巷道。

在施工图交付及施工前期，当地群众大量开采地表浅层锰矿，就地过滤冲洗和沉淀，形成了众多采矿坑和洗矿坑。经过多次现场核对，D1K570+850～D1K571+860、D1K574+600～D1K575+305、D1K577+830～D1K578+450（凤凰西车站）、D1K578+900～D1K579+487 等范围，多处路基已经形成采矿坑或洗矿坑，深度 6~30 m，线路长度 30~200 m，部分洗矿坑全部为冲洗后的泥浆。

凤凰西车站 DK578+525~DK578+650 段为锰矿采空区地下巷道，是 20 世纪 60 年代私人开采形成，无图纸资料可查。

以上为路基通过区域的主要锰矿开采区，如何加固采矿坑、洗矿坑及采空区巷道以确保路基工程运营安全，是本线的特点和难点之一。

3.2 常用复合地基加固机理及优缺点

天然地基一般无法承受现有建筑物的巨大荷载，为保证结构物能够正常使用，就需要对其进行地基加固。复合地基指通过增强天然土体，或者将天然地基中的部分土体用强度更高的材料置换，抑或加入加筋材料等方式，而形成的人工复合地基[47]。依据荷载传递的规律，复合地基可分为如图 3-1 所示的几种类型。

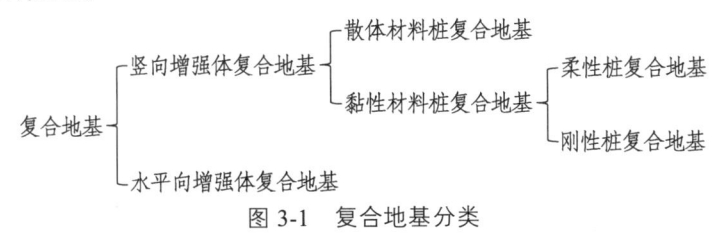

图 3-1 复合地基分类

各种复合地基加固桩的加固机理及优缺点如下：

（1）散体材料桩。

散体材料桩的桩身是由碎石、砂、渣土等组成，桩体材料的黏聚性较弱，桩体的形成往往取决于桩周土体的挤压作用，其承载力与桩身材料的性质和其与周边地基土之间产生的桩侧阻力有关。例如：碎石桩主要是通过压实和挤密的方式增加地基土的密实度和强度的，碎石土、粉土、砂土、杂填土等地基都可以采用碎石桩进行加固。

（2）柔性桩。

柔性桩基础一般是指往土中加入水泥、石灰等固化剂与土发生反应而得到的一种桩基础。柔性桩受荷后，通过其在桩周和桩端产生侧阻力和端阻力使荷载有效地分散传递到地基土中，因此，这种传力方式能得到较大的应力扩散范围，从而获得更好的加固效果。水泥搅拌桩是将水泥和天然地基土一起拌和，并通过两者在搅拌过程中所引发的一系列反应，固结硬化后形成的一种水泥土桩，桩身往往具备较高的强度，其整体性也较好。柔性柱复合地基由搅拌桩、桩间填土及褥垫层构成。目前针对水泥搅拌桩的研究虽然比较广泛，但仍存在许多问题，如水泥掺量过低、施工质量难以控制、沉降过大等，所以还须从设计参数的选取、施工质量的把关等多方面加以考虑。

（3）刚性桩。

针对高速铁路在不均匀沉降控制方面的高要求，预应力管桩、CFG 桩等刚性桩开始被广泛应用于地基加固工程。与柔性桩相比，刚性桩在一定程度上能将荷载传递到更深的土层中，因而拥有更高的地基承载力。刚性桩中的预应力管桩常见于基础工程中，具有以下特点：① 单桩承载力较高，且成桩质量较好；② 管桩规格种类多，可组合搭配使用；③ 造价便宜，节省成本；④ 运输吊装简便，施工时不会受到过多限制。

3.3 水泥搅拌桩加固洗矿池方案

3.3.1 水泥搅拌桩的特点

（1）适用范围广。

由松散的砂砾、粉细砂、黏性土、粉土、淤泥质土、素填土及黄土等组成的地基均可采用水泥搅拌桩进行加固。当遇到泥炭土、酸性土，或者腐蚀性较高的土壤时，若要选择水泥搅拌桩作为加固方式，则须通过试验确定其适用性。

（2）设置形式多样，工程应用广。

水泥搅拌桩可选用单头、双头等多种搅拌方式，还可用于制成块状、柱形体、格栅式等各种加固体，因而大量应用于城市道路、建筑工程、铁路等软土地基的加固工程中。

（3）施工方便，成本低。

水泥搅拌桩采用各类不同的搅拌机进行施工，不但提高了施工效率，缩短工期，也保证了桩体的质量。施工过程中不会产生振动和地面隆起，因此不会对附近的构筑物产生不利影响；施工时也不会发生噪声扰民的现象。此外，水泥搅拌桩采用土与固化剂拌和施工，相比其他加固方法，大大节省了成本，因此，无论在社会方面还是在经济方面都能获取很好的效益。

3.3.2 水泥搅拌桩的施工工艺

水泥搅拌桩施工分干法和湿法两种[48]。干法指粉喷桩，搅拌时加入粉状固化剂，使地基土体的强度和稳定性得到一定提高，针对淤泥、淤泥质土地区的地基加固，通常采用干喷法；湿法指浆喷桩，加固地基时，通过泵机输入水泥浆与原有地基土进行混合搅拌，成桩后浆液硬结成固态柱体，对原有地基起到加固作用，此法施工效率高，成桩较均匀，对地基含水率的要求不高，因此在黄土、软土、黏性土等路段的加固工程上应用广泛。

从搅拌施工工艺上看，水泥搅拌桩可分为单向搅拌桩和多向搅拌桩。普通水泥搅拌桩使用单轴拌和施工，而多向搅拌桩则使用多根旋转轴和多层叶片进行搅拌，搅拌时双管上的搅拌头同时沿正向和反向旋转。一般来说，单向搅拌桩在施工时始终沿一个方向搅拌，地基土和水泥砂浆没有搅拌均匀，往往出现成桩不均匀且强度偏低等问题；而采用多向搅拌后，地基土与水泥砂浆能充分混合，故桩体强度高，连续性和均匀性都大大提高。

水泥搅拌桩复合地基的施工工艺流程如下：

（1）桩机定位。检查桩机和输送管路，将搅拌桩机转移至设计时确定的桩位上，并将其偏差控制在50 mm内。

（2）调整导向架垂直度。利用经纬仪和吊线锤相互配合进行观测工作，并调整导向架的垂直度，将其控制在桩长的1.0%范围内。

（3）预搅拌下沉。开动水泥搅拌机，待转头进入工作状态，达到正常转速时，使转杆边下沉边搅拌，并确保下沉过程中转机的工作电流不超过额定值。

（4）喷浆的制备。按照要求的混合比例配制水泥浆，制备完毕后将其置于集料斗中。

（5）搅拌提升。当钻头伸至设计深度时，启动水泥泵，待出浆口冒浆后在原地喷浆、搅拌 0.5 min 左右，随后向上提升钻杆，同时严格控制各项参数。如遇故障，无法进行正常的喷浆作业时，须把搅拌头置于停浆位置下方 0.5 m 处，待机器恢复后再进行作业。

（6）重复步骤（3）和步骤（5），直到本根桩施工完成。

（7）移位。施工完上根桩，桩机参照预先设计的位置转移到下一个预定点位，再参照步骤（1）~（6）重复施工。

3.3.3　水泥搅拌桩复合地基加固机理

（1）物理化学反应。

当水泥与地基土得到均匀搅拌后，引发水解和水化反应，形成具备一定胶结能力的悬浮液，再通过凝结作用就生成了强度较高的水泥土。整个过程中，水化作用产生的部分水化产物通过凝硬作用生成坚硬骨架；有的水化物则会与黏土颗粒产生诸如离子交换、团化、碳酸化等诸多反应，以增加水泥土的强度。

（2）桩体作用。

水泥搅拌桩复合地基中，荷载主要由强度和承载能力更高的桩体承担，再加上褥垫层对上部荷载的调节分配作用，使得桩间土也承担了部分荷载，这样，桩和土各自的承载能力都得到了充分的发挥。

（3）加速固结作用。

水泥搅拌桩与桩周土中存在大量的粗颗粒，地基土受荷后，孔隙水能顺着粗颗粒通道迅速排出。随着超静孔隙水压力的消散，桩间土的自重应力也随着时间逐渐增大，从而起到了加速固结的作用。

（4）挤密作用。

水泥搅拌桩中的水泥、生石灰等遇到水时，会产生发热、膨胀等现象，从而对桩间土产生一定的挤密作用，改善了土的物理力学性能。

3.3.4 柳南线锰矿洗矿池加固区工程概况

柳南客专 DK570+950～DK571+290 段采用了水泥搅拌桩加固地基的方案，工程地质情况如下：

（1）工程概况。

本段线路表层主要分布<2>锰矿弃粉质黏土（软土），下覆<5-W4>硅质岩夹硅质页岩。该段为露天开采区，左右两侧附近均有松散软塑状的人工弃土，主要表现为地面的一些人工挖掘的矿坑，坑深 5～12 m，坑内均有积水。

（2）各土层物理力学参数见表 3-1。

表 3-1 物理力学参数

土层名称	重度 γ/(kN/m³)	黏聚力 c/kPa	内摩擦角 φ/(°)	$[\sigma]$/kPa	E_s/MPa
<1>人工弃土	18	12	12	120	5
<2>锰矿弃粉质黏土（软土）	17.5	8	6	80	3
<3-1>粉质黏土（松软土）	17.5	12	13	120	5
<4>粉质黏土	19.5	25	18	180	8
<5-W4>硅质岩夹硅质页岩	20	20	18	200	10

3.3.5 水泥搅拌桩加固方案

柳南客运专线 DK570+950 ~ DK571+290 段，长 340 m，采用水泥搅拌桩加固的方案，路基横断面示意图如图 3-2 所示。采用 $\phi = 50$ cm 的水泥搅拌桩，按正三角形布设，详见图 3-3。其中 DK570+950 ~ DK571+150 段桩间距为 1.2 m，其余段桩间距为 1.1 m。

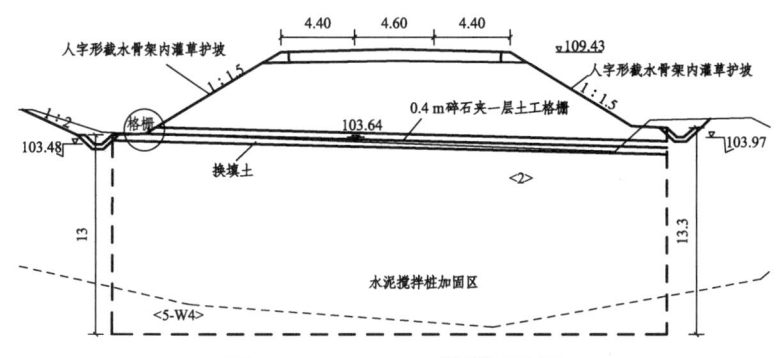

图 3-2 DK571+100 横断面示意

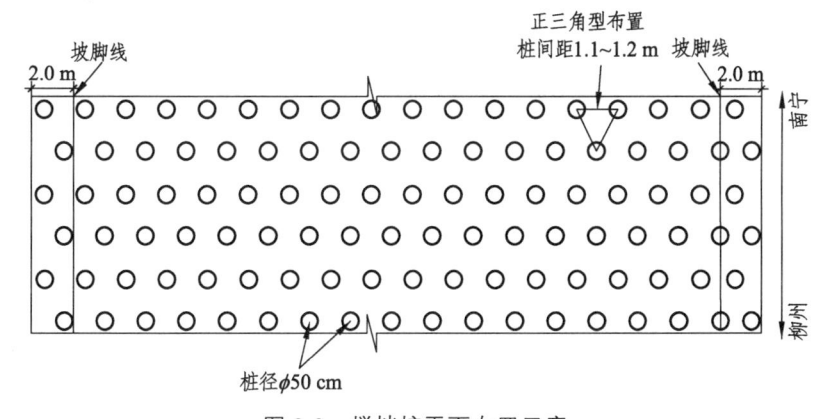

图 3-3 搅拌桩平面布置示意

在图 3-4 中，桩顶铺设厚 0.4 m 的碎石层，中夹一层抗拉强度为 80 kN/m 的土工格栅。但由于桩体模量一般大于桩间土，因此桩体往往会刺进褥垫层内部，而褥垫层则是通过调节桩和桩间土的荷载分担比，使桩土整体受荷，以达到削弱基底应力集中的目的[49]。土工格栅的存在有效地约束了土体的侧向位移，并将荷载有效地分布到底基层上，使地基的承载力和稳定性得到极大提高。

图 3-4 土工格栅布置

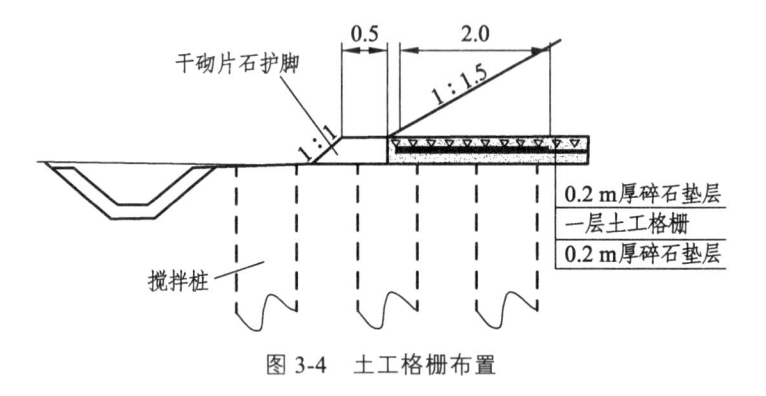

其他注意事项：施工之前应先在基底进行清淤作业，换成普通土进行填筑，再进行搅拌桩的施工；搅拌桩须穿过软弱土层，且打入硅质岩夹硅质页岩的持力层的深度不小于 0.5 m。

3.3.6 复合地基承载力验算

1）单桩承载力计算

设计时，单桩竖向承载力可按式（3-1）和式（3-2）计算，并取其较小值。

$$[p] = \eta P_f A_p \tag{3-1}$$

$$[p] = u_p \sum_{i=1}^{n} q_i l_i + \alpha q_p A_p \tag{3-2}$$

式中 $[p]$——单桩容许承载力（kN）；

A_p——单桩截面积（m²）；

u_p——桩的截面周长（m）；

q_i——第 i 层土的桩侧允许摩擦阻力（kPa）；

l_i——对应土层的厚度（m）；

q_p——桩端土地基容许承载力（kPa）；

α——承载力折减系数，这里取 0.5；

p_f——桩体抗压强度平均值（kPa），应为 90 d 龄期的水泥土立方体试块抗压强度平均值，这里取 1.60 MPa；

η——桩体强度折减系数，这里取 0.33。

3 锰矿开采区复合地基加固及承载力研究

2）复合地基承载力计算

现场采用地基荷载试验获取水泥搅拌桩复合地基的竖向承载力。

$$\sigma_{sp} = m\frac{[p]}{A_p} + (1-m)\sigma_s \beta \tag{3-3}$$

$$m = \frac{A_p}{A} \tag{3-4}$$

式中　σ_{sp}——复合地基容许承载力（kPa）；

　　　σ_s——桩间土天然地基容许承载力（kPa）；

　　　m——复合地基置换率，一般可取 10%~20%；

　　　β——承载力折减系数，这里取 0.35。

本书选取柳南客专 DK571+100 断面进行复合地基承载力计算。其中，针对 DK570+950~DK571+150 路段，设计要求复合地基承载力为 150 kPa，单桩承载力为 100 kN。

DK571+100 处水泥搅拌桩的桩径 ϕ = 50 cm，并以 1.2 m 的桩间距按正三角形布设。土层厚度及相应物理力学参数见表 3-2。

表 3-2　DK571+100 断面土层主要物理力学指标

层号	土层名称	土层厚度/m	土层重度 γ/(kN/m³)	黏聚力 c/kPa	摩擦角 φ/(°)	承载力特征值 $[\sigma]$/kPa	压缩模量 E_s/MPa	侧阻力 q_{ik}	端阻力 q_{pk}
1	锰矿弃粉质黏土（软土）	11	17.5	8	6	80	3	16	—
2	硅质岩夹硅质页岩	2	20	20	18	200	10	10	100

（1）单桩承载力。

按式（3-1）计算时，

$$[p] = \eta p_f A_p = 0.33 \times 1.6 \times 10^3 \times \pi \times 0.25^2$$

$$= 103.67 \text{ kN}$$

按式（3-2）计算时，

$$[p] = u_\mathrm{p} \sum_{i=1}^{n} q_i l_i + \alpha q_\mathrm{p} A_\mathrm{p}$$

$$= 1.571 \times (16 \times 11 + 10 \times 2) + 0.5 \times 100 \times \pi \times 0.25^2$$

$$= 317.72 \text{ kN}$$

故取单桩容许承载力 $[p]$=103.67 kN >100 kN，满足设计要求。

（2）复合地基承载力。

$$m = \frac{A_\mathrm{p}}{A} = 0.315$$

$$\sigma_\mathrm{sp} = m \frac{[p]}{A_\mathrm{p}} + (1-m)\sigma_\mathrm{s}\beta$$

$$= 0.315 \times \frac{103.67}{\pi \times 0.25^2} + (1-0.315) \times 80 \times 0.35$$

$$= 185.84 \text{ kN} > 150 \text{ kN}，满足设计要求。$$

3.4 预应力管桩加固采空区方案

3.4.1 预应力管桩的特点

1）预应力管桩优点

实践证明，预应力管桩有如下优点[50]：

（1）单桩承载力高。一般预应力管桩的混凝土抗压强度可达 80 MPa，施工时一般将桩尖打到具有很高密实度的地层中，使其桩端承载力相比原状土大大提高。因此，相比相同规格的灌注桩，预应力管桩的强度设计值更高。

（2）种类规格多，搭配灵活。预应力管桩的直径选用范围一般为 300~600 mm，单桩承载力范围一般为 600~4 620 kN，桩节长短不一。不同直径的桩体之间可以互相搭配使用，方便布桩，这样可以有效利用各根桩的承载能力，不同规格直径的桩亦可搭配设置在同一基础中。

（3）造价便宜。单位承载力造价一般用来评价桩基的经济效益，相比于沉管灌注桩，预应力管桩的单位造价普遍偏高，但管桩的单桩承载力上远远高于沉管桩，综合比较下来，每吨承载力造价有所降低；与人工挖孔桩和钻孔桩相比，由于管桩的持力层一般比较浅，所以虽然管桩单方混凝土的成本比较高，但每吨承载力的造价仍低于前两者。

（4）运输吊装便利，施工效率高。管桩节长一般在10~12 m，由于预应力的存在，用吊钩挂住管桩的两端就可以进行快速吊装。管桩的施工迅速，加上工后质量检测时间比较短，因而能大大缩短工期。

（5）桩身拥有较高强度，成桩质量好。由于管桩拥有较高的混凝土强度等级，且存在预应力，保证了管桩在施工打击过程中不发生破损。

2）管桩使用条件

（1）管桩适用于软土、黏性土、沙土、风化基岩等地层。

（2）通常可选择密实度较高的砂砾层或黏土层，以及强风化岩层作为桩端持力层。

（3）由于预应力管桩施工的前期准备较方便，施工效率高，单位造价便宜，因此适用于大面积打桩的工程。

3.4.2 柳南线锰矿采空区工程概况

柳南客专在锰矿开采区 DK574+745~DK574+805、DK577+835~DK577+890 及凤凰西车站 DK578+525~DK578+650 中采用了管桩加固地基的设计方案。本书主要选取 DK574+745~DK574+805 和凤凰西车站 DK578+525~DK578+650 这两个区段为研究对象进行承载力研究，工程地质情况如下：

（1）设计范围：DK574+745~DK574+805。

该范围内地基表层主要分布<2>锰矿弃粉质黏土（软土），黄褐色、灰褐色夹白色斑点，软塑状；其下，下伏<5-W4>硅质岩夹硅质页岩。

（2）设计范围：凤凰西车站 DK578+525~DK578+650。

本段线路地形波状起伏，地势开阔，相对高差 0~20 m，缓坡处多为荒地，平坦处多为旱地及甘蔗地，线路附近有挖锰矿所修道路相通，交通方便。通过定测阶段勘察，在 DK578+520~+660 段地面下 6.5~16 m 及 20.5~25 m

范围内发现矿坑支撑木,木质腐朽,局部较新鲜或有硬度。推测原始矿坑巷道高 2~5 m,横向宽约 6 m,矿坑巷道内均被充填或垮塌(矿坑巷道堆积物);矿坑轴线与线路斜交角约 21°,与线路相交与 DK578+547 处。图 3-5 为凤凰西车站锰矿采空区采用预应力管桩地基处理现场施工实景。

图 3-5 凤凰西车站锰矿采空区地基处理

3.4.3 管桩竖向承载力验算

预应力管桩的单桩竖向承载力计算参照规范进行,其中,单桩竖向极限承载力特征值可以通过下式估算:

$$Q_{uk} = Q_{sk} + Q_{pk} = u \sum q_{sik} l_i + q_{pk} A_p \qquad (3-5)$$

式中 q_{sik} ——桩周第 i 层土的极限侧阻力标准值;

q_{pk} ——极限端阻力标准值。

参考规范中提到的公式,选取两个断面进行竖向承载力验算。

(1) DK574+780 路基中心处。

DK574+780 断面采用直径 0.4 m,桩长 22 m 的管桩,并按 2 m 桩间距设置,桩端持力层为硅质岩夹硅质页岩,桩端打入底部持力层的深度为 5 m,设计要求单桩竖向承载力特征值为 450 kN。土层厚度及主要力学特性指标参照表 3-3。

表 3-3　DK574+780 断面土层物理力学指标

土层名称	土层厚度/m	土层重度 γ/(kN/m³)	黏聚力 c/kPa	摩擦角 φ/(°)	承载力特征值[σ]/kPa	压缩模量 E_s/MPa	侧阻力 q_{sik}	端阻力 q_{pk}
锰矿弃粉质黏土（软土）	17	17.5	8	6	80	3	60	—
硅质岩夹硅质页岩	5	20	20	18	200	10	70	3 000

根据表 3-3 给出的设计参数及力学指标，参照式（3-5）计算，单桩竖向极限承载力特征值：

$$Q_{uk} = Q_{sk} + Q_{pk} = u\sum q_{sik}l_i + q_{pk}A_p$$
$$= 2\pi \times 0.2 \times (60 \times 17 + 70 \times 5) + 3\,000 \times \pi \times 0.04$$
$$= 2\,098.58 \text{ kN}$$

单桩竖向承载力特征值：$R_a = \dfrac{Q_{uk}}{2} = 1\,049.29$ kN > 450 kN。

（2）DK578+600 路基中心处。

DK578+600 断面采用直径 0.4 m，桩长 28 m 的管桩，并按 2 m 桩间距设置，桩端持力层为硅质岩夹硅质页岩，桩端打入持力层深度为 12.3 m，单桩竖向承载力特征值按照设计要求，不得小于 1 010 kN。DK578+600 断面土层厚度及主要参数指标参照表 3-4。

表 3-4　DK578+600 断面土层物理力学指标

土层名称	土层厚度/m	土层重度 γ/(kN/m³)	黏聚力 c/kPa	摩擦角 φ/(°)	承载力特征值[σ]/kPa	压缩模量 E_s/MPa	侧阻力 q_{sik}	端阻力 q_{pk}
粉质黏土	2.5	19	11.9	12.5	150	5	60	—
硅质页岩	7.0	19	20	15	150	7	70	—
硅质页岩	6.2	19	10	7	100	3	70	—
硅质岩夹硅质页岩	12.3	19.5	25	15	200	7.5	70	3 000

059

根据表 3-4 给出的设计参数及力学指标，参照式（3-5）计算，单桩竖向极限承载力特征值：

$$\begin{aligned}Q_{uk} &= Q_{sk}+Q_{pk} = u\sum q_{sik}l_i + q_{pk}A_p \\ &= 2\pi \times 0.2 \times (60 \times 2.5 + 70 \times 7 + 70 \times 6.2 + 70 \times 12.3) \\ &\quad + 3\,000 \times \pi \times 0.04 \\ &= 2\,808.58 \text{ kN}\end{aligned}$$

单桩竖向承载力特征值：$R_a = \dfrac{Q_{uk}}{2} = 1\,404.29 \text{ kN} > 1\,010 \text{ kN}$。

3.4.4 管桩水平承载力验算

参照规范，对预应力管桩单桩水平承载力进行计算：

（1）当土工结构物承受水平荷载时，其单桩基础应满足下式要求：

$$H_{ik} < R_h \tag{3-6}$$

式中　H_{ik}——荷载效应标准组合下，桩基 i 顶部受到的水平力，这里取 40 kN；

　　　R_h——单桩基础下桩基的水平承载力特征值。

（2）单桩水平承载力特征值可按下式进行计算：

$$R_a = 0.75 \dfrac{\alpha^3 EI}{v_x} x_{0a} \tag{3-7}$$

式中　α——水平变形系数，$\alpha = \sqrt[5]{\dfrac{mb_0}{EI}}$，$m$ 为桩侧土水平抗力系数的比例系数，这里取 5；计算宽度 $b_0 = 0.9(1.5d+0.5)$；

　　　EI——桩身抗弯刚度，钢筋混凝土桩取 $EI = 0.85 E_c I_0$，桩身为圆形截面时，取 $I_0 = W_0 d_0 / 2$；

　　　W_0——桩身换算截面受拉边缘的截面模量，$W_0 = \dfrac{\pi d}{32} \times \left[d^2 + 2(\alpha_E - 1)\rho_g d_0^2\right]$，其中 ρ_g、d_0 分别为桩身配筋率和不包含保护层厚度的桩直径，α_E 则定义为钢筋与混凝土的弹性模量之比；

　　　x_{0a}——桩顶允许水平位移，这里取 10 mm；

v_x——桩顶水平位移系数，这里取 0.94。

选取两个断面进行横向承载力验算。

（1）DK574+780 路基中心处。

$$b_0 = 0.9 \times (1.5 \times 0.4 + 0.5) = 0.99,$$

$$\rho_g = 0.49, \quad d_0 = 318 \text{ mm}, \quad \alpha_E = 5.26,$$

$$W_0 = \frac{\pi d}{32}\left[d^2 + 2(\alpha_E - 1)\rho_g d_0^2\right] = 0.022\,9 \text{ m}^3,$$

$$I_0 = W_0 d_0 / 2 = 0.003\,6 \text{ m}^4,$$

$$EI = 0.85 E_c I_0 = 0.85 \times 3.8 \times 10^4 \times 0.003\,6 = 1.163 \times 10^5 \text{ kN·m}^2,$$

$$\alpha = \sqrt[5]{\frac{mb_0}{EI}} = 0.532\,0 \text{ m}^{-1},$$

$$R_a = 0.75 \frac{\alpha^3 EI}{v_x} x_{0a} = 139.72 \text{ kN} > H_k = 40 \text{ kN}，满足要求。$$

（2）DK578+600 路基中心处。

计算过程同上，结果如下：

$$b_0 = 0.99, \quad W_0 = 0.022\,9 \text{ m}^3,$$

$$EI = 1.163 \times 10^5 \text{ kN·m}^2,$$

$$\alpha = \sqrt[5]{\frac{mb_0}{EI}} = 0.532\,0 \text{ m}^{-1},$$

$$R_a = 0.75 \frac{\alpha^3 EI}{v_x} x_{0a} = 139.72 \text{ kN} > H_k = 40 \text{ kN}，满足要求。$$

3.4.5 预应力管桩加固方案

1）DK574+745～DK574+805 段加固方案

（1）管桩设计参数。

该段预应力管桩选用 PHC-A400（95）型进行加固，所选混凝土的强度等级为 C80，该型号桩的外部直径 $\phi = 400$ mm，壁厚：95 mm，并以桩间距 2.0 m 按矩形进行布设。图 3-6 为预应力管桩加固代表性横断面，图 3-7 为预应力管桩平面布置示意图。

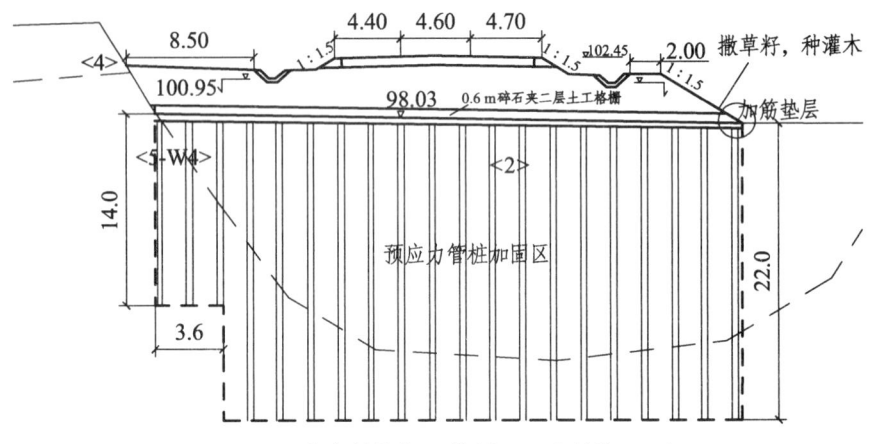

图 3-6 预应力管桩加固横断面一（单位：m）

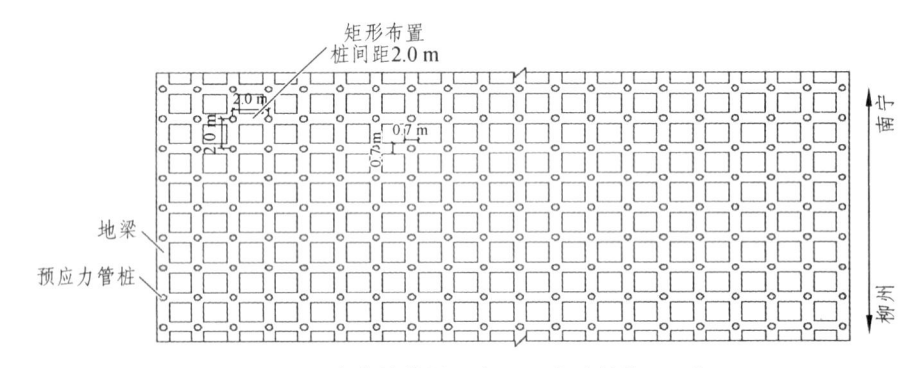

图 3-7 预应力管桩平面布置示意（单位：m）

（2）地梁与加筋垫层的设置。

在预应力管桩桩顶浇筑尺寸为 0.7 m×0.5 m 的钢筋混凝土地梁；并在其顶部铺设 0.6 m 厚碎石垫层，然后在其中加设两层双向土工格栅（抗拉强度不小于 80 kN/m），详见图 3-8。钢筋混凝土地梁将预应力管桩连接成一个整体，增加了结构的整体性，能更好地控制地基的不均匀沉降；与此同时，褥垫层积极发挥其调节作用，更好地将上部荷载分配传递给地基。

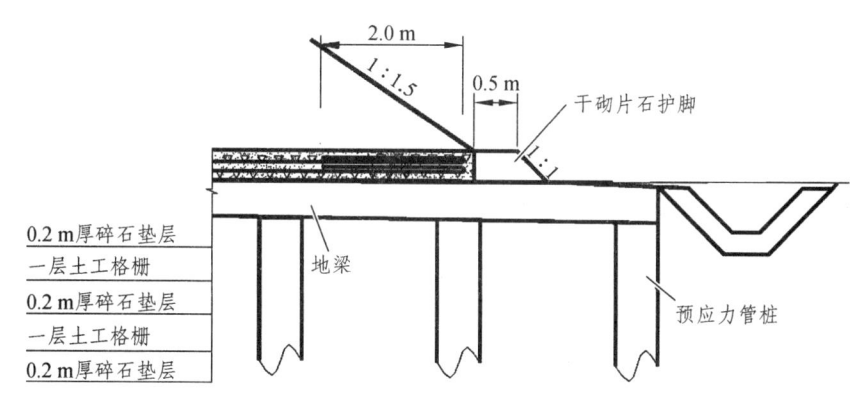

图 3-8 预应力管桩地梁与褥垫层

2）DK578+525～DK578+650 段加固方案

（1）管桩设计参数。

该段预应力管桩选用 PHC-A400（95）型进行加固，所选混凝土的强度等级为 C80，该型号桩的外部直径 $\phi = 400$ mm，壁厚 95 mm，并以桩间距 2.0 m 按矩形形式进行布设，如图 3-9 所示。

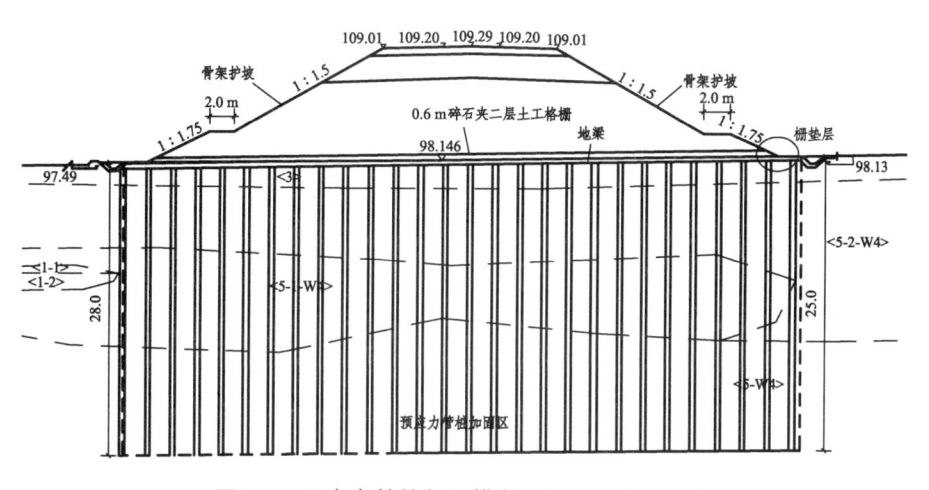

图 3-9 预应力管桩加固横断面二（单位：m）

（2）DK578+525～DK578+650 段预应力混凝土管桩平面示意图如图 3-7 所示，地梁及褥垫层的设置如图 3-8 所示。

3.5 本章小结

本章主要介绍柳南线锰矿开采区复合地基加固相关理论，主要分为洗矿池的水泥搅拌桩加固和采空区的预应力管桩加固，主要结论如下：

（1）水泥搅拌桩通过自身与地基土发生水解、水化、凝硬及碳酸化等作用，使强度得到加强，桩体对周围土体也能起到一定的挤密作用。同时，利用褥垫层对荷载的调节分配作用，使桩和土各自承载能力得到了最大发挥。

（2）通过对弃矿坑和洗矿池的地质调查，并结合工程经验确定了水泥搅拌桩的加固方案，采用多向水泥搅拌桩进行施工，解决了普通搅拌桩在强度、质量、有效成桩深度等方面存在的问题。

（3）预应力管桩具有单桩承载力高、成桩质量好、造价低廉、运输吊装快捷等特点，因此在建筑工程领域得到了大量的运用，柳南线将预应力管桩运用于铁路工程中，也达到了预期的加固效果。

（4）预应力管桩的承载力验算包括竖向承载力和水平承载力。本书取DK574+780和DK578+600两个断面进行计算，结果符合规范要求。

（5）锰矿采空区采用"预应力管桩+钢筋混凝土地梁+碎石垫层"的方案，使荷载能通过褥垫层传递到地梁上，地梁又将荷载分配传递到管桩和地基土中，三者成为一个有机的整体，大大提高基础的承载力及稳定性，有效控制了不均匀沉降。

4 四线并行段路基设计

4.1 概 述

柳南客运专线黎塘至南宁段（DK660+569.91～D1K738+900）为四线并行（柳南客专、南黎铁路），最小线间距 7.7 m，本段线路主要位于非可溶岩地区，地形起伏较大，桥隧比例达 75%，路基以挖方为主。四条线路的线间距离如此之近，且两双线均为客运专线，为当时全国首例。四线并行路基排水设计、站后附属工程设计及其他设计，是本线的一大特点和难点。图 4-1 为桥隧之间一段四线并行段路基的运营实景，线间距、工程措施和附属结构布置等均合理可靠。

图 4-1 四线并行段路基运营实景

4.2 线间距的确定

4.2.1 影响线间距的因素

线间距是指区间相邻两线中心线之间的距离。列车在高速行驶中发生交会时，会加重两车之间气流的不规则扰动，形成会车压力波，进而威胁列车正常运行，降低乘坐舒适度。因此，线间距的确定需要充分考虑会车压力波的影响，这样不但确保了列车在交会时的行车安全，而且节约了征地，减少了建设成本。

交会速度、车辆的外形及长宽、铁路线间距等因素均会影响会车压力波的大小。一般来说，会车动力波与速度的平方成正比，若交会时两车不等速，则速度较小的车将承受较大的动力波；相比钝形车头的列车，流线型的列车在交会时产生的动力波要小；列车在直线开阔地段产生的会车压力波较小，而在曲线、路堑、隧道内产生的会车动力波则偏大。

铁路线间距越小，两辆列车交会时形成的会车压力波也越大，一方面大大危害行车安全，另一方面对旅客的舒适度也造成影响，因此线间应保留足够间距以保证会车时的安全。

4.2.2 线间距的计算

1）双线的线间距

铁路正线线间距一般可按下式计算：

$$D_{\min(1,2)} = Y + (B_1 + B_2) \tag{4-1}$$

式中 $D_{\min(1,2)}$——第一、二线间最小线间距（mm）；

B_1、B_2——两机车车辆的半宽（mm），目前我国在高速客运专线上主要采用 CRH 系列动车组，取其最大宽度为 3.4 m，车辆半宽值记为 1 700 mm；

Y——两线交会时机车车辆间的安全净距（mm）。

我国铁路部门对高速铁路客运专线中的双线线间距做出如表 4-1 所示的规定。

4 四线并行段路基设计

表 4-1 区间最小线间距

线路类型	客运专线			
设计速度 v_{max}/（km/h）	350	300	250	200
机车车辆间的安全净距/mm	1 600	1 400	1 200	1 000
两线最小线间距/mm	5 000	4 800	4 600	4 400

乔英俊[51]等分别对设计速度为 250 km/h 和 350 km/h 的列车交会数据进行分析，再通过数值模的方法拟合公式，绘制会车压力波随速度变化的曲线。试验发现：随着线间距的增大，列车交会压力波幅值呈减小的趋势，并呈现出负指数关系。从中可得，目前我国对铁路区间两线线间距最小值的规定能满足高速列车行驶时的压力波的影响，并且具有较大的安全裕度。

2）并行段线间距

确定并行地段线间距时须考虑线路高程、列车速度及构筑物的影响。并行段最小线间距计算如下：

$$D_{\min(2,3)} = 2B_{zx} + B_x \tag{4-2}$$

式中 $D_{\min(2,3)}$——并行段最小线间距（mm）；

B_{zx}——半个构筑物接近限界宽度（mm），这里取 2 440 mm；

B_x——信号机最大宽度（mm），这里取 410 mm。

故我国铁路部门规定，并行段铁路线间距为 2 440+410+2 440 = 5 290 mm，这里取 5.3 m。

而柳南客专黎塘至南宁段（DK660+569.91～D1K738+900）为四线并行段，全长约 78.3 km。该区段路基设计既要满足相关规范对路基面宽度、基床结构形式等相应要求，还需满足两线之间排水设施与接触网立柱设置的要求，线间距控制如图 4-2 所示。

其中，最小线间距 D 的计算公式如下：

$$D = \frac{B_1}{2} + \frac{B_2}{2} + m_1 h_1 + m_2 h_2 + b_1 + b_2 \tag{4-3}$$

式中 $B_1/2$、$B_2/2$——相邻两线路基面半宽（m）；

m_1、m_2——相邻两线路基边坡坡率；

h_1、h_2——相邻两线路基边坡高度（m）；

b_1——线间排水沟底宽（m）；

b_2——两线之间预留护道宽（m）。

取 $B_1/2$、$B_2/2$ 为 3.5 m，两侧边坡坡高为 0.68 m，坡率为 1∶1.75，线间排水沟底宽 b_1 取 0.5 m，预留护道宽 b_2 为 0.65 m。

$$D = \frac{B_1}{2} + \frac{B_2}{2} + m_1 h_1 + m_2 h_2 + b_1 + b_2$$
$$= \frac{3.5}{2} + \frac{3.5}{2} + 1.75 \times 0.68 + 1.75 \times 0.68 + 0.5 + 0.65$$
$$= 7.68 \text{ m}$$

故最终取并行段最小线间距为 7.7 m。

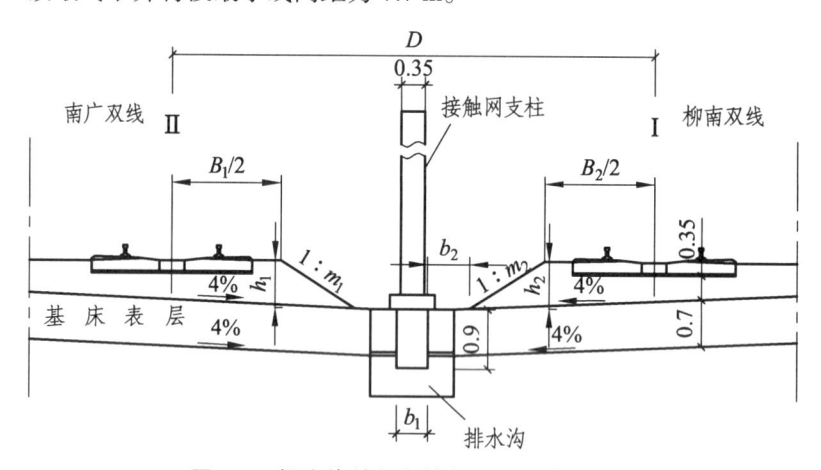

图 4-2　柳南线并行段线间距（单位：m）

4.3　路基排水设计

4.3.1　排水设计原则

水是造成线路路基及土工构筑物发生病害的主要原因，为保持路基的正常工作与长期稳定，必须做好路基排水工作。路基排水的目的就是要排除路基工作区域内不必要的水，使其长期保持干燥和稳定。同时也应遵守以下原则：

（1）设计前进行充分的现场调查及勘查工作，确切掌握水源的分布，并考虑地质条件的影响，确保排水系统设计正确合理。

（2）排水设计、平面设计和纵断面设计之间应紧密配合，有序进行。设计时应结合各断面情况分别考虑路基排水问题，防止发生积水或者浸泡。

（3）设计时要与当地的排灌系统和水土保持工程相协调，尽量少占农田，必要时增设涵管或加大其直径，以减少灌溉用水的影响。原则上，路基边坡不服务于农用灌溉，不得已时应增大边沟断面并采取措施防止水土流失。

（4）在不良地质地区，要单独针对该地区的地质构造、岩层性质、水源分布等情况分别进行排水系统的设计，并采取适宜的加固防护措施；在车站等地势平坦的地方，由于水系丰富，汇水面积大造成排水困难时，应结合该类站场设计工作，统一设置排水设施。

（5）排水结构的设计要遵循因地制宜、就地取材、节约成本、整体设计的原则。通常，地表和地下都须设置排水沟渠，为了确保水流不过于汇集，排水沟的长度设置应该适宜，不应过长。

4.3.2 常见排水措施

1）地面排水措施

（1）侧沟与线间沟。

侧沟一般设于路堑的路肩以外，主要用于排除包括路基面及路堑两侧边坡范围内汇集的水。侧沟的纵坡设置同线路纵坡，若处在线路纵坡缓于 2‰ 的地区，且沟口排水不存在困难情况时，侧沟排水纵坡可设成 2‰；当排水出口的高度受限时，侧沟纵坡不应缓于 1‰；线间沟设置在两线之间，用以排除相邻两线之间路基范围内的地表水，线间沟纵坡的设置参考侧沟。路堑排水结构如图 4-3 所示。

（2）天沟（截水沟）。

天沟一般设置于路堑上部边缘之外，用于拦截和排除从顶部上方流向路堑内部的地表水。山体坡度若大于 1∶1，一般采用排水槽代替天沟来引导和排截堑顶上方的地表径流。截水沟位于边坡平台处，用以排除平台及其上部边坡所汇集的地表水。

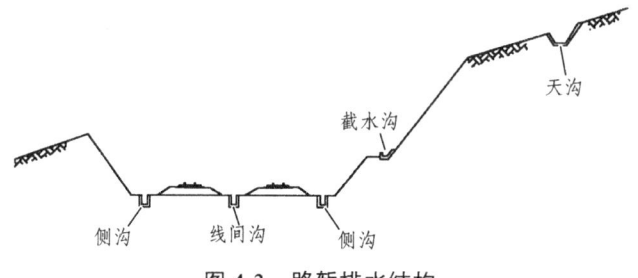

图 4-3 路堑排水结构

（3）排水沟。

排水沟通常位于路堤外侧，用以排除包括路基内部及从路基外部方向流入的地表水，如图 4-4 所示。当存在较陡的横坡时，排水沟应设于路堤上侧；当地面横坡平缓或坡度不是十分明显时，排水沟应设置于路堤的两侧。排水沟纵坡坡度的设置与侧沟相同。

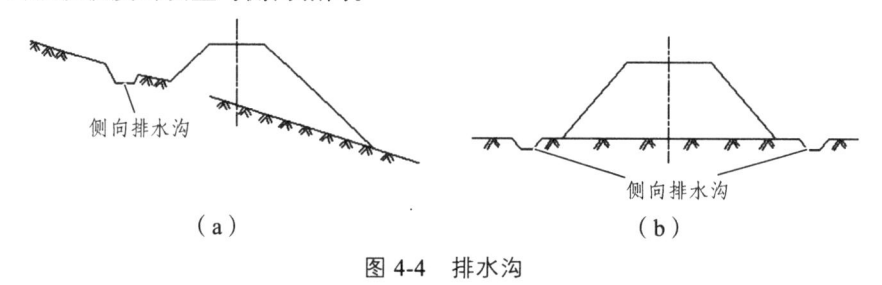

图 4-4 排水沟

2）地下排水措施

（1）明沟及排水槽。

明沟的断面形式通常为梯形，沟底应位于不透水层，如图 4-5（a）所示；当沟底位于透水层时，须在沟底及侧壁设置不透水材料防止水渗入。排水槽的侧壁一般留有渗水孔，侧壁外再铺设双向反滤层，如图 4-5（b）所示。

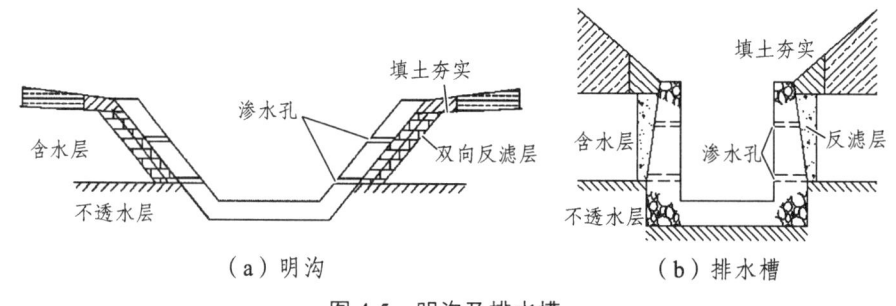

图 4-5 明沟及排水槽

(2）渗水暗沟。

渗水暗沟可分为有管渗沟和无管渗沟，如图 4-6 所示。有管渗沟底部通常埋有混凝土管，用以应对地下水流量过大的情况；无管渗沟适用于排水距离较短的情况。

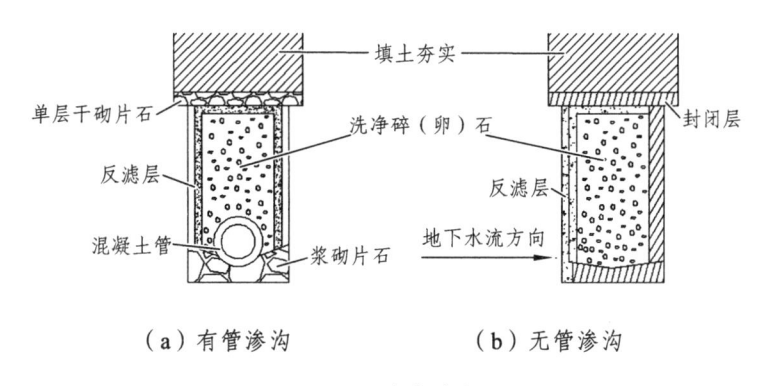

（a）有管渗沟　　　（b）无管渗沟

图 4-6　渗水暗沟

4.3.3　路基排水水文计算

柳南客运专线线间沟的设置可分为有、无接触网支柱两种情况，如图 4-7 所示。

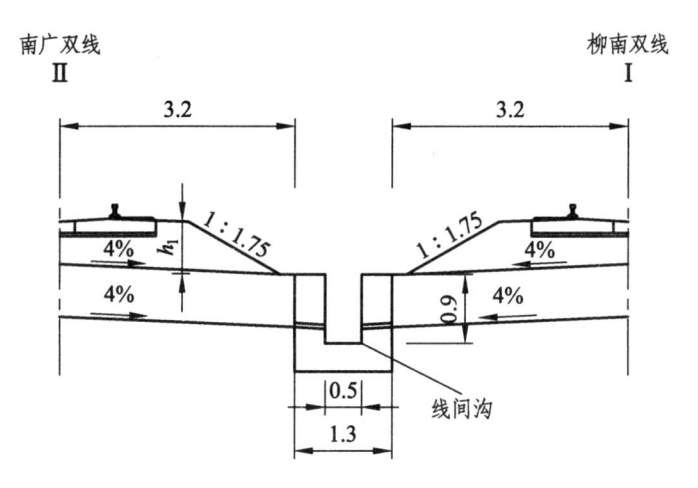

（a）线间沟横断面图（线间无接触网支柱）

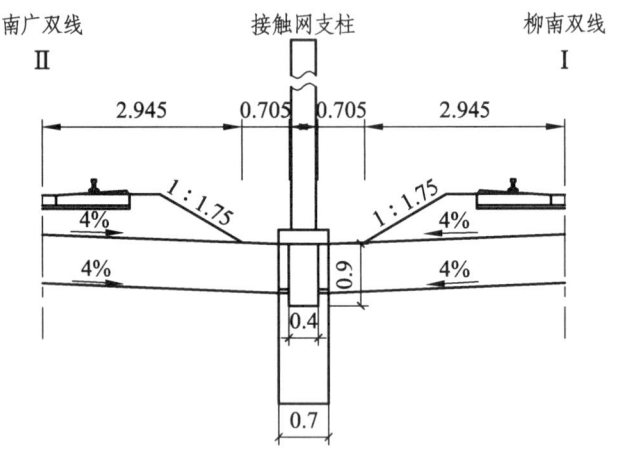

（b）线间沟横断面图（线间有接触网支柱）

图 4-7　线间沟结构

（1）汇水面积。

线间排水沟的汇水区域应包括路基面、路基边坡坡面、路基边坡平台、排水沟平台的径流面积。计算时，取最大排水距离为 400 m。

如图 4-7（a）所示，当线间无接触网支柱时，路肩边缘到排水沟的距离为 0.4 m，线路中心线距离路肩边缘 3.2 m，故线间沟的汇水面积：$F = 2×(3.2+0.4)×400×10^{-6} = 2.88×10^{-3}$ km^2。

如图 4-7（b）所示，当线间有接触网支柱时，路肩边缘到排水沟的距离为 0.705 m，线路中心线距离路肩边缘 2.945 m，故线间沟的汇水面积：$F = 2×(2.945+0.705)×400×10^{-6} = 2.92×10^{-3}$ km^2。

（2）过水断面面积和水力半径。

线间无接触网立柱时，过水断面面积：$A = bh = 0.5×0.7 = 0.35$ m^2；

水力半径：$R = \dfrac{bh}{b+2h} = \dfrac{0.5×0.7}{0.5+2×0.7} = 0.184$ m。

线间有接触网立柱时，过水断面面积：$A = bh = 0.4×0.7 = 0.28$ m^2；

水力半径：$R = \dfrac{bh}{b+2h} = \dfrac{0.4×0.7}{0.4+2×0.7} = 0.156$ m。

（3）谢才系数。

谢才系数是计算水流平均流速的一个重要指标，可按下式计算：

$$C = \frac{1}{n}R^y \tag{4-4}$$

$$y = 2.5\sqrt{n} - 0.13 - 0.75\sqrt{R}(\sqrt{n} - 0.1) \tag{4-5}$$

式中　n——沟管壁的粗糙系数，这里取 0.012。

参照式（4-5），计算结果如下：

线间无接触网立柱时，

$$y = 2.5 \times \sqrt{0.012} - 0.13 - 0.75 \times \sqrt{0.184} \times (\sqrt{0.012} - 0.1)$$

$$= 0.141$$

$$C = \frac{1}{n}R^y = \frac{1}{0.012} \times 0.184^{0.141} = 65.638$$

线间有接触网立柱时，

$$y = 2.5 \times \sqrt{0.012} - 0.13 - 0.75 \times \sqrt{0.156} \times (\sqrt{0.012} - 0.1)$$

$$= 0.141$$

$$C = \frac{1}{n}R^y = \frac{1}{0.012} \times 0.156^{0.141} = 64.128$$

（4）线间沟平均流速。

线间沟的平均流速可按式（4-6）计算：

$$v = C\sqrt{Ri} \tag{4-6}$$

线间无接触网立柱时，

$$v = 65.638 \times \sqrt{0.184 \times 0.002} = 1.26 \text{ m/s}$$

线间有接触网立柱时，

$$v = 64.128 \times \sqrt{0.156 \times 0.002} = 1.13 \text{ m/s}$$

（5）降雨历时。

降雨历时一般包括坡面汇流历时 t_1 和沟管汇流历时 t_2。

坡面汇流历时可按下式计算：

$$t_1 = 1.445 \left(\frac{m_1 l_s}{\sqrt{i_s}} \right)^{0.467} \tag{4-7}$$

式中　t_1——坡面汇流历时（min）；

　　　L_s——坡面流的长度，这里取 400 m；

　　　i_s——坡面流的坡度；

　　　m_i——地面粗度系数。

沟管汇流历时应根据沟槽断面尺寸、坡度变化计算所得排水沟的平均流速确定。

当线间无接触网立柱时，

坡面汇流历时 t_1：

$$t_{11} = 1.445 \left(\frac{m_1 l_s}{\sqrt{i_s}} \right)^{0.467} = 1.445 \times \left(\frac{0.15 \times 3.2}{\sqrt{0.04}} \right)^{0.467} = 2.17 \text{ min};$$

$$t_{12} = 1.445 \left(\frac{m_1 l_s}{\sqrt{i_s}} \right)^{0.467} = 1.445 \times \left(\frac{0.013 \times 0.4}{\sqrt{0.04}} \right)^{0.467} = 0.26 \text{ min};$$

沟管汇流历时：$t_2 = \dfrac{L_s}{v} = \dfrac{400}{1.26} = 5.29 \text{ min}$；

故降雨历时：$t = t_1 + t_2 = 2.17 + 0.26 + 5.92 = 8.35 \text{ min}$。

当线间有接触网立柱时，

坡面汇流历时 t_1：

$$t_{11} = 1.445 \left(\frac{m_1 l_s}{\sqrt{i_s}} \right)^{0.467} = 1.445 \times \left(\frac{0.15 \times 3.5}{\sqrt{0.04}} \right)^{0.467} = 2.27 \text{ min};$$

$$t_{12} = 1.445\left(\frac{m_1 l_s}{\sqrt{i_s}}\right)^{0.467} = 1.445 \times \left(\frac{0.013 \times 0.15}{\sqrt{0.04}}\right)^{0.467} = 0.17 \text{ min};$$

沟管汇流历时：$t_2 = \dfrac{L_s}{v} = \dfrac{400}{1.13} = 5.90 \text{ min}$；

故降雨历时 $t = t_1 + t_2 = 2.27 + 0.17 + 5.90 = 8.34 \text{ min}$。

（6）降雨强度。

设计重现期和降雨历时内的平均降雨强度 q 可按下式计算：

$$q = c_p c_t I_{5,10} \tag{4-8}$$

式中　c_p——重现期转换系数，这里取 1.44；

　　　c_t——降雨历时转换系数，这里取 1.08；

　　　$I_{5,10}$——5 年重现期和 10 min 降雨历时的标准降雨强度（mm/min），这里取 2.5。

$$q = c_p c_t I_{5,10} = 1.44 \times 1.08 \times 2.5 = 3.89 \text{ mm/min}$$

（7）设计径流量。

设计径流量的确定可参照式（4-9）；而膨胀土地区的设计径流量应在式（4-9）的基础上乘以 1.1 的系数。

$$Q = 16.67 \psi q F \tag{4-9}$$

式中　Q——设计径流量（m³/s）；

　　　ψ——径流系数，根据地表类型确定为 0.8；

　　　q——设计重现期和降雨历时内的平均降雨强度（mm/min）；

　　　F——汇水面积（km²）。

根据前面的计算，当线间无接触网立柱时，

$$Q = 1.1 \times 16.67 \psi q F$$
$$= 1.1 \times 16.67 \times 0.8 \times 3.89 \times 2.88 \times 10^{-3} = 0.164 \text{ m}^3/\text{s}$$

线间有接触网立柱时，

$$Q = 1.1 \times 16.67 \psi q F$$
$$= 1.1 \times 16.67 \times 0.8 \times 3.89 \times 2.92 \times 10^{-3} = 0.167 \text{ m}^3/\text{s}$$

（8）水沟泄水能力。

线间沟的泄水能力计算参照下式：

$$Q_c = vA \tag{4-10}$$

式中　Q_c——水沟泄水能力（m³/s）；

　　　v——平均流速（m/s）；

　　　A——过水断面面积（m²）。

当线间无接触网立柱时，$Q_c = vA = 1.26 \times 0.35 = 0.441 \text{ m}^3/\text{s} > 0.164 \text{ m}^3/\text{s}$；
当线间有接触网立柱时，$Q_c = vA = 1.13 \times 0.28 = 0.316 \text{ m}^3/\text{s} > 0.167 \text{ m}^3/\text{s}$；
均满足设计流量的要求。

4.4 四线并行段设计方案

结合前文内容，本书给出了该路段路基设计方案，包括线间距控制、路基排水、站后附属工程等内容，如图4-8所示。

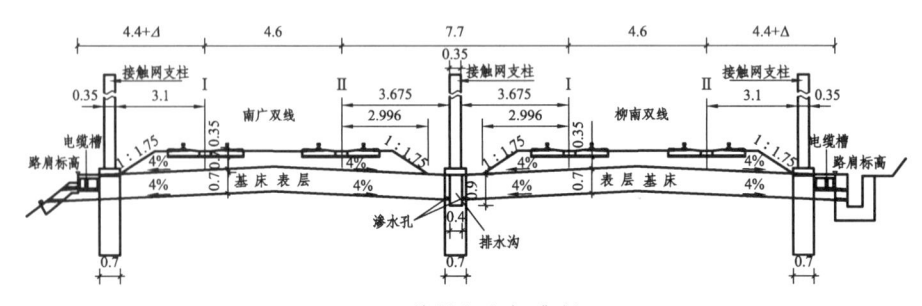

图4-8 四线并行段标准断面图

1）线间距

本着尽量节约征地、节省工程造价的原则，笔者根据工程方案及相关设计标准对线间距进行了充分的论证，最终确定并行段等高段路基最小线间距为 7.7 m，双线相邻两线之间最小线间距为 4.6 m。

2）路基排水

（1）四线并行等高地段，路堤地段选线设计原则上将线间距控制在 10.1 m 以内，路基设计时在线间设置过水沟以加强排水，线间无接触网支柱地段设置 C25 混凝土线间沟；线间有接触网支柱地段，其基础采用挖孔灌注桩施工并预留深 0.9 m、宽 0.4 m 的沟槽排水。

（2）选线设计时，尽量避免路堤地段的并行不等高，而四线并行不等高地段大多属于路堑，路基设计时在四线间（即南黎右侧、柳南左侧）均设置侧沟以加强地表和边坡排水，四线间宽平台朝向侧沟设置坡度为 2% 的排水坡。

（3）路基基床表层上下面均设置成坡度为 4% 的横向排水坡，方便将路基内部的水通过渗水孔排出。

3）站后附属工程

（1）由于四线间最小线间距为 7.7 m，路基面半宽仅为 3.2 m，相邻两线之间设有线间沟槽，接触网支柱置于线间沟位置，其基础下方预留线间沟穿越的通道，该接触网支柱满足南黎铁路右线和柳南客专左线的供电需要。

（2）在南黎铁路靠左一侧、柳南客运专线靠右一侧均预留有通信信号电缆槽和电力电缆槽，均按照规范中的标准进行设置，通信、电力电缆均敷设于标准电缆槽内，如图 4-9 所示。

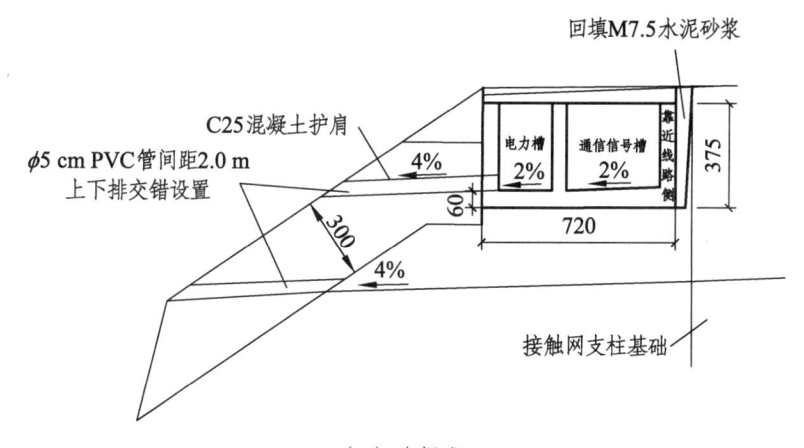

（a）路堤段

（b）路堑段

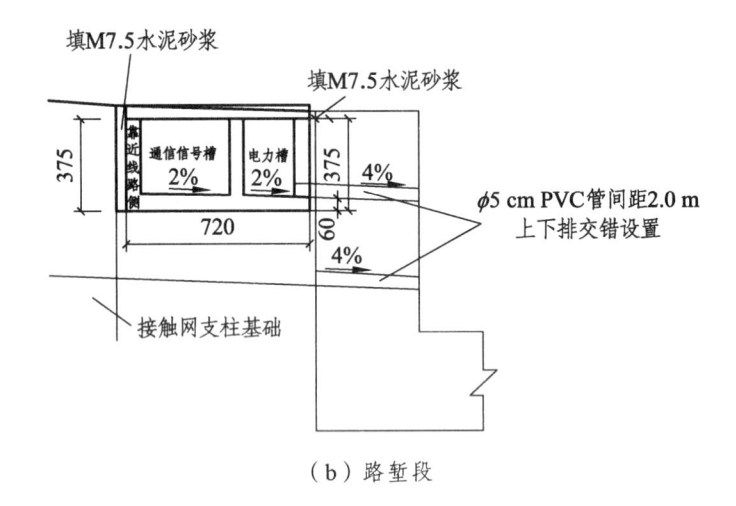

图 4-9 电缆槽及护肩设计示意（单位：mm）

（3）四线并行段线间距小于 10.1 m（路基面半宽小于 4.4 m）的路基长度为 9 km，柳南客专、南黎铁路均为双线铁路，信号电缆不能单侧铺设，故在柳南客专的左侧设置小型信号电缆槽，如图 4-10 所示，并设置过（线间）水沟管，将信号电缆引入南黎铁路。

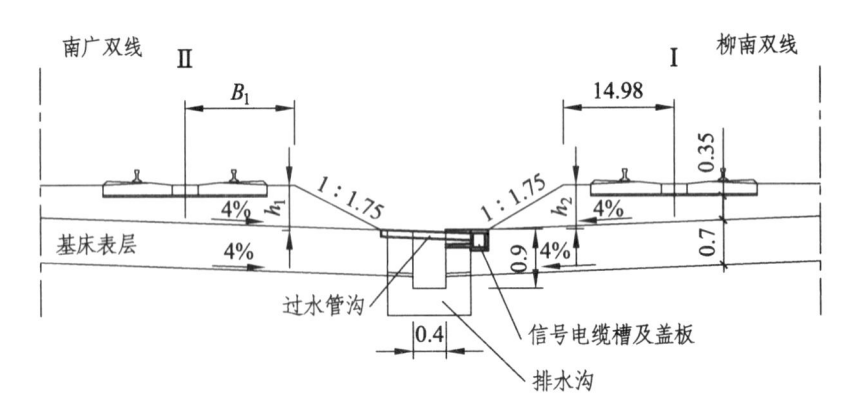

图 4-10 小型信号电缆槽示意

4.5 本章小结

本章主要论述了柳南客专四线并行路段的相关设计内容，主要包括线间

4 四线并行段路基设计

距的确定、线路排水设计、站后附属工程设计等,主要得出以下结论:

(1)影响线间距的主要因素是会车动力波的大小。根据相关规范及计算确定柳南客专四线并行段路基正线两线之间最小线间距为 4.6 m,并行线两线之间最小线间距为 7.7 m。结果满足我国对铁路区间两线线间距最小值的规定,并能满足高速列车行驶时的压力波的影响规定,且具有较大的安全裕度。

(2)四线并行段主要通过在线间设置线间沟和线路两侧设置侧沟来加强线间及边坡的排水。其中,通过对线间沟的水文计算分别得出有、无线间接触网支柱时线间沟的泄水能力,满足各自设计流量的要求。

(3)站后附属工程的设计包括并行段线间接触网、通信信号及电力电缆槽、小型信号电缆槽及其过水沟管等,其设置均应满足相关规范要求。

(4)四线并行段路基设计的关键之处包括:并行线最小线间距的确定和路基排水设计。通过对线间距和区间排水的验算,完善了原有的并行段路基设计方法,对今后类似的并行段基工程的设计和建设具有参考意义。

5 喀斯特地貌岩溶及危岩落石整治

5.1 概　述

喀斯特即岩溶，是可溶性岩石受到流水的化学溶蚀、冲刷及潜蚀作用或崩塌等机械作用后所产生的现象，以硅酸盐地层和泥岩分布地区最为广泛。岩溶发育形态各异，各地不一，对铁路及沿线建筑物构成严重威胁。危岩为存在于陡坡或悬崖之上，且自身稳定性较差的岩体，由于危岩通常暴露在自然环境中，受日照、水流、重力等因素的影响，因此极易发生倾覆或崩落。危岩落石一旦形成，就会严重危及行车安全，造成经济损失，因此危岩落石防护是铁路防护工程中的重要内容。

本书针对柳南客运专线沿线岩溶地区和危岩落石等不良地段进行调查研究，分析岩溶及落石灾害成因，给出灾害治理方案和综合防护措施，为实际工程需要提供支持。图 5-1 为平行于既有湘桂铁路段的喀斯特地貌路基贯通后的实景。

图 5-1　喀斯特地貌路基贯通后实景

5.2 岩溶整治

5.2.1 工程概况

柳南线柳州至古辣段分布有较多碳酸盐岩，岩溶强烈发育是本线的特点，溶蚀洼地、石芽、溶槽、溶缝等岩溶地貌随处可见，且沿线发育有数条地下暗河，周边村庄在实施自来水工程而抽取地下水，过程中多处出现了地表土层塌陷现象，在线路沿线形成大量的塌陷土坑等，路基岩溶塌陷风险极大。柳南客专中，可溶岩路基长 85.242 km，其中不易塌陷区段落长 19.340 km，易塌陷区共计 65.902 km。图 5-2 为柳南客运专线 DK573+700 处的溶蚀洼地实景。

图 5-2　DK573+700 左侧溶蚀洼地

5.2.2 成因分析

岩溶的形态各异，在发育规模上也不尽相同，大致上可以分为洼地、溶槽、溶洞、地下暗河、石芽、石笋及钟乳石等。影响岩溶形成的因素包括：岩石的可溶性与透水性、水的溶蚀性和流动性、地质构造、地形地貌、气候条件等[52]。

（1）岩石的可溶性与透水性。

碳酸盐岩等可溶性岩石在我国分布很广，由于其岩石体积普遍偏大，故易形成岩溶现象。此外，卤化物岩、硫酸盐岩等可溶岩也能形成岩溶，但因为岩体岩性的不同，在岩溶水及地质运动的作用下，岩溶发育的差异性往往较大。岩石的透水性与其孔隙、裂缝及岩层产状的发育情况有关。其中，在风化作用下，岩石表面的裂隙为地表岩溶的发育提供了有利条件，特别是在裂隙交会处，岩溶侵蚀往往比较严重；当存在近似于水平或略有倾斜的岩层时，地下水往往沿着岩层面方向产生水平方向的侵蚀；而在断层发育强烈的地段，由于岩层结构不紧密，孔隙裂隙偏多，这样便有利于增强岩溶的侵蚀作用，从而为溶洞的发育提供了条件。

（2）水的溶蚀性和流动性。

岩溶水是使岩体产生岩溶现象的主要外因。岩溶水的溶蚀性根据水体中各种侵蚀物含量的不同来确定。岩溶水的侵蚀类型主要分为碳酸型酸性岩蚀、硫酸型酸性岩蚀、钙盐岩蚀、各种盐类结晶岩蚀等不同类型。地下水中富含CO_2，其溶于水后生成H^+离子，使水呈酸性，在岩溶发育的过程中，若水流保持停止，水中的CO_2含量会随着时间逐渐降低，导致岩溶水慢慢失去溶解能力；当地下水处于流动状态时，水中的CO_2会得到及时的补充，继而使岩溶水保持原有的侵蚀性，推动溶蚀的继续。常年多雨的地区，往往水系发达、水源充足，导致水的溶蚀力强[53]。

（3）地质构造。

地质构造主要通过岩体节理裂隙的分布及破碎情况的不同来影响岩溶的发育。由于节理、裂隙和层理等构造是岩溶水的流动通道，因此在不同的地质构造下，岩溶水侵蚀的方向、速度及规模不同，其对岩溶发育的影响程度自然也不同。其中，岩溶发育的方向往往受节理裂隙所控制。例如，构造裂隙发育强烈的地层中常常发生坍塌和崩坏，有利于岩溶洞或岩溶管道的扩大，从而形成较大规模的岩溶地质。若处在断层破碎带，且岩层产状沿水平向时，岩性对岩溶发育的影响往往不如节理、裂隙等构造。

（4）地形地貌。

岩溶发育的类型、规模及分布情况取决于岩溶水的侵蚀情况，而地形地貌条件主导着地下岩溶水的流动与循环。如：岩溶水的侵蚀在地形地貌上表现出岩溶洼地、裂隙、管道、溶洞等不同形态。与此同时，地形地貌反过来也会影响岩溶水的运动途径、动力和补给量。地表水渗入地下对地下岩溶水进行一定的补充,通过地下水最佳运移途经形成管道式流动,继而发展成管流、暗河等岩溶形态。

(5)气候条件。

气候会对岩溶水的溶蚀力产生一定的影响,主要反应在气温变化、降水量、降水的性质、分配及蒸发量的变化上。通常情况下,气温高、降雨量丰富的地区,植被覆盖率高,因而水中含有大量 CO_2 及其他各种酸性物质,溶蚀作用强,故该地区的岩溶发育情况往往比较强烈。

5.2.3 工程危害

岩溶的破坏形式多样,其对工程造成的影响[54]主要有以下几种:

(1)岩溶水的侵袭。

地表岩溶水的侵袭主要体现在:线路位于谷地时,岩溶水经常引发洪涝,淹没线路、涵洞、桥梁等设施,而大面积的岩溶水聚集,就会造成路堤的不均匀下沉或失稳。其对工程的影响主要体现在:降雨较多的时节,地下岩溶水充沛,路基基底易引发涌水,严重时可造成路堤的坍塌或损毁;对于隧道工程,发生涌水时通常还伴随涌泥、涌砂等情况,这会对施工带来很多不利影响。

(2)岩溶对地基的影响。

岩溶发育具有强烈的不均匀性,其发育程度受到地层岩性及成分、岩层结构、地质构造、水文气象条件等多种因素的控制和影响。在岩溶发育地带,由于存在不同形态的岩溶发育形态,基岩面的起伏通常较大,这就造成了地基不均匀下沉;当基础设置在溶沟、落水洞等裸露型岩溶发育的地段时,基础下的岩体可能沿着岩溶发育时形成的软弱面产生滑移,对建筑物造成损坏;在覆盖型岩溶地区,建筑物的倾斜或损坏往往是因为上部土体发生剪切破坏所引起的。

(3)土洞。

在覆盖型岩溶地区,由于受到土的成分、岩溶水及其侵蚀通道等因素影响,通常会形成土洞。土洞在形成时,上覆土层由强度低、密实度不高的土体构成，且土层偏薄。因此，当土洞不断向上往地表发展时，就会形成坑洞、地缝等，严重时甚至会引发坍塌事故，对地表建筑物及行人的安全造成威胁。

（4）地表塌陷。

地表塌陷作为一种典型的地面破坏类型，常在碳酸盐岩、盐岩等可溶性岩石分布较多的地区出现。引发岩溶地表塌陷的因素有很多，降水、洪涝、地震等因素是塌陷形成的外在条件，而过度排、取水等不合理的人类活动更是加速了这些地质灾害的形成，比如某些地区大量开采地下水用于工程建设或生活所需，导致地下水位下降严重，从而造成更加严重的地表塌陷现象。

5.2.4 岩溶整治措施

（1）裸露型岩溶。

对裸露型岩溶，如土洞、小型溶槽或溶洞等地表岩溶，若具备一定的回填条件，可先清除地表松动层、腐殖层，再采用回填处理或揭盖回填处理等措施进行加固；对于覆盖层偏薄的岩溶，应直接将地表覆盖层挖去，并加以回填处理。

（2）覆盖型岩溶。

针对覆盖层较薄的岩溶，应直接将地表覆盖层挖除，再进行回填处理；针对覆盖层较厚的覆盖型岩溶区，应采取注浆加固措施。针对存在于断层、岩层破裂带、土石交界面处的岩溶，由于岩层结构不牢固，裂隙、节理普遍发育，建议采用压注水泥浆或水泥水玻璃双浆的方法进行加固。而针对溶洞、暗河这些溶腔和发育规模较大的岩溶，可采用先浇筑混凝土，再配合使用水泥浆进行注浆处理的方法。当岩溶发育范围大、地下水位较高、覆盖土较厚、填方较高及不均匀沉降难以控制时，宜设桥通过。

实践证明，采用注浆加固措施能有效增强覆盖层土体抗溶蚀、抗塌陷的能力，增强地基的强度与稳定性，因此，注浆被广泛应用于工程岩溶灾害防治中。

5.2.5 注浆及检测工艺

注浆按照工艺可分为充填注浆和渗透注浆。其中，充填注浆是向岩溶的孔隙、裂缝、溶腔及通道内注入水泥浆等悬浊浆液，从而改善地基稳定性与抗侵蚀能力，但此种注浆方法压力较小，浆液无法到达或填满土中所有的裂隙，防水防渗效果不理想；渗透注浆是把浆液缓慢地分散注入到颗粒的间隙中，在这个过程中，多余的水和气体得到排出，胶结后的土体强度将得到明显增强。

柳南客专岩溶段施工依据"探灌结合、分序实施、动态设计"的原则进行，具体分为两步：先进行先导探灌孔的施工，根据施工情况及现场资料对该区域的地质特征进行评估，根据评估结果对加固范围及方案进行调整，改进相应施工参数；然后采用加密注浆孔方案施工。总体参照"勘测→设计→施工→评估分析→再设计→再施工"的流程，并采取针对性的举措减轻或消除岩溶地质的影响，流程如图 5-3 和图 5-4 所示。

与现有岩溶注浆施工方法相比，上述分序注浆工法存在以下优势：

（1）大大减小了由于先期勘探在仪器、操作上的限制所造成的设计误差，并且可以根据实时施工状况调整方案。

（2）整治方案更加科学，更具针对性。分序施工的工法根据Ⅰ序先导探灌孔施工所获得地质情况，针对性地对易塌陷区的段落采取Ⅱ序措施，避免了盲目施工。

（3）节约成本。由于岩溶发育较弱区段未进行Ⅱ序的施工，因此该工法与传统的一次性整治的施工方法相比，可大大减少工程数量。

在施工完毕后，需要进行综合质量检测，以便准确掌握注浆的效果。检测方法有钻孔取芯、瞬态面波法、电测深法、压水试验等。瞬态面波法要求：将总注浆孔数的 5% 作为测点，且每段线路至少要保留 10 个测点。进行电测深检查时，测线距离通常控制在区间线路总长度的 10% 左右，且测线位置应多选在岩溶发育强烈处，并沿着整治前的测线进行布置。钻孔取芯时，钻孔数控制在注浆孔总数的 2%，检查时，应根据岩芯的状态进行判断，当岩芯全部被水泥结石体填充，但存在若干裂缝时，可判定为合格；当岩芯中未出现明显结石体时，应进行压水试验，测试注浆后岩体的渗透系数等参数，并与注浆前的岩体参数进行对比。

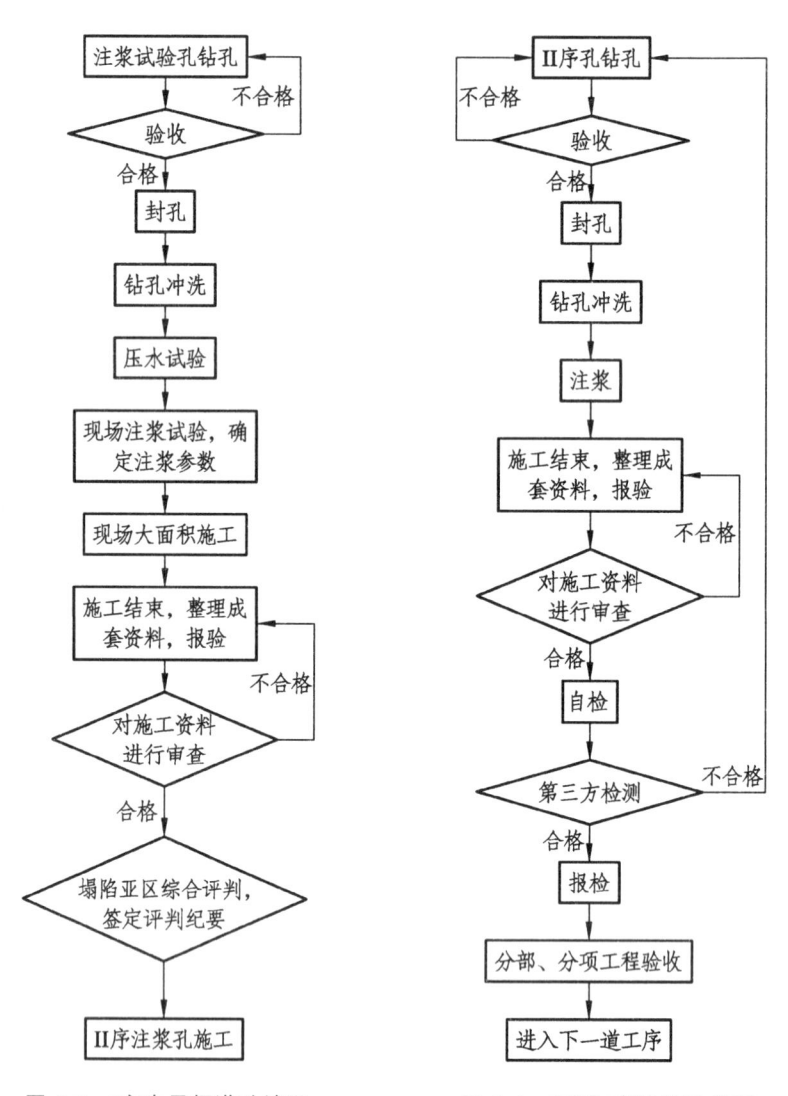

图 5-3 Ⅰ序先导探灌孔流程　　图 5-4 Ⅱ序加密注浆孔流程

5.2.6 岩溶整治方案

针对柳南线路基岩溶段落长、塌陷风险极大的特点，本书以柳南客专特有的浅覆盖型岩溶塌陷发育的机理为基础，以岩溶发育程度及地面塌陷判据综合评分为依据，针对岩溶塌陷主要影响因素、触发因素的变化规律及高速铁路的要求，建立了浅覆盖型岩溶区路基地段岩溶整治的整治原则、处理范围及整治措施，现总结为以下几点：

（1）DK598+230～DK598+360段为溶蚀封闭洼地，由于物探及现场钻探揭示 DK598+260～DK598+280 段路基基底溶洞强烈发育，且平均注浆量较周边注浆孔的大一倍以上。故本段采取动态处理措施：根据现场揭示情况动态调整注浆浆液浓度，同时在该处增加了8个注浆孔进行补强。

（2）针对岩溶特别发育地段，给出以下意见：对于极易塌陷地段的岩溶路基应进一步做桥路比较，当基底岩溶发育、地下水位较高、覆盖土较厚、填方较高及不均匀沉降难以控制时，宜设桥通过。通过对全线路基各工点的梳理分析，决定对下列几种情况采用以桥代路通过：① 高填方且溶槽内连续深厚软土需要复合地基加固段落；② 封闭洼地的漏水洞；③ 高填方、连续段落、填料运距较大、良田、水网区；④ 邻近村庄、城镇、居民密集点的抽水点等人为引起地下水位波动大的段落。

（3）DK588+019～DK588+113 段原设计为"路基+框架桥"，由于现场揭示该段基底溶洞极发育，原有塌陷坑在施工过程中仍不断塌陷下沉，最终将该段调整为以中桥通过，有效降低了岩溶塌陷风险对铁路运营安全的不利影响。

5.3 危岩落石整治

5.3.1 工程概况

柳南线柳州至黎塘段处于溶蚀平原，地形平缓，部分孤峰地形较陡，外有石灰岩出露。由于区域内灰岩岩体溶蚀严重，溶沟溶槽较发育，节理切割较严重，部分岩体被切割成大块状形成危岩，危岩在自重及外界因素影响下易形成落石，在坡脚有零星落石堆积，块石直径 0.5～2.0 m。该段线路局部穿越石灰岩孤峰或侧面行走陡崖脚附近，陡崖石灰岩岩质硬脆，有 2～3 组垂直裂隙发育，裸露的陡峭岩体局部分布有危石，坡脚有零星落石堆积。危岩落石作为常见的山区地质灾害，具有时间和地点上的突发性与不确定性，且落石方量一般较小，故常常得不到重视。但危岩落石给铁路带来的危害往往是巨大的，落石可能造成列车倾覆，危害行车安全，所以对于危岩落石的整治是很有必要的。本书依据现场勘探情况，结合落石计算，给出相应的路基防护措施。图 5-5 为喀斯特地貌危岩落石段新增、接长明洞运营实景，总体效果较好。

图 5-5 喀斯特地貌危岩落石段新增、接长明洞实景

5.3.2 诱发因素

（1）内在因素。

岩性、地质情况、地形地貌等是危岩落石形成的内因。其中，由于岩性的不同，形成的落石规模和形态也不同。例如，岩性坚硬、体积巨大的岩石往往形成较大规模的落石；对于页岩、泥岩等层状岩石，通常发生剥落；节理、裂隙、断层等地质构造同时也会对岩石、山体进行切割和分离，在裂隙和构造面处产生落石；地形地貌的影响主要体现在高陡边坡上，如道路两侧的高陡边坡、人工边坡等地形也极易产生落石灾害。

（2）外部因素。

线路通常暴露在风沙、降雨、降雪、地震等自然环境中遭受侵蚀，雨水会软化岩层的软弱面，风沙会侵蚀山体表面的岩体，地震作用的破坏更是巨大，这些都作为有利的外部条件，促进了危岩落石的形成。除此之外，过度的人类活动对山体的影响也不容忽视，开山削坡、开采石矿、机械振动与爆破等工程活动通常会改变山体原有的平衡，从而诱发落石。

5.3.3 危岩落石防护原则

危岩落石的防治是一个复杂的工程，需要考虑诸多因素，选出最优防护方案。针对柳南客专沿线危岩落石发育情况，给出以下防治原则：

（1）大型危岩落石体，选线阶段优先选择绕避；

（2）绕避不了的工点，采用明洞、棚洞+主、被动防护相结合的方式；

（3）针对隧道进出口的危岩落石体，贯彻"早进晚出"的原则；

（4）对于不能绕避且位于路基上方的危岩落石体，优先选择柔性防护方案；

（5）对于大型危岩落石体，柔性防护存在困难，经技术经济比选研究，新增明洞、棚洞方案；

（6）在通车前的静态验收阶段，根据工务部门的安全要求，有在路基坡脚增设拦石挡墙的情况。

5.3.4 危岩落石防治措施

危岩落石柔性防护措施按照理念的不同可分主动防护和被动防护两大技术体系[55]。其中，主动防护主要是通过加强危岩体自身的稳定性来防止其发生剥落、破碎及崩塌等现象；而被动防护是在假设落石灾害发生的前提下，在相应范围内设置保护措施以避免灾害造成的损失。

1）主动防护技术

主动防护技术包括：支撑、锚固、灌浆、排水、封填与嵌补、主动防护网、清除等。

（1）清除。危岩体的清除作业可采用人工、爆破和药剂清除。人工清除是采用人力或者机械的方式清除单个外悬的岩体，但施工效率低下；爆破方法适用于危岩体体积过大，或需要清除大面积危岩体的情况，但这种方法对山体的扰动比较大；药剂清除则是将膨胀剂注入危岩体的裂隙中，促使其发生膨胀和破碎。

（2）支撑。支撑技术一般指通过在危岩体下方或侧面加设立柱、墙体等支撑物来增加其稳定性的一种方法。当岩体下方存在凹陷的岩腔，且下方存在具有较高承载力的基岩时，宜采用支撑技术进行处理，如图 5-6 所示。由于支撑技术能够有效地减缓危岩体的失稳趋势，同时对原有的山体不会造成过大的扰动，因此该项技术被广泛运用于铁路、公路的落石防治工程。

（3）锚固。锚固技术是通过锚杆、锚索、锚钉等锚固体所提供的锚固力来抵消危岩体产生的下滑力和倾覆力矩，从而使其保持在一个相对平衡的状态。如图 5-7 所示，当危岩体体积较大，且存在明显的裂隙时，可以采用预应力锚索或较长的锚杆进行加固。这种方法利用锚固体压紧裂隙结构面来增强危岩体的稳定性，因此具有很好的加固效果。

图 5-6　支撑　　　　　　　　图 5-7　锚固

（4）灌浆。灌浆技术是在危岩体上布置若干钻孔，要求钻孔应尽可能多地穿过节理裂隙，并注入水泥浆、水泥砂浆、化学浆液等灌浆材料，增强危岩体内部强度参数，提高岩体的完整性与稳定性。

（5）排水。在危岩体及其周边地带应设有效的排水系统，以防止雨水冲刷加速危岩崩落，主要包括危岩体外围的排水和危岩体内部的排水。对周边水流的拦截和排除主要是通过设置明沟或排水沟实现的，从而将危岩发育区域与外部水流隔离开来；而内部的排水可加设仰斜钻孔来实现。

（6）封填与嵌补。该方法是运用最广泛，且简单实用的一种方法。当危岩体上部出现明显的裂缝时，可通过封填的方式以减少水流的渗入，如图 5-8（a）所示；当危岩体底部出现较明显的岩腔时，通过对底部凹腔的嵌补以阻止风化作用下岩腔的拓展，如图 5-8（b）所示。

（7）主动防护。主动防护网是在潜在的灾害坡面上设置钢丝网及锚固系统，为危岩体提供支持力，如图 5-9 所示。此方法具有构件标准化、施工方便、保护环境等优点，主要适用于危岩程度不高、危岩体体积较小、岩体较破碎的地段。

（a）危岩封填　　　　　（b）危岩嵌补

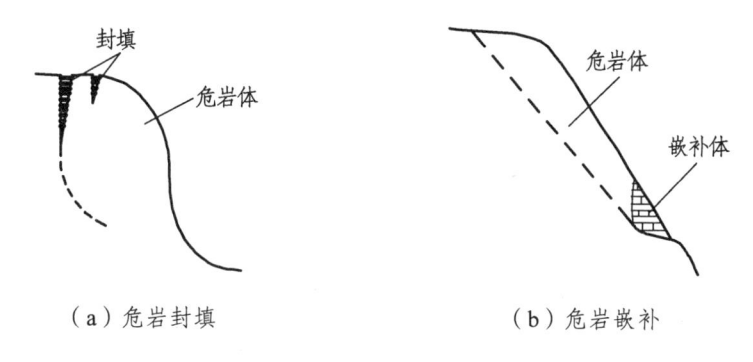

图 5-8　封填与嵌补

2）被动防护技术

（1）刚性防护。刚性防护技术包括落石槽、拦石墙、拦石栅栏等，如图 5-10 所示。刚性拦石墙具有就地取材、施工快速等特点，因此常常出现在铁路、公路的防护体系中。但该方法占地面积大，经济效益差，从而限制了有效拦截高度。

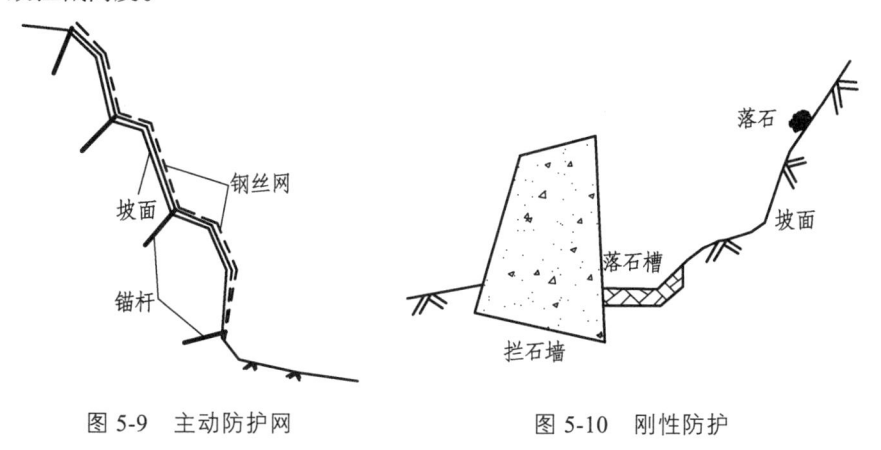

图 5-9　主动防护网　　　　　图 5-10　刚性防护

（2）柔性防护。柔性防护包括拦石网、导石网等，其特点是利用自身材料的柔性和强度来吸收和分散所受的落石冲击力，如图 5-11 所示。

（3）遮挡防护。为了防止线路两边岩体崩塌对线路造成损坏，可修建明洞、棚洞等进行保护，如图 5-12 所示。明洞通常设置在危岩落石频发的高陡边坡，其顶盖通常铺设碎石土进行缓冲，将落石路径隔离在路面以外，直接保护线路不受落石、崩塌的影响。其优点是落石防护效果好、安全性高，缺点是造价高、只适用于中小型落石的防治。

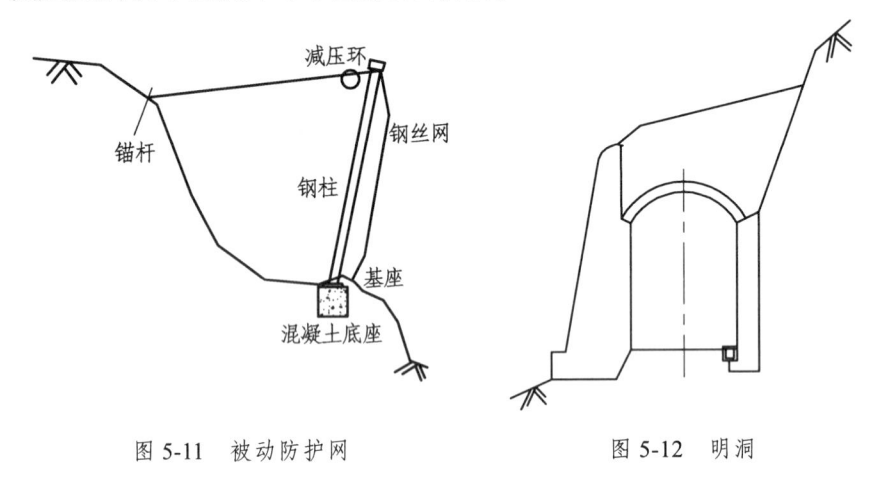

图 5-11 被动防护网　　　　图 5-12 明洞

5.3.5 整治方案

本书以 D1K559+821 和 D1K560+200 两个工点为例，调查分析各自工点危岩落石发育情况，给出相应的防治措施。

1）D1K559+821 工点

（1）地质特征。

该工点位于新村隧道出口，隧道通过溶蚀后形成的孤峰，山体整体较陡，自然坡度 40°～80°，该隧道出口左侧为陡崖，基岩裸露，层状较厚。地域内的地质构造为单斜，层理产状为 N10°W/15°NE；节理产状为 N45°E/90°、S-N/90°，呈微张或张开状态，间距为 0.4~1 m，不存在填充现象，延伸小于 3 m。N45°W/90°节理面与线路近于平行，其延伸性好，贯通性较强。高倾角节理发育，溶蚀强烈，溶蚀裂隙发育，受节理、溶隙切割等自然作用及人工活动影响，局部形成危岩体或存在潜在危岩体。

（2）危岩落石分布情况。

经调查，山体斜坡较陡，坡面上落石分布较严重，块径较大，一般落石块径 2 m×1 m×1 m，线路上可见多块落石，落石分布里程至 D1K559+930，危石地面滚动距离 20~40 m。施工阶段放炮震动及运营后高速列车来回牵引震动，危岩脱离母岩滚落而下，危及施工及运营安全。图 5-13 和图 5-14 分别为原地貌和整治后实景。

图 5-13 落石分布状况　　图 5-14 隧道出口明洞

（3）整治措施。

由于隧道口存在显著危岩落石发育，故采取清除洞口部分危岩，在隧道出口接长、新增若干明洞的整治措施，并于天沟外侧靠山侧设一道被动防护网。

2）D1K560+200 工点

（1）地质特征。

D1K560+070～D1K560+240 段路基，线路通过溶蚀孤峰侧面，山体陡峻，自然坡度 40°～80°，基岩裸露，呈中厚层—厚层状，岩层单斜，层理产状为 N25°W/15°NE；节理产状 N45°E/90°、S-N/90°，呈微张或张开状态，间距为 0.4~1 m，不存在充填现象，延伸小于 3 m。S-N/90°节理面与线路近于平行，其延伸性好，贯通性较强。高倾角节理发育，溶蚀强烈，溶蚀裂隙发育，受节理、溶隙切割等自然作用及人工活动影响，局部形成危岩体或存在潜在危岩体。

（2）危岩落石分布情况。

该段内路基终点端与鞍山隧道接壤地段隧道进口上方山坡较陡，坡面上有零星危岩分布，由于灰岩节理沿垂直方向发育，造成节理溶隙，切割岩体较严重，部分岩体被切割形成危岩，在其自重及外界因素影响下易下落形成落石，在坡脚形成零散落石堆积，落石直径 0.5～2.0 m。

（3）落石计算。

取 D1K560+200 工点为对象，进行落石计算，横断面图如图 5-15 所示。

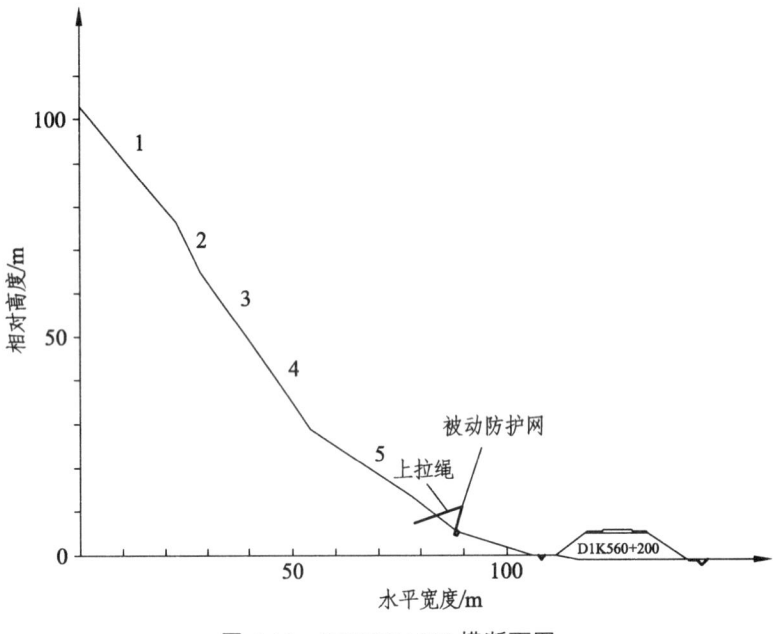

图 5-15 D1K560+200 横断面图

① 速度与能量计算。

参考《岩土工程勘察技术手册》[56]，石块沿折线形山坡运动时的计算速度按下式计算：

$$v_i = \sum_{i=1}^{n} \varepsilon_i (\sqrt{H_i} - \sqrt{H_{i-1}}) \tag{5-1}$$

式中　ε_i——考虑坡段的计算速度系数；

H_i——山坡高度（m）；

H_{i-1}——相邻前一坡段的山坡高度（m）；

n——山坡坡段数。

计算落石能量时，将落石假设为半径为 1 m 的球体，取灰岩密度为 2 500 kg/m³，而落石在坡面撞击时产生的能量按：$E = \frac{1}{2}mv^2$ 计算。

如图 5-15 所示，将 D1K560+200 断面山坡分为若干段，参照式（5-1）计算各坡段的速度和落石的能量，结果如表 5-1 所示。

表 5-1 落石计算速度

坡段	相对高度 /m	每段坡高 /m	坡角/(°)	速度系数 ε_i	计算速度 v_i /(m/s)	撞击能量 /kJ
1	102.8	26.49	49.42	2.798 7	3.93	80.89
2	76.30	11.44	64.20	4.144 2	6.75	238.63
3	64.86	15.22	53.48	2.954 4	9.73	495.85
4	49.64	20.58	35.52	1.939 8	12.94	876.99
5	29.06	15.77	33.67	1.725 9	15.96	1 334.10
6	13.26	7.97	36.94	2.076 1	18.73	1 837.38

② 落石腾跃计算。

落石在山坡上运动形式大致可以分为滚动和跳跃。而在撞击斜面后，其运动轨迹如图 5-16 所示。

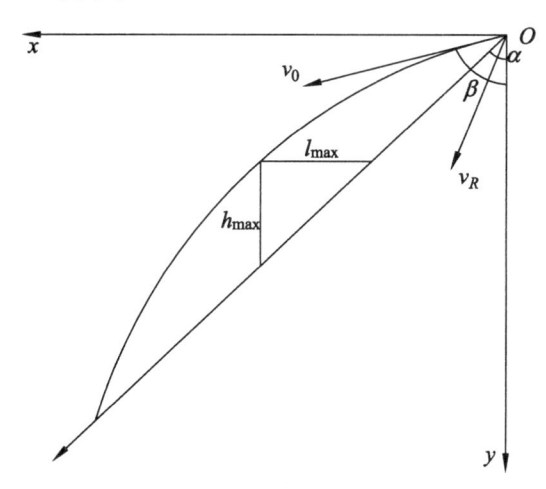

图 5-16 落石运动轨迹

腾跃计算是通过计算落石在坡上运动时偏离坡面的最大距离来确定拦挡物的高度等参数。其中，落石对斜坡面最大的水平偏离 l_{max} 和在垂直方向上的最大偏离 h_{max} 可分别按式（5-2）和式（5-3）计算。

$$l_{max} = \frac{v_0^2(\tan\alpha - \cot\beta)^2}{2g\tan\alpha(1+\cot^2\beta)} \tag{5-2}$$

$$h_{\max} = l_{\max} \cdot \tan\alpha = \frac{v_0^2(\tan\alpha - \cot\beta)^2}{2g(1+\cot^2\beta)} \tag{5-3}$$

式中　v_0——落石在坡面发生碰撞时的反射速度（m/s）；

　　　α——该坡段的坡度（°）；

　　　β——初速度 v_0 与纵坐标的夹角（°），参照规范查表选取。

现取 6 号坡段为对象，当落石运动到该坡段时，撞击坡面发生腾跃。设发生撞击前石块的速度为 v_R，则石块撞击坡面后发生腾跃的初速度 v_0 可按下式计算：

$$v_0 = (1-\lambda)v_R\cos(\alpha_1 - \alpha_2) \tag{5-4}$$

式中　v_0——落石在坡面发生碰撞时的反射速度（m/s）；

　　　λ——瞬间摩擦系数，取 $\lambda = 0.3$；

　　　α_1、α_2——本坡段和上一坡段的坡角（°）。

这里取：$v_R = 15.96$ m/s，$\lambda = 0.3$，α_1、α_2 分别为 5 号坡段和 6 号坡段的坡度（取近似相等），则 $v_0 = (1-\lambda)v_R\cos(\alpha_1 - \alpha_2) = 11.17$ m/s。

取 $\beta = 95.45°$，$\alpha = 36.94°$，则

$$l_{\max} = \frac{v_0^2(\tan\alpha - \cot\beta)^2}{2g\tan\alpha(1+\cot^2\beta)} = 6.02 \text{ m}$$

$$h_{\max} = l_{\max} \cdot \tan\alpha = 4.53 \text{ m}$$

（4）工程措施。

根据落石计算所得的结果，在线路左侧 6 号坡段末设置被动防护网，防护高度较落实计算所得的偏离高度多出 1~2 m 的安全裕度，取为 6 m，防护网能量等级为 2 000 kJ。

5.4　本章小结

本章论述了有关岩溶和危岩落石灾害路段的相关理论，主要包括了灾害形成的原因、工程危害、防护措施和整治方案等。通过结合现场勘查资料和

工程经验，得出相应灾害路段的整治措施，主要结论如下：

（1）柳南客运专线沿线岩溶地貌主要表现为地表溶蚀洼地、大小溶洞及溶槽、石芽、石笋、地下暗河和地表塌陷等。形成原因与岩石的可溶性与透水性、水的溶蚀性和流动性、地质构造、地形地貌、气候等相关。其中，岩溶水的侵蚀起主导作用；危岩落石的形成与内因（岩性、地质构造、地形、地貌）和外因（风沙、降雨、降雪、地震、人类活动）有关。

（2）在岩溶发育一般路段，主要采用注浆处理，根据"探灌结合、分序实施、动态设计"的原则，有针对性地进行施工，溶洞发育强烈地段增设注浆孔进行补强；当岩溶特别发育、地下水位较高、覆盖土较厚、填方较高及不均匀沉降难以控制时，采用"以桥代路"的方式通过。

（3）作为路基岩溶整治的关键技术，"探灌结合、分序实施、动态设计"的施工方法可以弥补一般岩溶整治过程中"先勘探，后整治"所造成的误差，使施工变得更具针对性，并且在一定程度上节约了成本，因此值得推广。

（4）在危岩落石一般发育的工点，主要采取设置主动防护网、被动防护网、拦石墙等措施。其中，被动防护网根据落石计算确定能级，并对防护网的相关参数进行了深化和加强；危岩落石强烈发育地段贯彻"早进晚出"原则，在隧道进出口及落石灾害严重地段采取接长、增设明洞措施。

中等压缩性土地基现场监测

6.1 试验目的及意义

中等压缩性土地基现场长期观测主要包括长期应力测试和长期沉降监测两部分。长期应力测试于基底桩顶、桩间土不同位置处埋设土压力盒，量测施工和预压期内基底应力变化。加筋垫层土工格栅埋设柔性位移计监测土工格栅的拉伸量，分析复合地基土拱效应和柔性基础变形机理，进一步研究基底应力的分布和变化规律。长期沉降监测通过现场监测路堤填筑期和预压期中的地基沉降变形和侧向位移变化，探讨中等压缩性土地基沉降变形规律，检验地基加固效果，验证设计理论正确性，制定施工控制标准，完善中等压缩性土地基沉降控制技术，以指导高速铁路路基地基设计和施工。

现场监测成果，一方面可为中等压缩性土地区有砟轨道高速铁路的建设提供技术支撑，另一方面也可为相关标准的编制或修订提供理论依据。

6.2 监测方案

路基沉降监测项目主要有沉降、水平位移、孔隙水压力和基底压力等。其中，沉降观测包括：路基面沉降、地基面沉降、桩顶沉降和分层沉降。路基面、地基面沉降与桩顶沉降可采用沉降板进行监测；分层沉降采用分层沉降磁环及多点位移计进行监测。水平位移采用边桩和测斜管测定。通过在试验断面埋设土压力盒、沉降板、柔性位移计，从桩土应力比、桩土差异沉降、土工格栅拉膜效应等方面研究桩网复合地基路基荷载传递机理。本次现场观测的项目与仪器如表6-1所示。

表6-1 现场试验点测试项目与和仪器

序号	测试项目	测试方法	测试目的	测试位置
1	路基面沉降	沉降板	监测路基本体变形	左右路肩顶面
2	地基面沉降	沉降板、剖面沉降管	研究地基沉降-时间关系，用于沉降预测，调整填土速率	路基基底
3	桩、土沉降差	沉降板	研究桩与桩间土的差异沉降	桩顶、桩间
4	地基分层沉降	沉降磁环、多点位移计	测定地基分层沉降情况，研究地基中附加应力的分布规律	路堤中心
5	水平位移	测斜管	量测地面及地基不同深度处土体的水平位移，研究地基的沉降变形情况	右坡脚外2m处
6	基底应力	土压力盒	测定路堤基底应力，研究基底应力分布	地基面
7	桩、土应力比	土压力盒	测定桩顶与桩间土压力分布，了解复合地基桩土应力分布规律	桩头、桩间
8	孔隙水压力	孔隙水压力计	量测施工期地基中孔隙水压力的变化情况	路堤中心
9	格栅位移	柔性位移计	土工格栅拉伸变形量	路基中心垫层

试验点沉降监测期限与频次暂按表6-2执行。当环境条件发生变化或资料异常时应加密观测。

表6-2 试验点沉降观测频次

观测阶段	观测期限	观测频次
填筑或堆载	一般	1次/天
	沉降量突变	2~3次/天
	两次填筑间隔时间较长	1次/3天

续表

观测阶段	观测期限	观测频次
堆载预压或路基填筑完成	第1~3个月	1次/周
	第4~6个月	1次/2周
	6个月以后	1次/月
铺轨完成后	第1个月	1次/2周
	第2~3个月	1次/月
	3个月以后	1次/3月

6.3 监测工点介绍

本次试验共选取 6 个典型断面进行监测，路基、地基相关参数如表 6-3 所示。

表 6-3 路基、地基相关参数

断面	路基高度/m	地基分层/m			CFG 桩处理			
		<1>膨胀土	<1-1>软黏土	<3-W2>灰岩	桩长/m	桩间距/m	桩径/m	桩帽/m
DK559+475	12.04	0~18.5	18.5~20.6	20.6~	8	1.8	0.5	1.0
DK559+507	12.15	0~19.6	19.6~21.6	21.6~	8	2	0.5	1.0
DK559+540	12.72	0~25.6	—	25.6~	12	2	0.5	1.0
DK559+606	11.92	0~22.6	—	22.6~	6	1.8	0.5	1.0
DK559+650	10.24	0~21.2	21.2~24.6	24.6~	6	1.8	0.5	—
DK559+671	9.99	0~19.3	19.3~24.7	24.7~	未处理			

DK559+475 断面路基高度 12.04 m，地基采用 CFG 桩处理，桩长 8 m，桩径 0.5 m，桩间距 1.8 m，设扩大桩帽。DK559+507 断面路基高度 12.15 m，地基采用 CFG 桩处理，桩长 8 m，桩径 0.5 m，桩间距 2 m，设扩大桩帽。DK559+540 断面路基高度 12.72 m，地基采用 CFG 桩处理，桩长 12 m，桩径 0.5 m，桩间距 2 m，设扩大桩帽。DK559+606 断面路基高度 11.92 m，地基采用 CFG 桩处理，桩长 6 m，桩径 0.5 m，桩间距 1.8 m，设扩大桩帽。DK559+650 断面路基高度 10.24 m，地基采用 CFG 桩处理，桩长 6 m，桩径 0.5 m，桩间距 1.8 m，未设扩大桩帽。以上 CFG 桩处理断面布桩形式为梅花形（三角形），桩帽直径 1.0 m，厚度 0.6 m。路基上部 8 m 部分坡度为 1∶1.5，8 m 以下部分坡度为 1∶1.75。桩顶铺设 0.6 m 厚碎石垫层，其间铺设两层双向 80 kN/m 土工格栅。地基土压缩系数约为 0.091~0.152 MPa^{-1}，为中等（低）压缩性土地基。

6.4 监测结果及数据分析

6.4.1 地表沉降板沉降监测结果

DK559+475、DK559+507、DK559+540、DK559+606、DK559+650 五个断面，每个断面在坡脚处、边坡中心、路肩处、路基中线和路基中线到左右路肩中心处的 CFG 桩桩顶和桩间土均设置了沉降板共 18 块，从左坡脚处向右坡脚编号顺序为#1~#18；其中奇数编号为 CFG 桩桩顶沉降，偶数编号为桩间土沉降。DK559+671 断面为地基未处理断面，共 9 块沉降板。

请扫二维码获取本章图片的彩色版。

DK559+475 断面的填土高度为 12.04 m，地基采用 CFG 桩处理，桩长 8 m，桩径 0.5 m，桩间距 1.8 m，设扩大桩帽。路基开始填筑时间为 2011 年 5 月 25 日，分析数据截止时间为 2013 年 5 月 11 日。地基沉降量和填土高度与时间的关系曲线如图 6-1 和 6-2 所示。

本章彩色插图

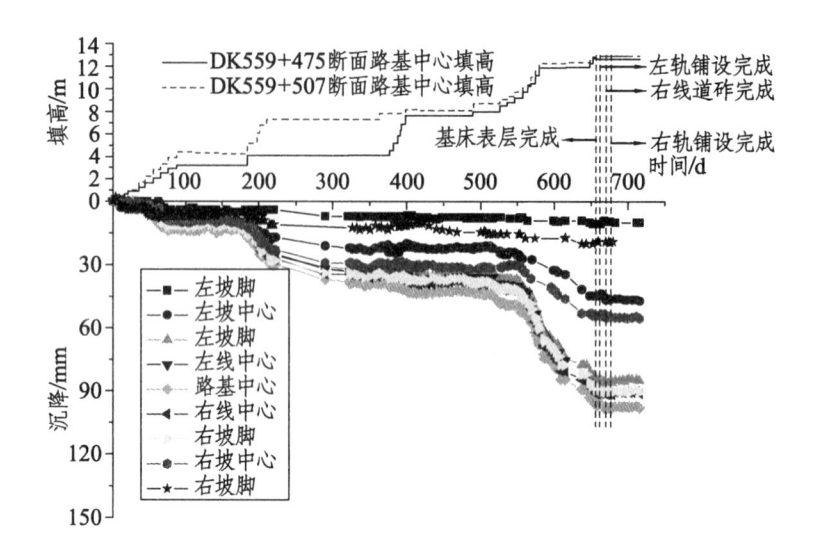

（a）桩间土沉降

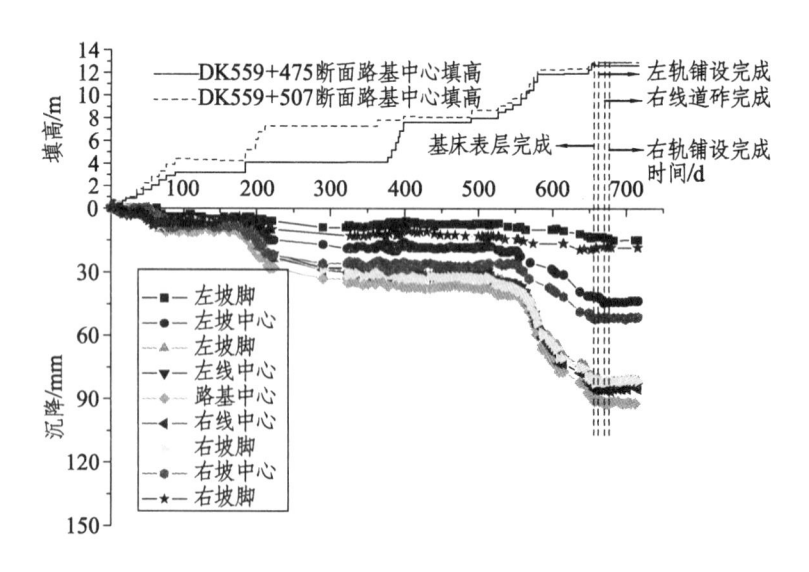

（b）桩顶沉降

图 6-1 DK559+475 断面桩间土、桩顶沉降-时间曲线

（a）路基中心

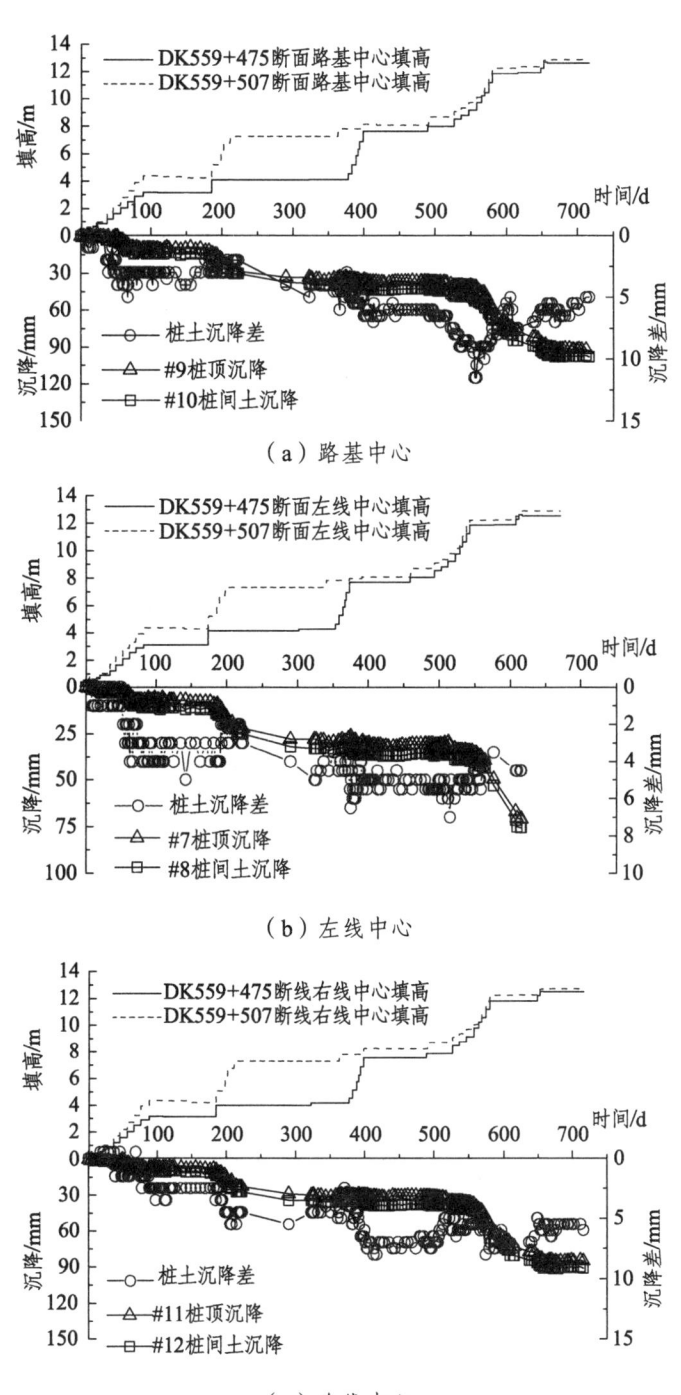

（b）左线中心

（c）右线中心

(d）左路肩

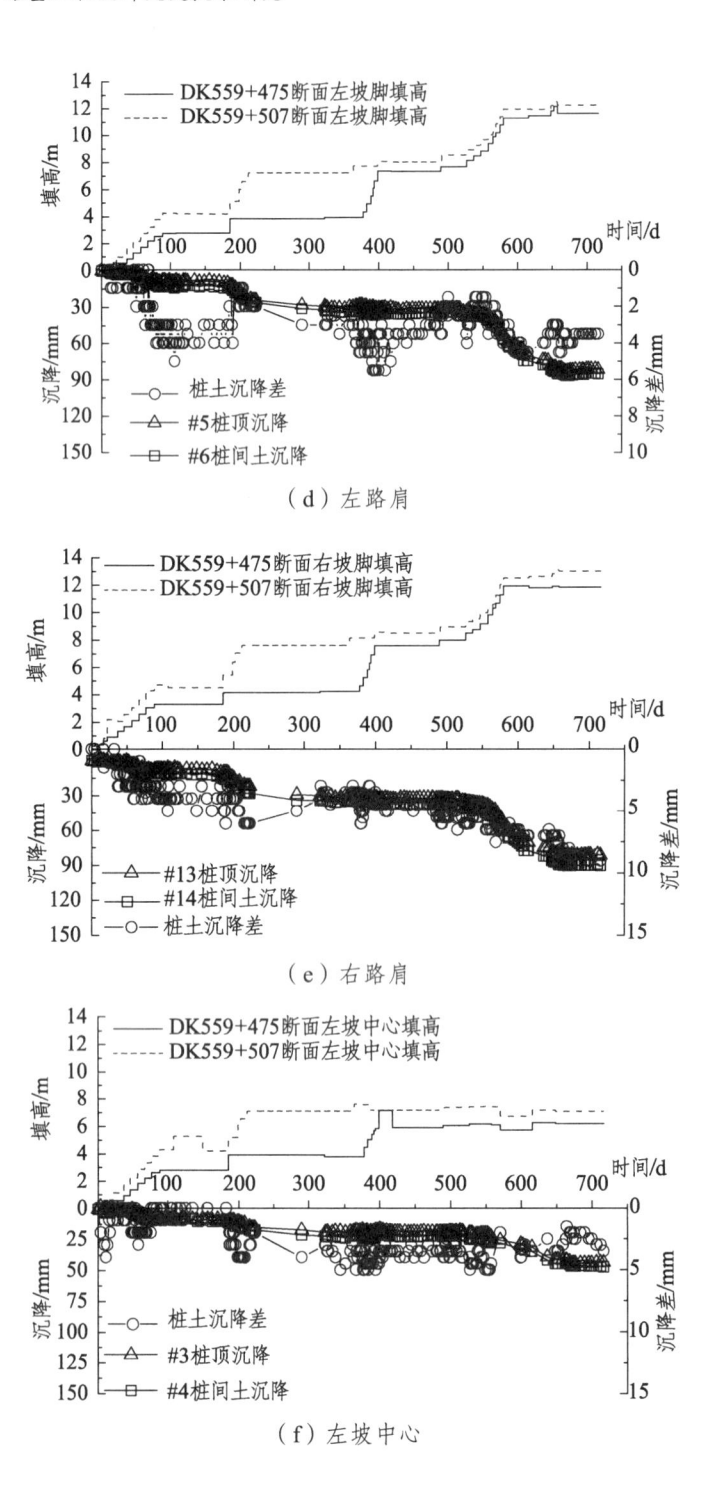

(e）右路肩

(f）左坡中心

（g）右坡中心

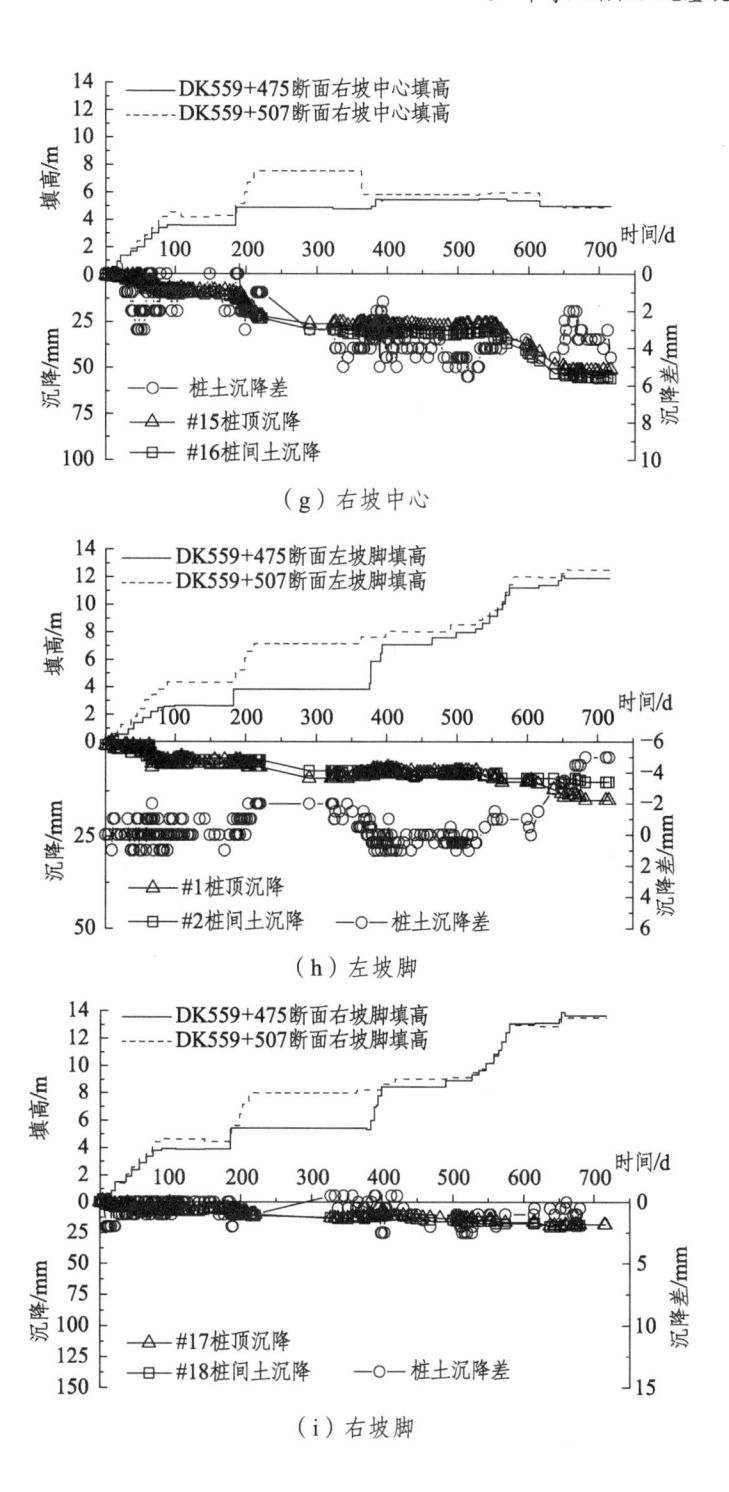

（h）左坡脚

（i）右坡脚

(j) 路基面

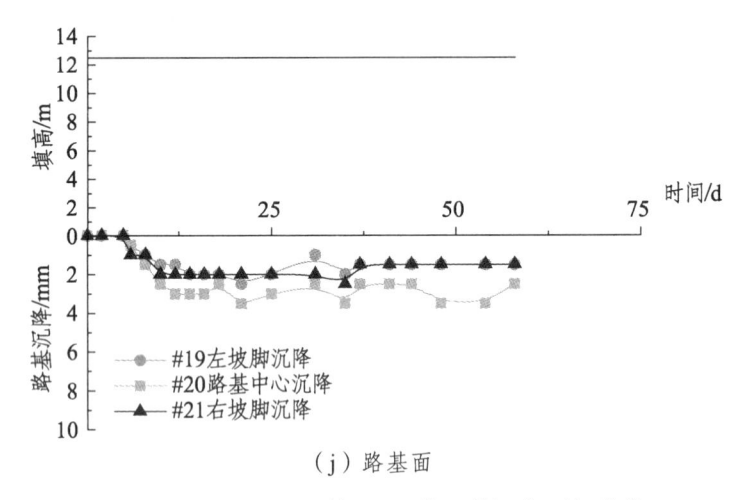

图 6-2 DK559+475 断面不同位置的沉降-时间曲线

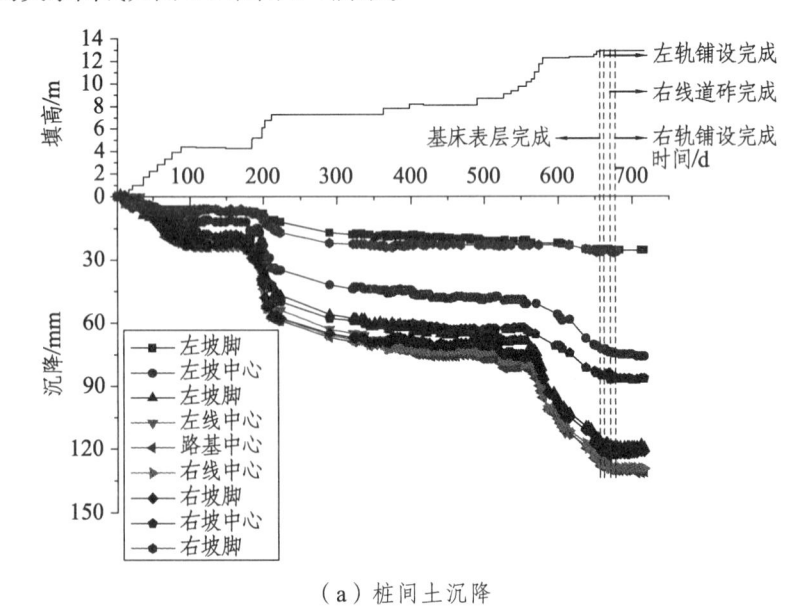

2) DK559+507 断面

DK559+507 断面的填土高度为 12.15 m，地基采用 CFG 桩处理，桩长 8 m，桩径 0.5 m，桩间距 2 m，设扩大桩帽。路基开始填筑时间为 2011 年 5 月 25 日，分析数据截止时间为 2013 年 05 月 10 日。地基沉降量和填土高度与时间的关系曲线如图 6-3 和图 6-4 所示。

(a) 桩间土沉降

(b）桩顶沉降

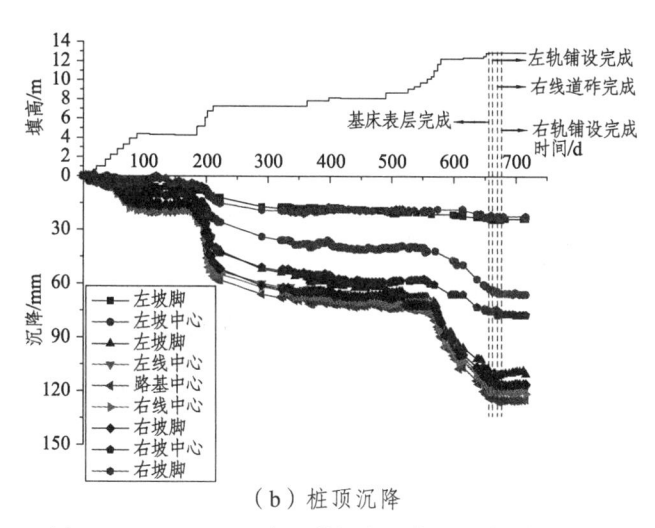

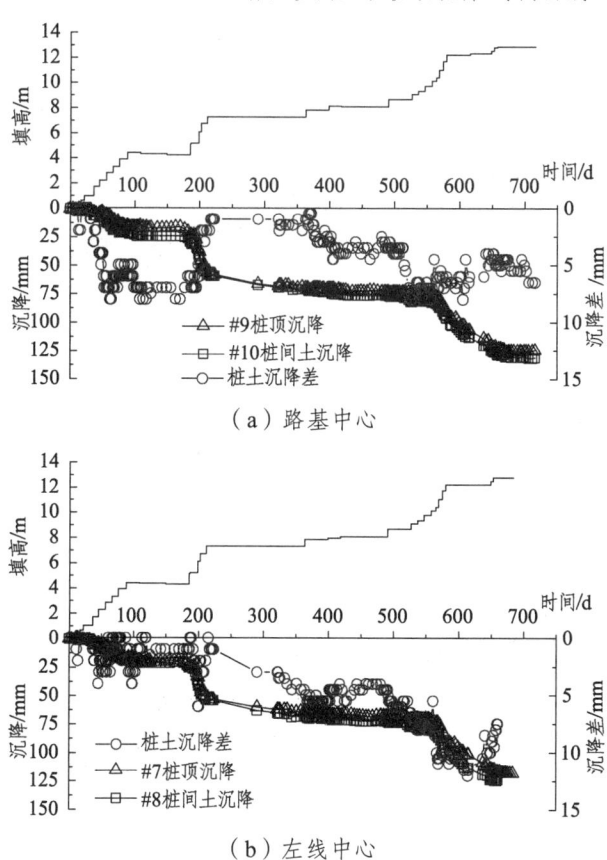

图 6-3　DK559+507 断面桩间土、桩顶沉降-时间曲线

(a）路基中心

(b）左线中心

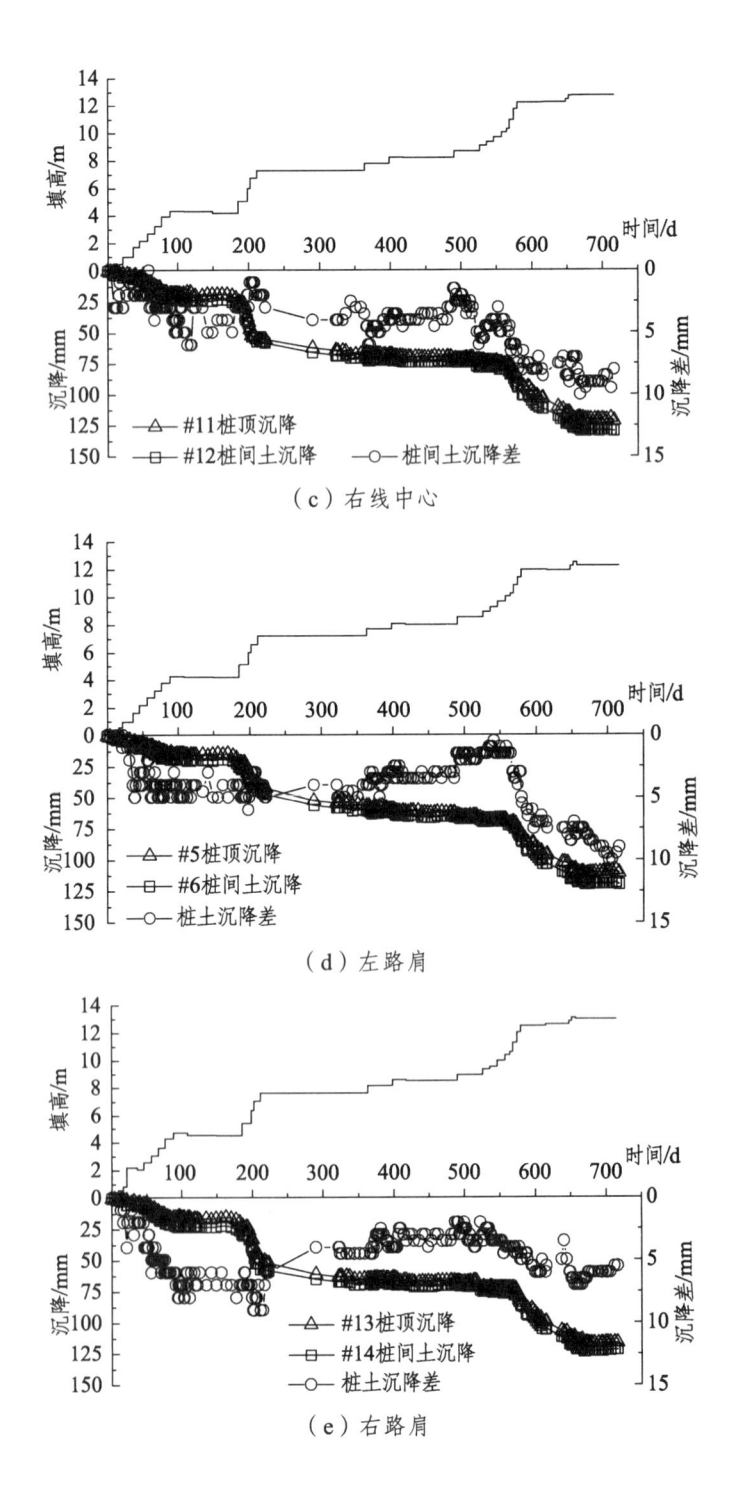

(c)右线中心

(d)左路肩

(e)右路肩

(f）左坡中心

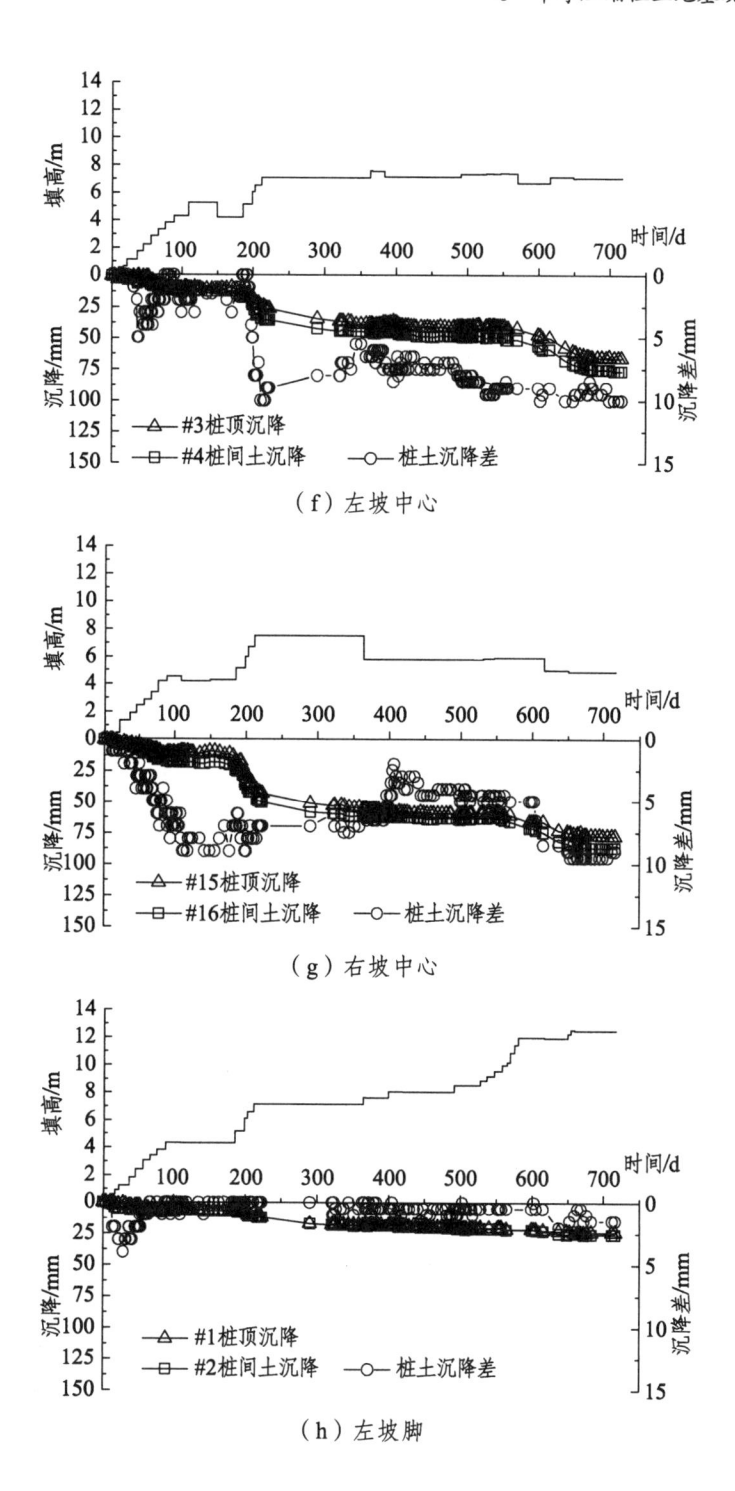

(g）右坡中心

(h）左坡脚

（i）右坡脚

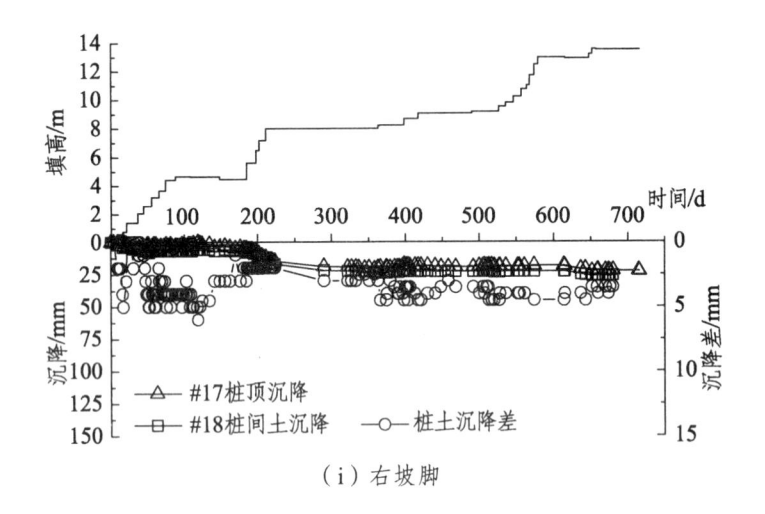

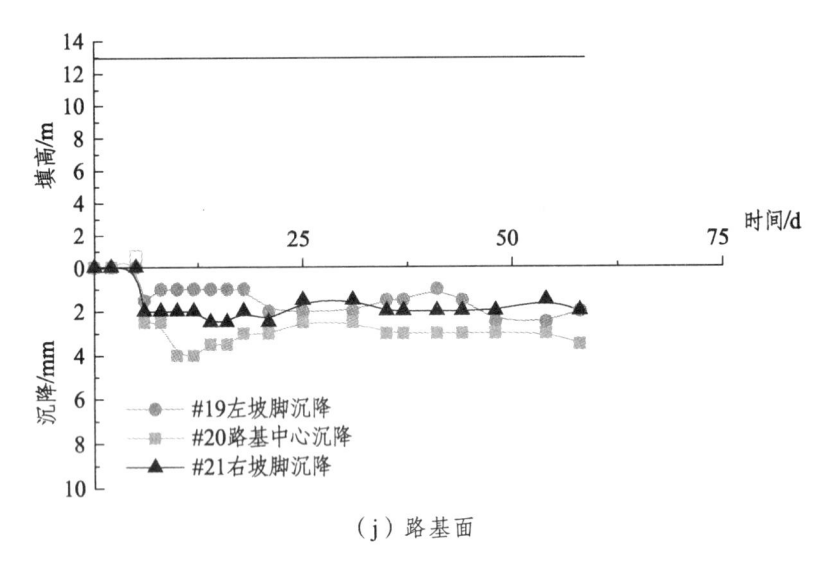

（j）路基面

图 6-4 DK559+507 断面不同位置的沉降-时间曲线

3）DK559+540 断面

DK559+540 断面的填土高度为 12.72 m，地基采用 CFG 桩处理，桩长 12 m，桩径 0.5 m，桩间距 2 m，设扩大桩帽；路基开始填筑时间为 2011 年 5 月 25 日，分析数据截止时间为 2013 年 05 月 10 日。地基沉降量和填土高度与时间的关系曲线如图 6-5 和图 6-6 所示。

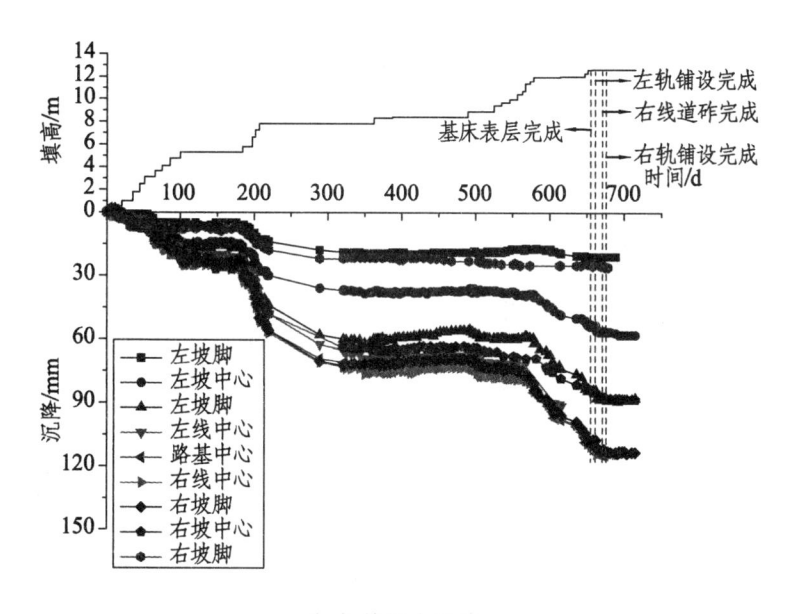

（a）桩间土沉降

（b）桩顶沉降

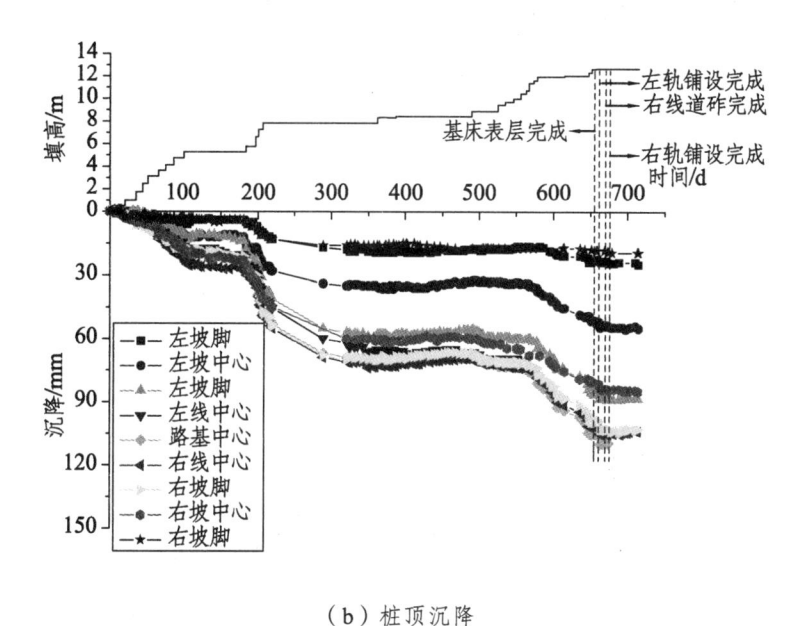

图 6-5 DK559+540 断面桩间土、桩顶沉降-时间曲线

(a) 路基中心

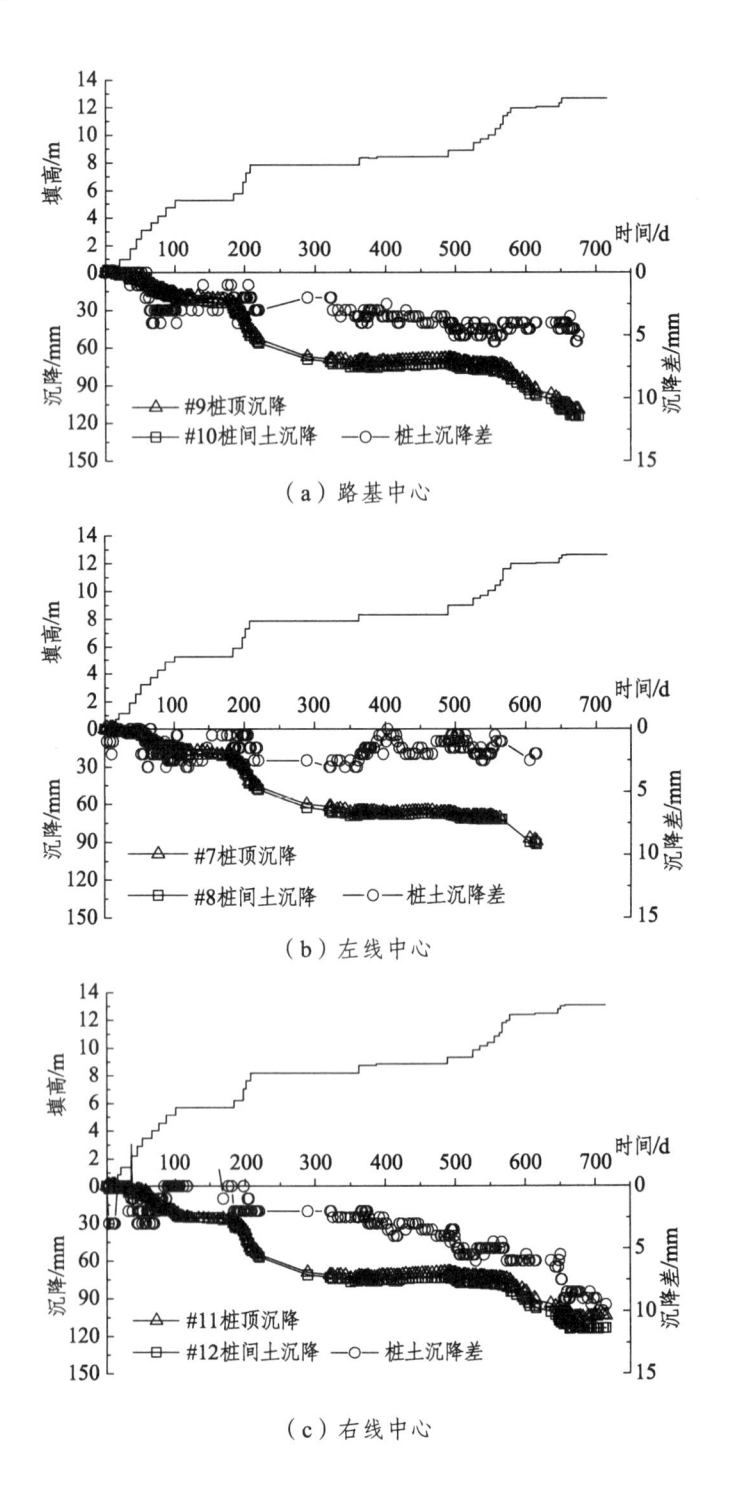

(b) 左线中心

(c) 右线中心

(d) 左路肩

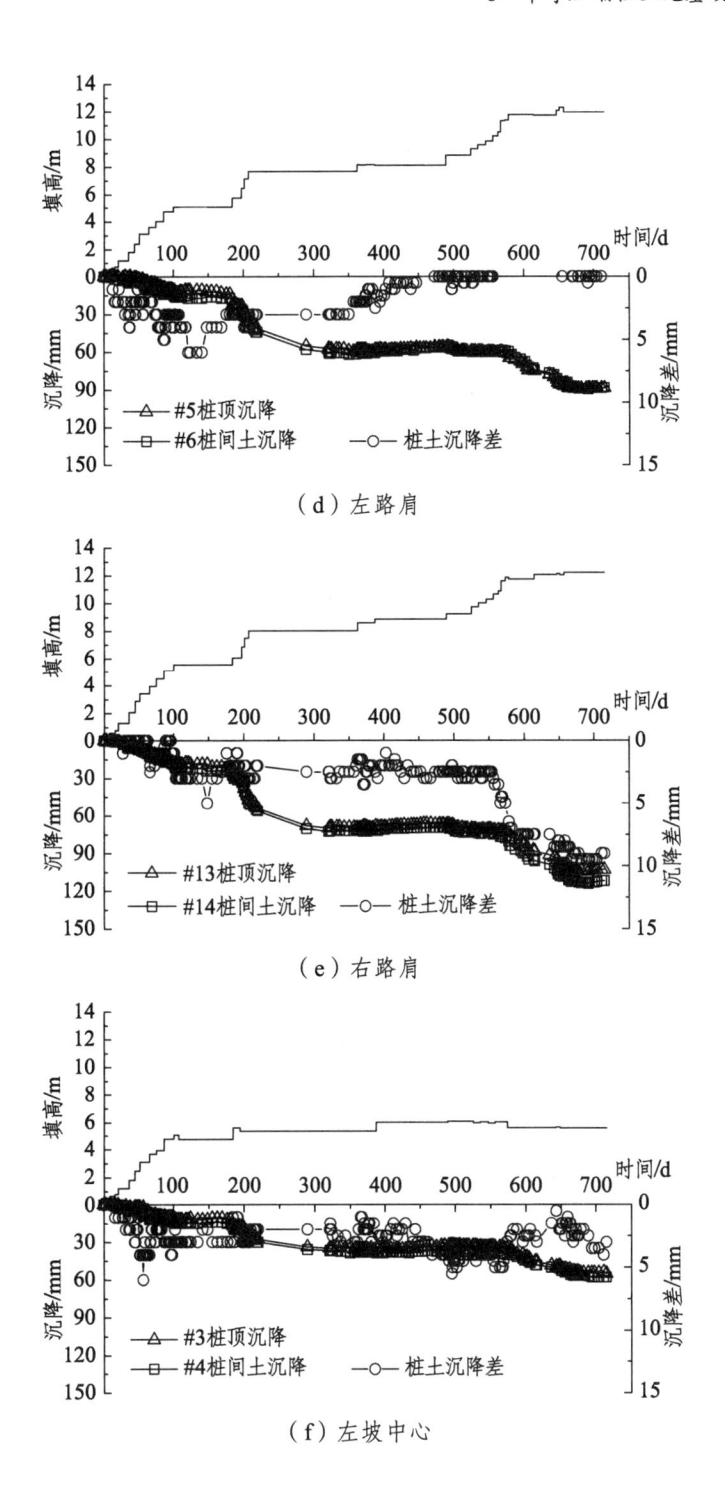

(e) 右路肩

(f) 左坡中心

（g）右坡中心

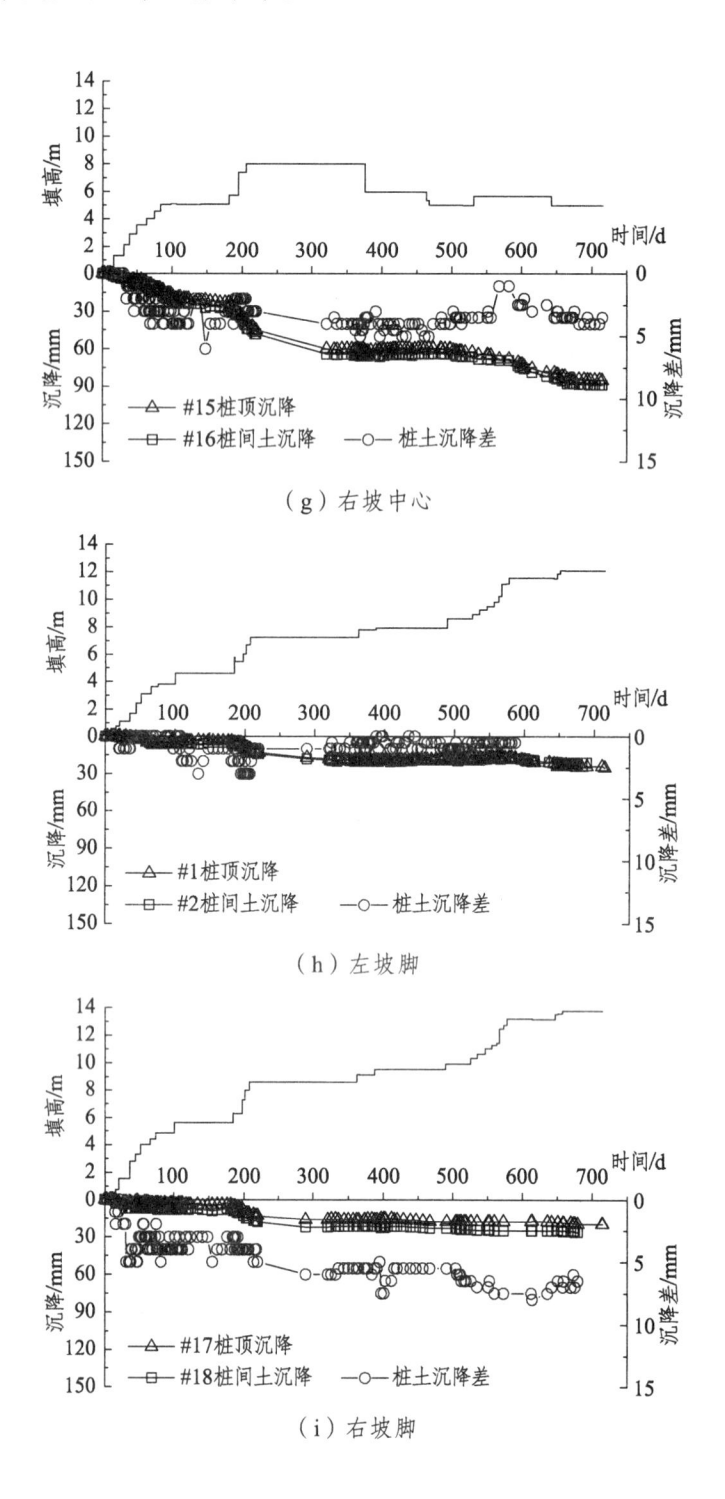

（h）左坡脚

（i）右坡脚

(j) 路基面

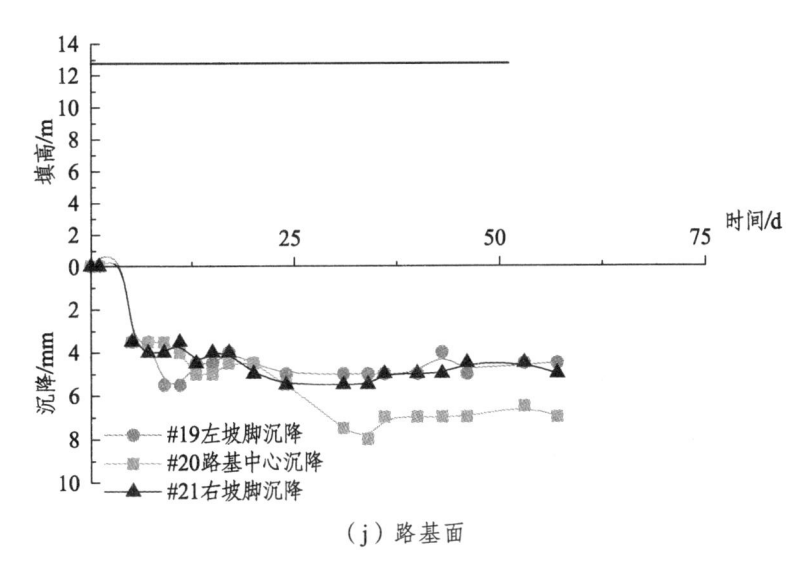

图 6-6 DK559+507 断面不同位置的沉降-时间曲线

4）DK559+606 断面

DK559+606 断面路基高度为 11.92 m，地基采用 CFG 桩处理，桩长 6 m，桩径 0.5 m，桩间距 1.8 m，设扩大桩帽；路基开始填筑时间为 2011 年 5 月 1 日，分析数据截止时间为 2013 年 05 月 10 日。地基沉降量和填土高度与时间的关系曲线如图 6-7 和图 6-8 所示。

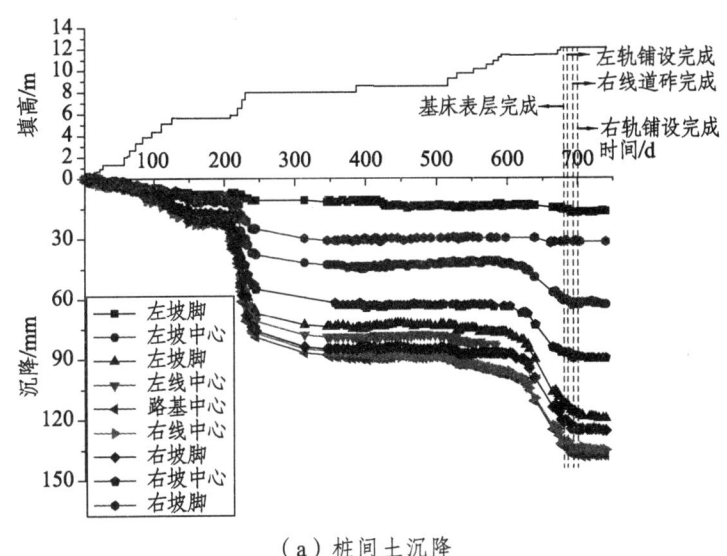

(a) 桩间土沉降

(b) 桩顶沉降

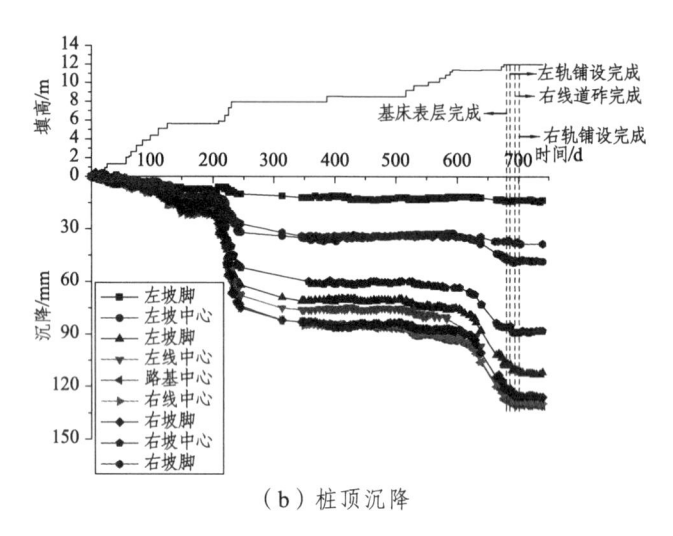

图 6-7 DK559+606 断面桩间土、桩顶沉降-时间曲线

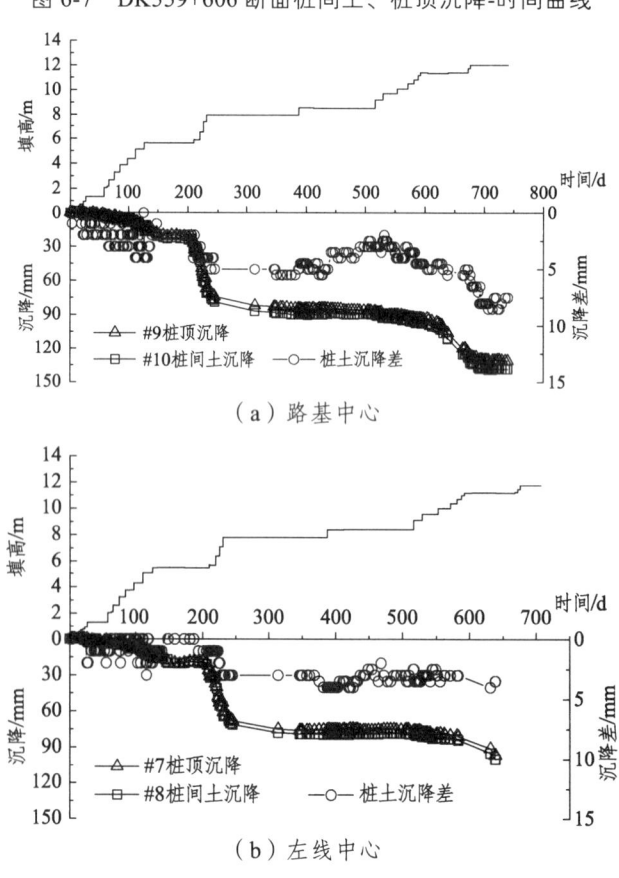

(a) 路基中心

(b) 左线中心

(c）右线中心

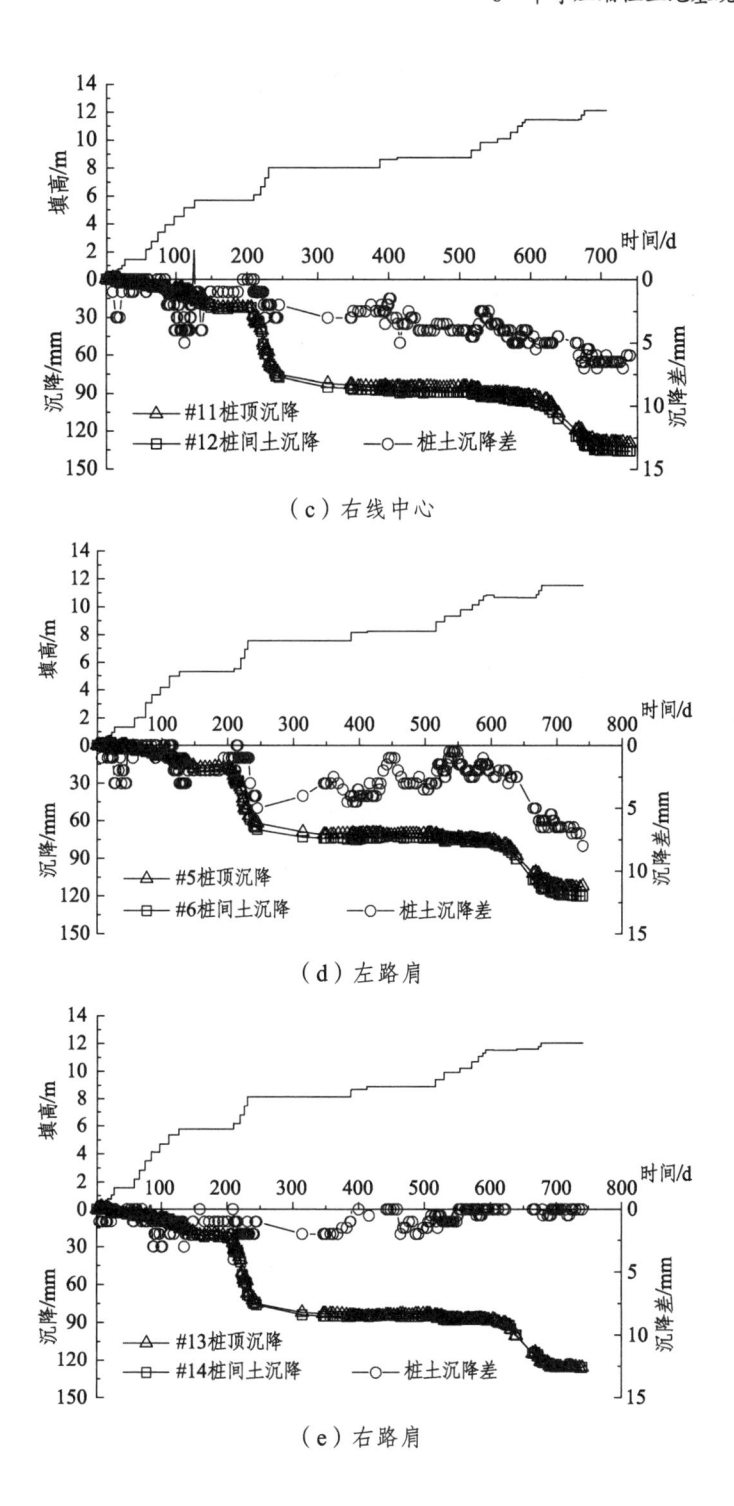

(d）左路肩

(e）右路肩

(f）左坡中心

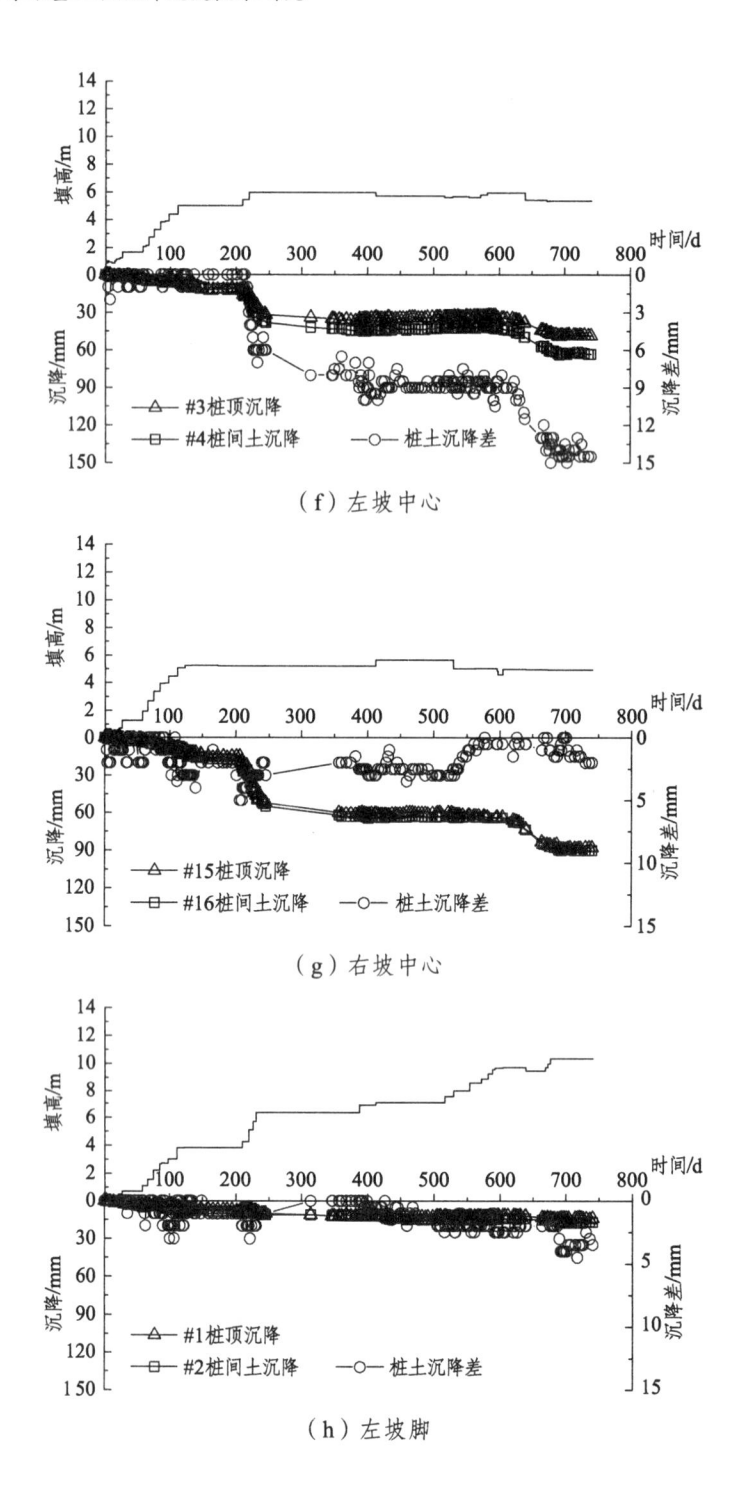

(g）右坡中心

(h）左坡脚

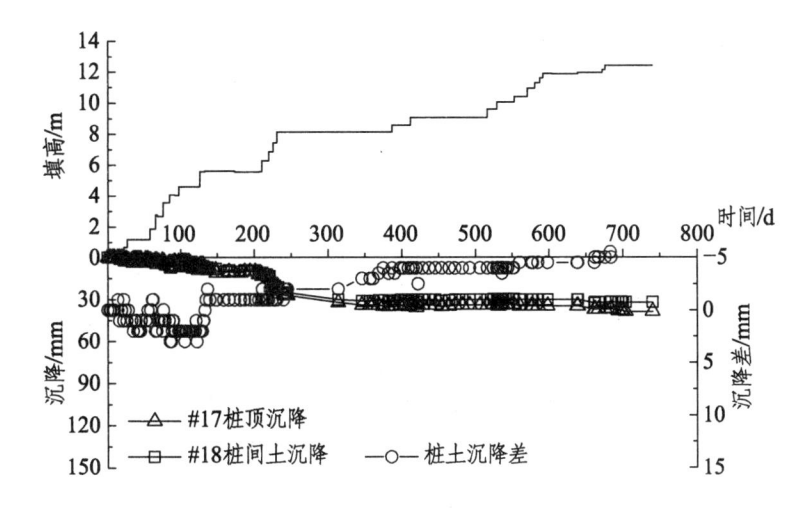

(i) 右坡脚

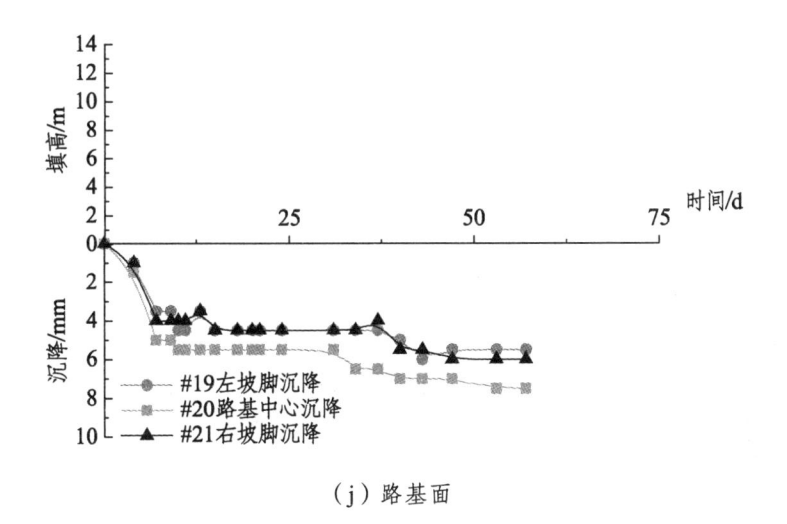

(j) 路基面

图 6-8 DK559+606 断面不同位置的沉降-时间曲线

5) DK559+650 断面

DK559+650 断面路基高度为 10.24 m，地基采用 CFG 桩处理，桩长 6 m，桩径 0.5 m，桩间距 1.8 m，未设扩大桩帽。路基开始填筑时间为 2011 年 5 月 1 日，分析数据截止时间为 2013 年 05 月 10 日。地基沉降量和填土高度与时间的关系曲线如图 6-9 和图 6-10 所示。

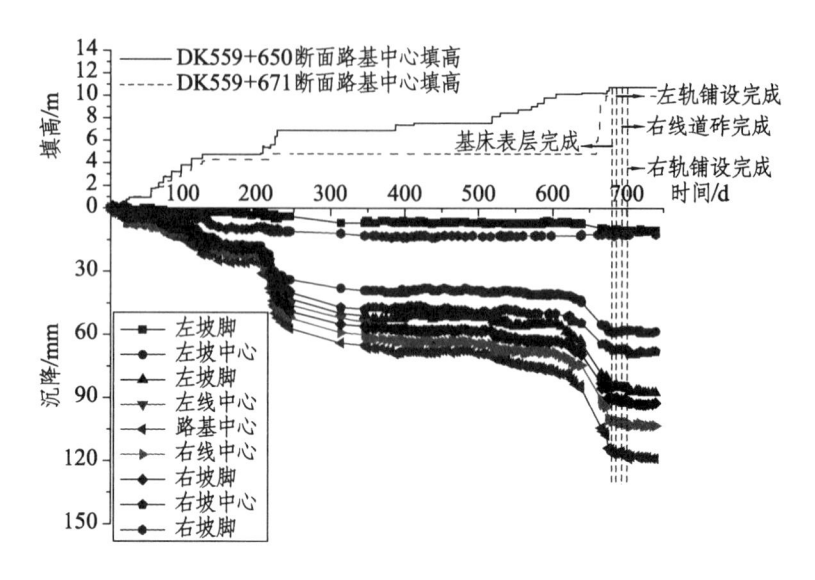

（a）桩间土沉降

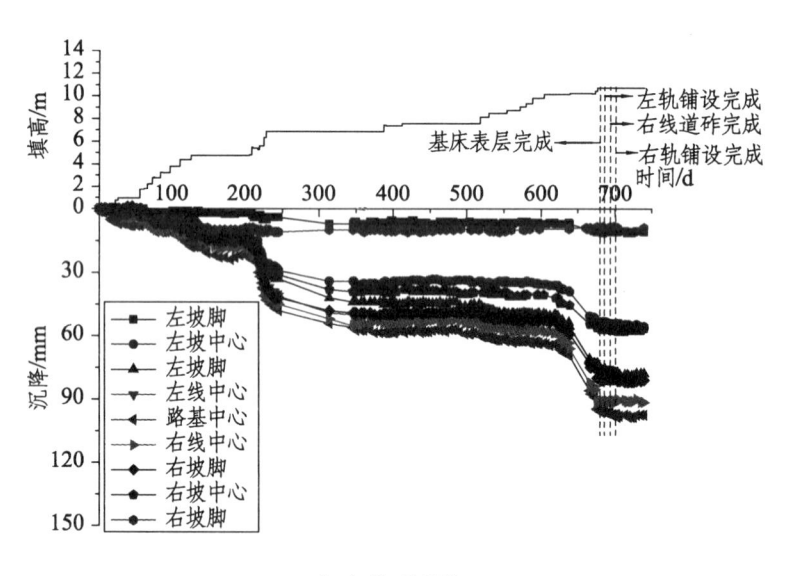

（b）桩顶沉降

图 6-9　DK559+650 断面桩间土、桩顶沉降-时间曲线

(a) 路基中心

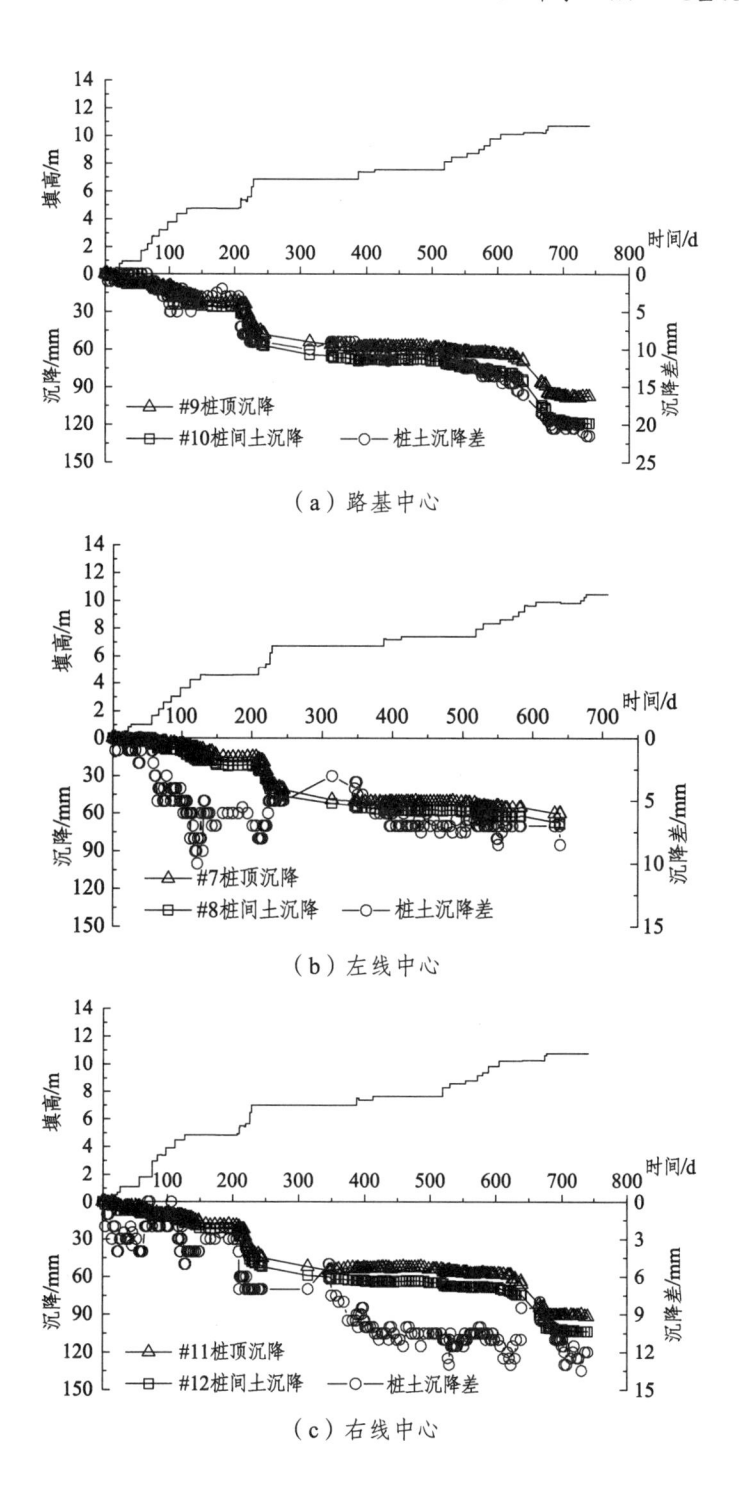

(b) 左线中心

(c) 右线中心

(d) 左路肩

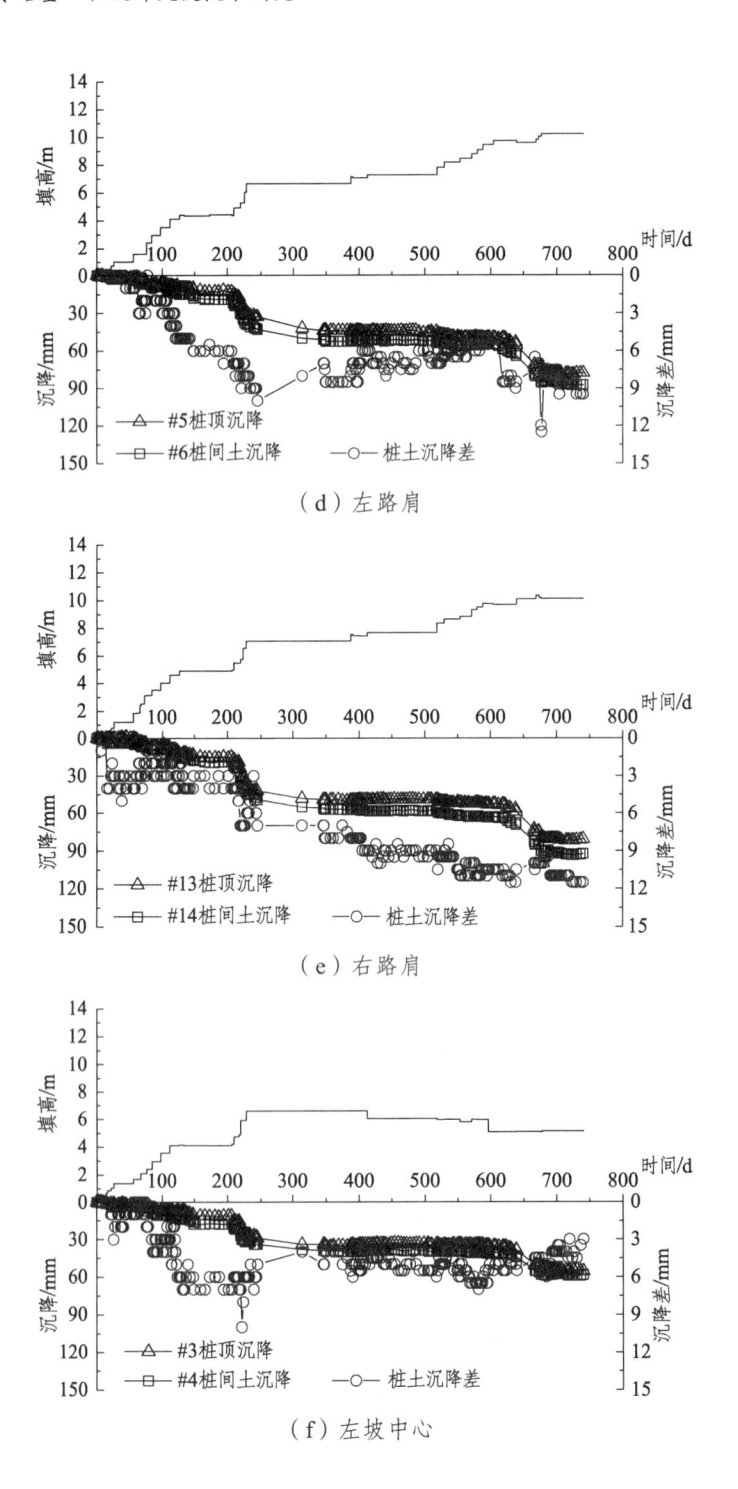

(e) 右路肩

(f) 左坡中心

(g)右坡中心

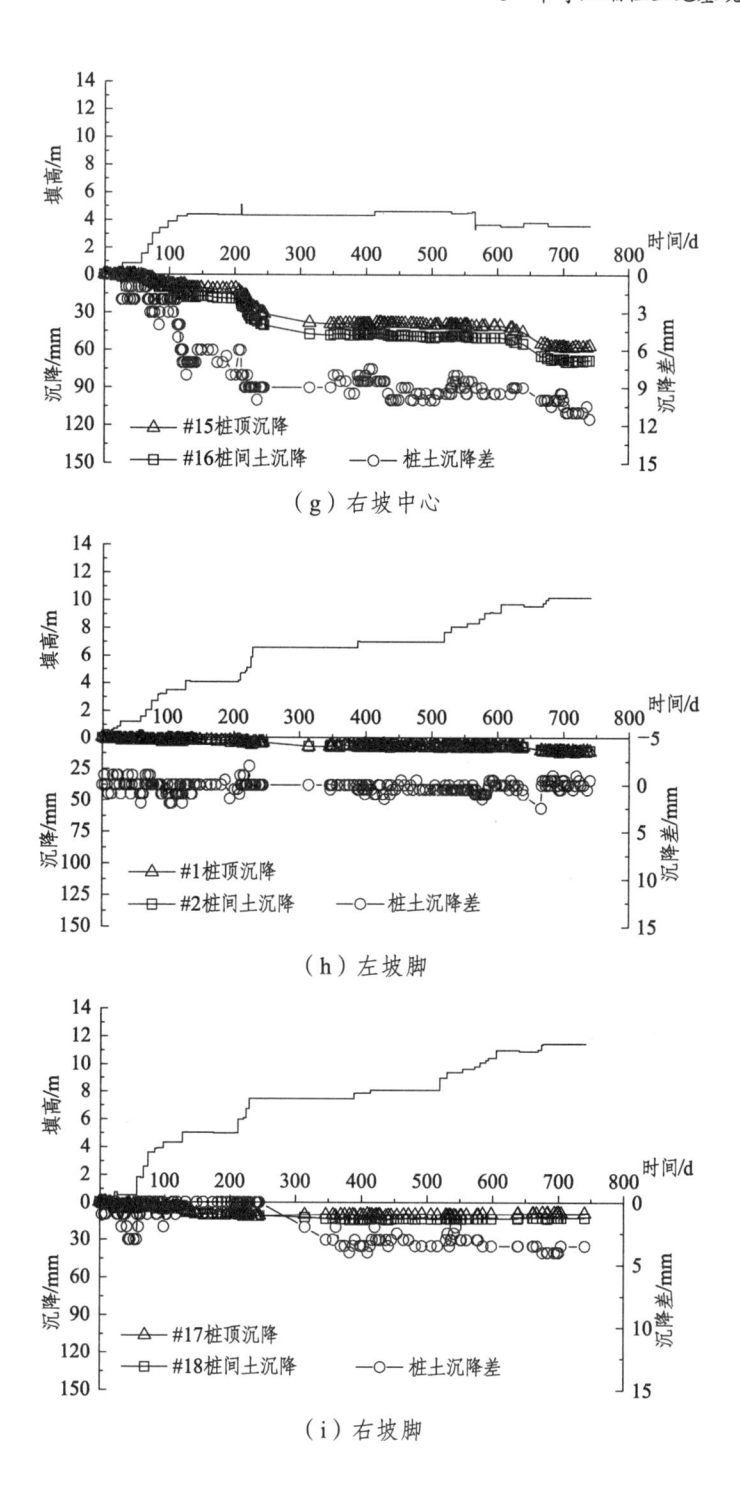

(h)左坡脚

(i)右坡脚

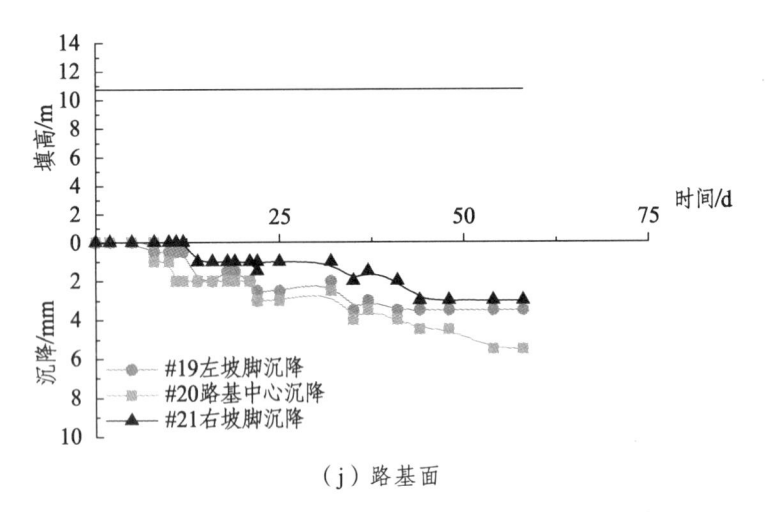

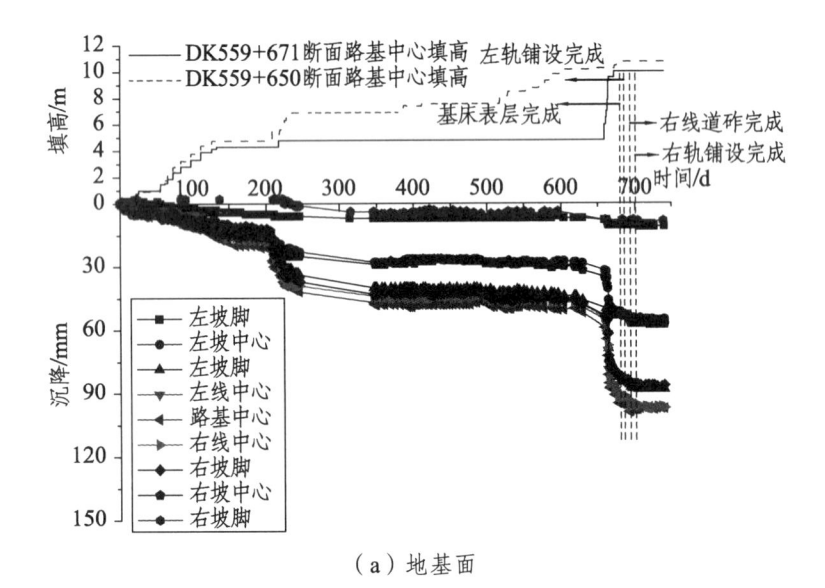

图 6-10　DK559+650 断面不同位置的沉降-时间曲线

6）DK559+671 断面

DK559+650 断面路基高度为 10 m，地基未进行处理，路基开始填筑时间为 2011 年 5 月 1 日，分析数据截止时间为 2013 年 05 月 10 日。地基沉降量和填土高度与时间的关系曲线如图 6-11 所示。

（a）地基面

(b）左半路基

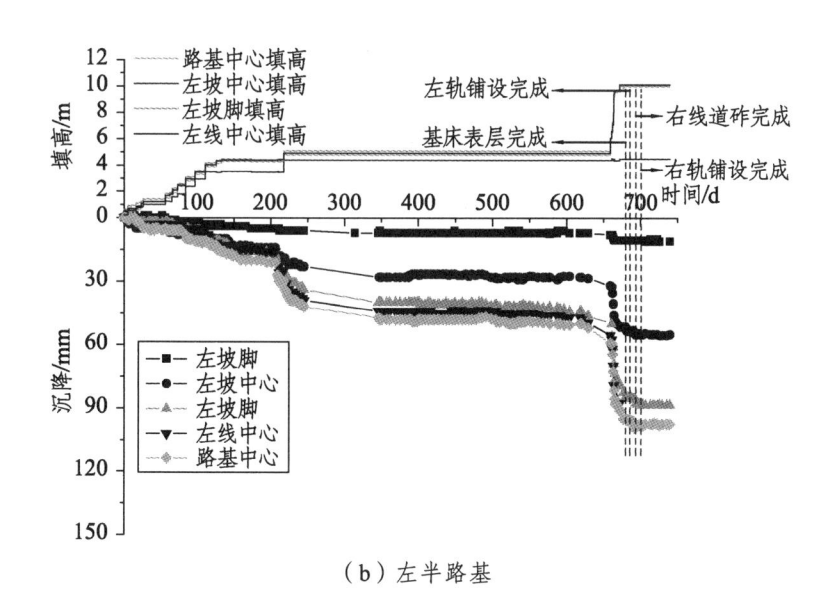

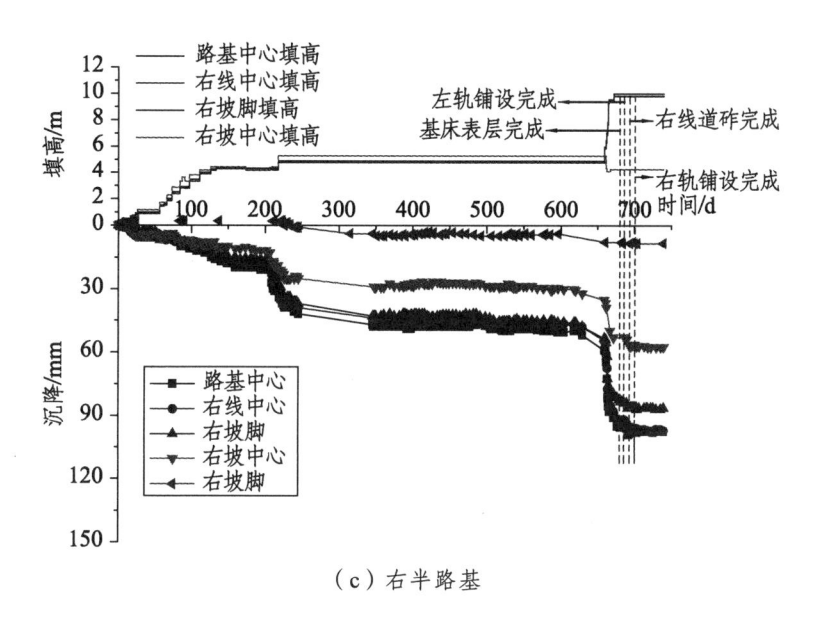

(c）右半路基

（d）路基面

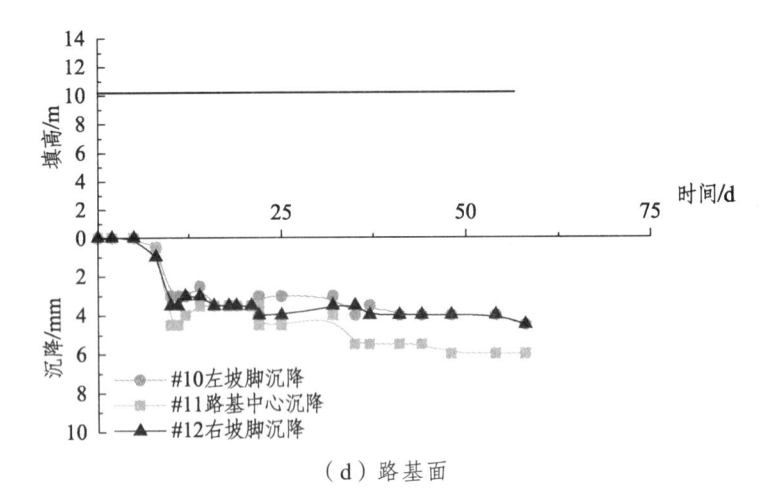

图 6-11 DK559+671 断面不同位置的沉降-时间曲线

截至 2013 年 5 月 10 日，各观测断面沉降速率明显变小，沉降曲线明显趋缓，铺轨完成后各监测断面地基沉降都基本趋于稳定。其中，DK559+475 断面路基中心的沉降为 98 mm，DK559+507 断面路基中心的沉降为 131 mm，DK559+540 断面路基中心的沉降为 114.5 mm，DK559+606 断面路基中心的沉降为 138.5 mm，DK559+650 断面路基中心的沉降为 119 mm，DK559+671 断面路基中心的沉降为 97.5 mm。

DK559+475 断面在 375 d 左右填高增加 3.5 m（4.1~7.6 m），地基沉降较小，主要原因是 DK559+475 断面处于路涵过渡段边缘，填筑时间为 180 d 左右时，附近 DK559+507 断面填高已达 7.4 m，且填料离 DK559+475 断面边缘不足 2 m，DK559+475 断面因路涵过渡段施工停滞原因未填筑，导致 DK559+475 断面在 180 d 左右地基沉降较大，而 375 d 左右沉降较小。DK559+671 断面地基未处理，位于路涵过渡段边缘，658 d 左右路基填筑速率较快，地基沉降速率较大。DK559+475~DK559+650 五处 CFG 桩加固处理断面，后期路基填筑速率较慢，沉降速率相应较小。总体来说，呈现以下趋势：

（1）地基沉降随着路基填筑高度的增加和时间的延长而增大，路基在填筑过程中，地基沉降速度较快，竣工后的地基沉降相对较缓慢。

（2）通过对荷载-时间-沉降曲线图的观察分析可以看到，地基沉降在路基填筑初始阶段增长较慢，随着路堤高度的加大，沉降进一步增加，停止填土，地基沉降继续发展，但趋于平缓，当路基填筑达到一定高度即超固结临界高度 H_c（一般为 4 m 左右）时，地基沉降随着填筑高度的增加迅速增大，当路基填筑即将竣工和竣工后，地基沉降又呈缓慢增加形势，直至完全稳定下来。一般来说，施工结束可完成总沉降的 90%左右，经过短期（30~40 d）放置后可完成总沉降的 95%以上。

（3）从路基填筑高度和填筑速率与地基沉降速率之间的关系出发，在填筑期间具有以下规律：填筑初期（填筑高度较小时）沉降速率由小变大；随着时间的增长路堤填筑高度超过 H_c（超固结临界高度）后，沉降速率由大变小；填筑速率越大，沉降速率也越大。当停止填筑（路堤高度不变）时沉降较缓慢，沉降曲线逐渐开始收敛，趋于平稳。

（4）依据地基沉降变形随时间的变化曲线可以将地基沉降分为四个阶段：① 发生阶段，路基刚填筑时，地基土体尚处在弹性状态，沉降量随荷载的增加近似线性增加；② 发展阶段，随着路基填筑高度的不断增加，地基土体所受的荷载也越来越大，并使其逐步进入到弹塑性状态。随着塑性区不断扩大，地基沉降速率也不断增加，但由于试验段的路基填筑时间较长，导致地基土体固结完成的比例较大，致使地基沉降速率在一定时间后，将随着路堤高度的增加而有减小的趋势；③ 成熟阶段，当路基填筑完成，荷载不再增加时，部分尚未完成固结的地基土体将随时间的延长而继续沉降，但沉降速率递减；④ 到达极限，从荷载-沉降-时间曲线上明显可以看到沉降速率快速减小，地基沉降趋于稳定。

在路基荷载作用下，地基沉降主要由地基固结和侧向变形引起，前者随时间而发展，后者在加荷过程和加荷后发生，在快速加荷过程中，侧向变形引起的瞬时沉降是主要的。路基填筑期间内，路基基底沉降沿横断面方向分布规律相似，路基中心沉降较大，向左、右坡脚两侧递减。由于右半路基边坡有 2 m 加宽边坡且原有地势较低，使得右线中心、右路肩、右坡中心路基填高较左线中心、左路肩、左坡中心偏大，相应位置的沉降也偏大。

CFG 桩加固处理断面的桩间土沉降比 CFG 桩桩顶沉降大，桩土沉降差随着路基填高的增大而增大，DK559+650 断面未设桩帽，路基中心桩土差异沉降最大为 21.5 mm，其他设置桩帽断面的差异沉降一般在 10 mm 以内；桩土沉降差存在路基中心处较大，逐渐向两侧递减，坡脚处归零的趋势。

统计柳南线现场实际路基填筑情况发现，路基填筑期时间占总施工时间比例较小，主要由于多次停工原因导致路基放置期时间普遍延长，6处监测断面各阶段地表沉降统计情况见表6-4。

表6-4 各阶段地表沉降统计情况

指标	DK559+475	DK559+507	DK559+540	DK559+606	DK559+650	DK559+671
填筑期总时间/d	170	170	180	227	259	147
放置期总时间/d	529	528	520	510	468	582
铺道砟前沉降比例/%	97.7	98.1	95.2	96.4	96.2	100

由表6-4可知，各观测断面路基铺轨前沉降超过总沉降量的95%。

6.4.2 沉降磁环分层沉降监测结果

采用沉降磁环对地基分层沉降进行监测，研究路基荷载下不同深度土层的沉降发展规律。监测始于2011年5月25日，现场最后监测时间为2013年5月11日。图6-12~图6-17分别为6处监测断面的分层沉降-时间曲线。

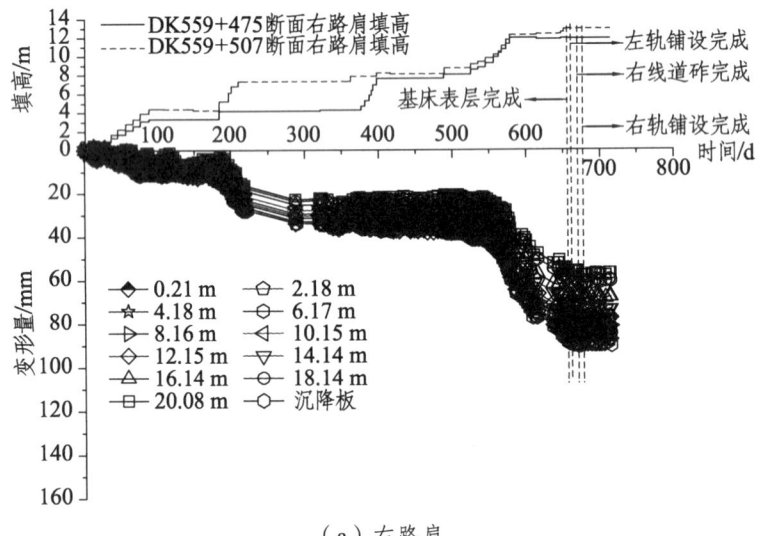

（a）右路肩

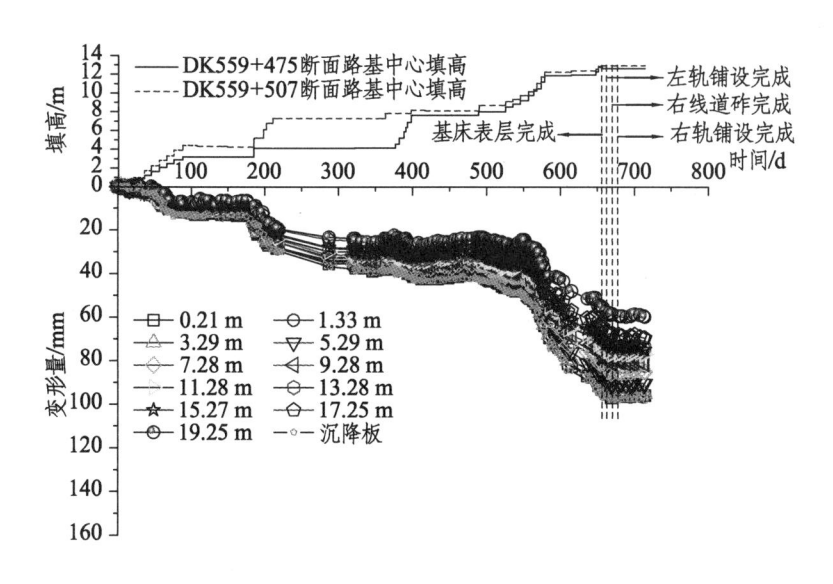

（b）路基中心

图6-12 DK559+475断面右路肩、路基中心分层沉降-时间曲线

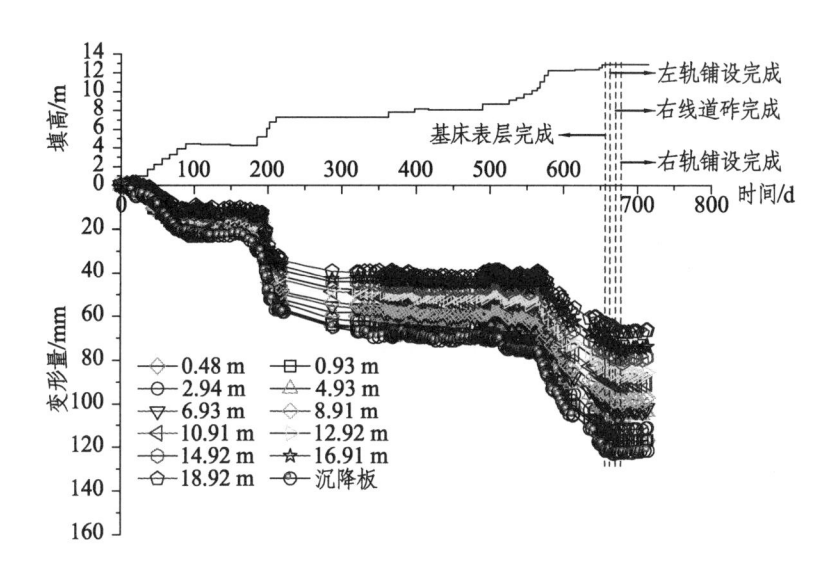

（a）右路肩

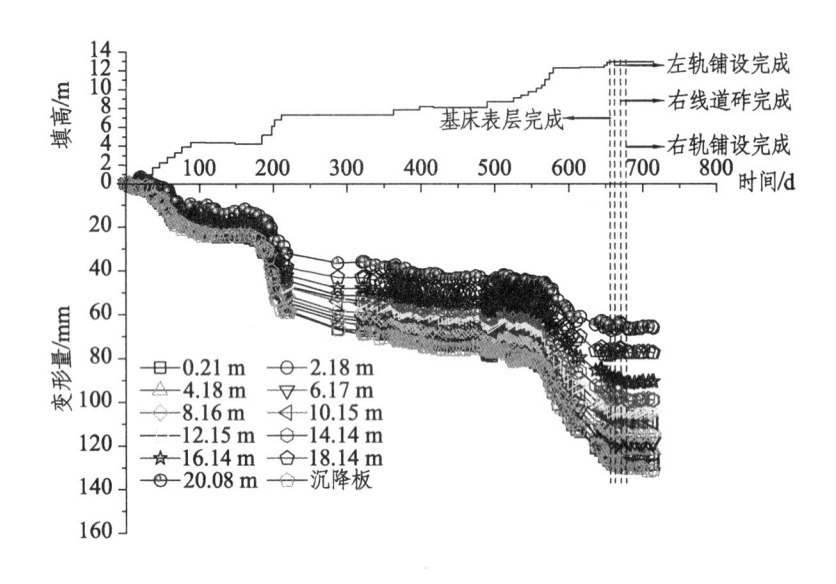

(b）路基中心

图 6-13　DK559+507 断面右路肩、路基中心分层沉降-时间曲线

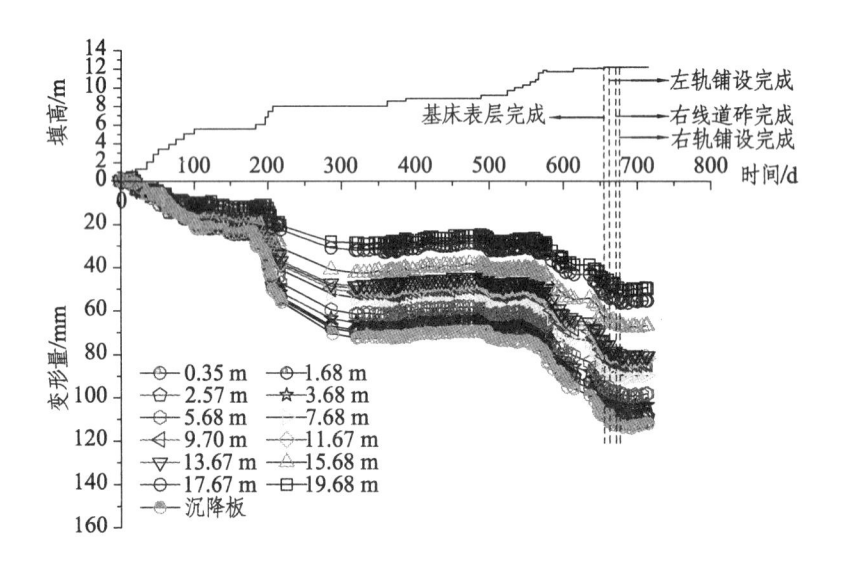

(a）右路肩

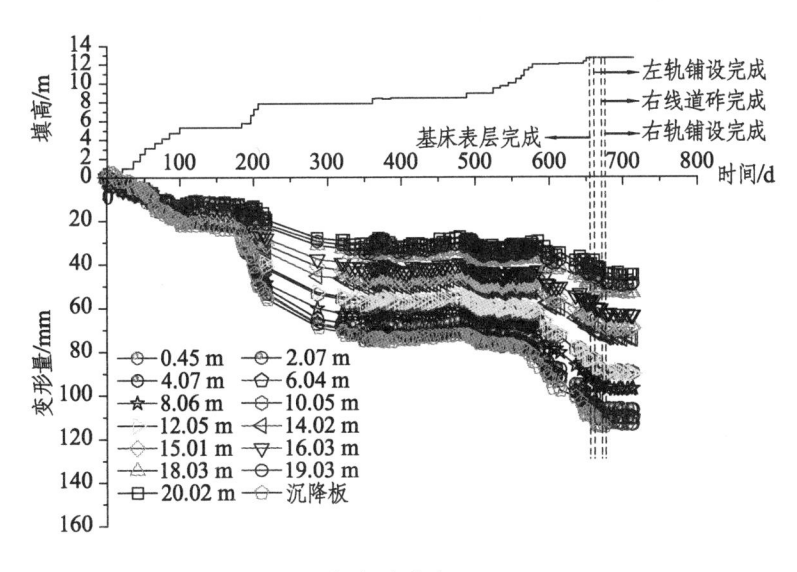

（b）路基中心

图 6-14　DK559+540 断面右路肩、路基中心分层沉降-时间曲线

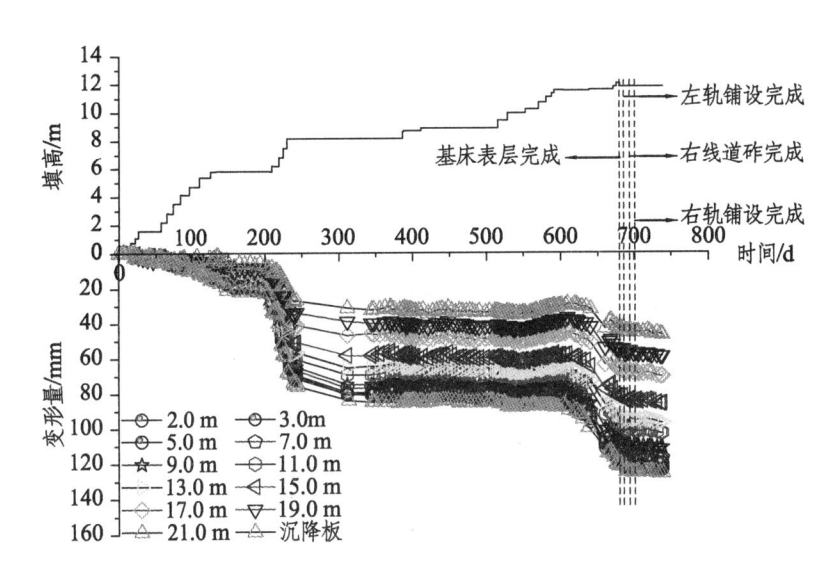

（a）右路肩

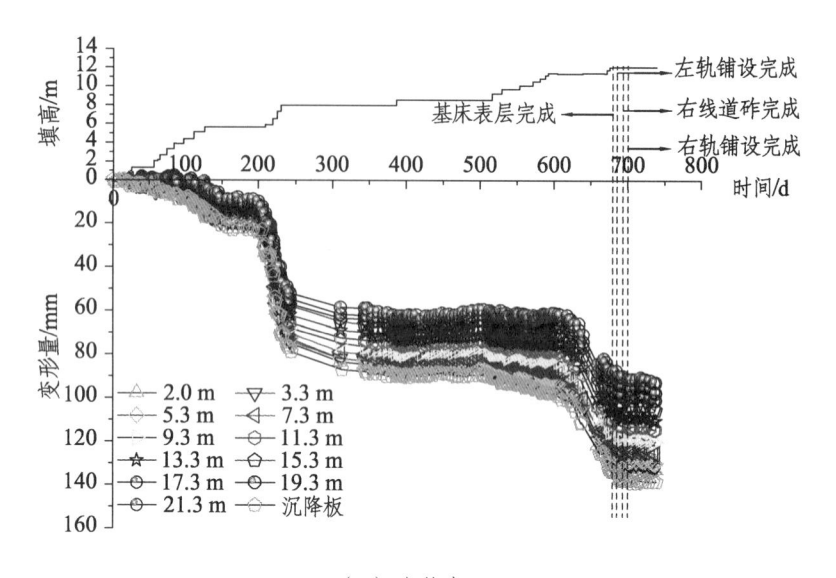

(b）路基中心

图 6-15　DK559+606 断面右路肩、路基中心分层沉降-时间曲线

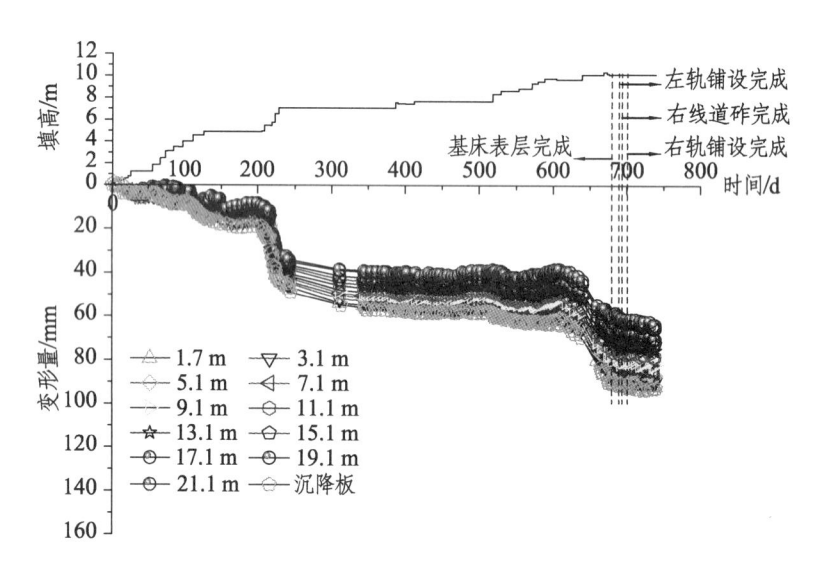

(a）右路肩

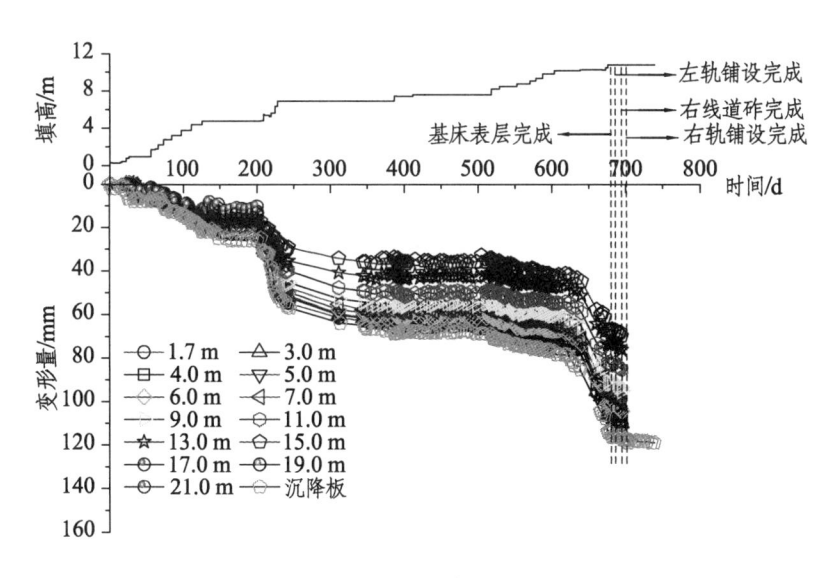

(b) 路基中心

图 6-16 DK559+650 断面右路肩、路基中心分层沉降-时间曲线

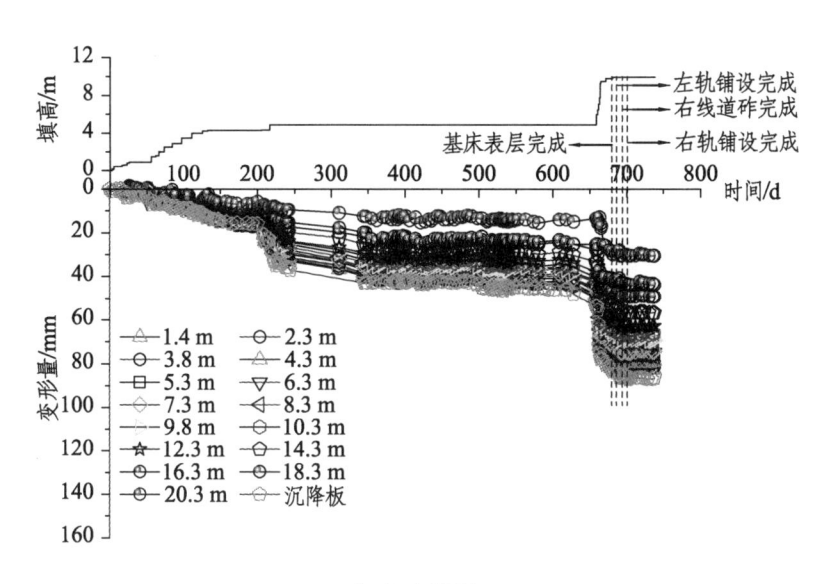

(a) 右路肩

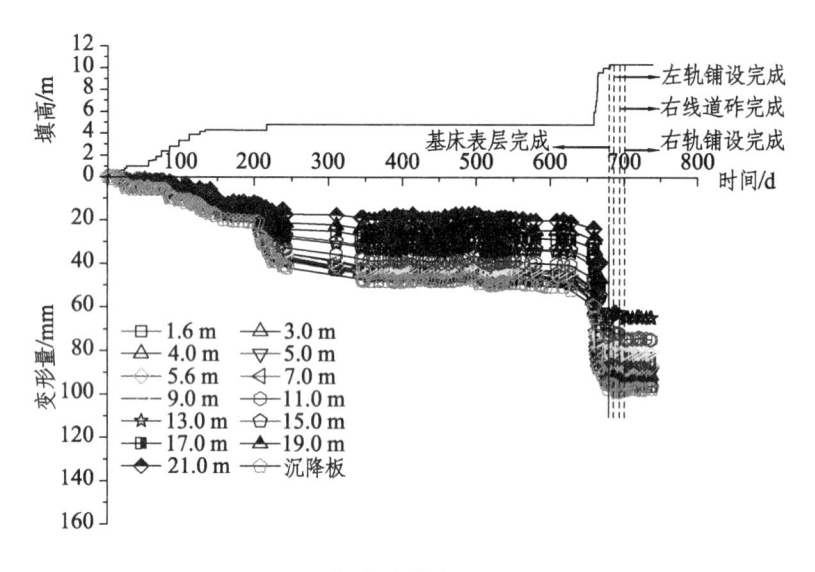

(b) 路基中心

图 6-17 DK559+671 断面右路肩、路基中心分层沉降-时间曲线

从各监测断面分层沉降-时间曲线可知，对于 CFG 桩加固地基，路基填筑期与放置期前期的地基沉降较大，并且各深度的地基沉降随时间的发展规律基本一致；下卧层地基分层沉降随深度增大逐渐减小，相同厚度的加固区分层压缩量较下卧层小；分层沉降监测区域分布在 0~21 m，21 m 以下沉降占地表总沉降的比例很大，一般可达 31.18%~67.15%，这与 21 m 监测区域以下的地基存在不良的软弱下卧层有关，所以监测区域以下的沉降应予以重视；CFG 桩加固区地基沉降较小，桩底附近地基的沉降较加固区突然增大，而后随着深度增大，沉降逐渐减小。这是由于路堤上部荷载通过 CFG 桩传递到桩端持力层上，造成下卧层沉降增大，而加固区压缩量减小，此外下卧层附加应力衰减使得沉降随深度逐渐减小。对于未加固地基，21 m 监测区域沉降占总沉降的比例较其他断面明显增大，整个地基分层沉降随深度增大而逐渐减小，这与附加应力随深度的衰减有关。

表 6-5 给出了 6 处监测断面各阶段地基分层沉降统计情况。

表 6-5 各阶段地基分层沉降统计情况

统计指标/%	DK559+475	DK559+507	DK559+540	DK559+606	DK559+650	DK559+671
加固区填筑期沉降比例	5.92	8.32	12.66	6.71	9.33	—
加固区放置期沉降比例	7.35	4.27	8.38	1.23	2.69	—
加固区沉降比例	13.27	12.60	21.05	7.94	12.02	—
21 m 监测区域沉降比例	38.78	49.62	60.61	32.85	41.43	68.82

6.4.3 多点位移计分层沉降监测结果

采用多点位移计对地基分层沉降进行监测，研究路基荷载下不同深度土层的沉降发展规律。监测始于 2011 年 5 月 25 日，现场最后监测时间为 2013 年 5 月 11 日。图 6-18~图 6-23 分别为 6 处监测断面的分层沉降-时间曲线。

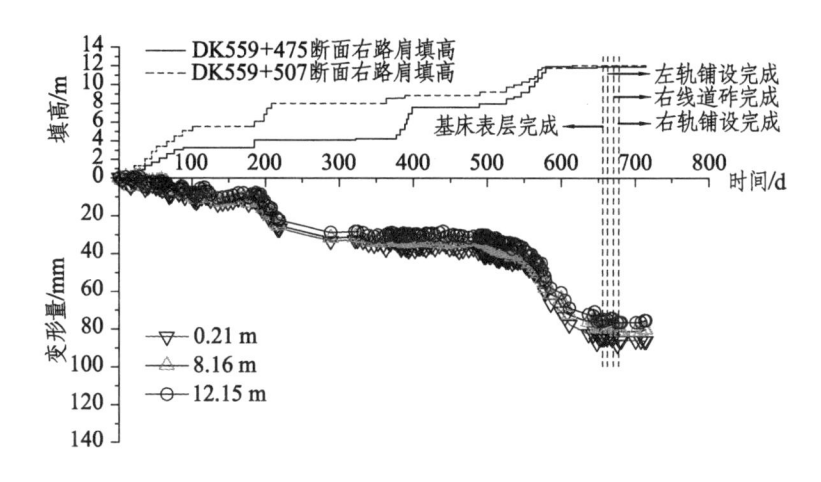

(a) 右路肩

(b）路基中心

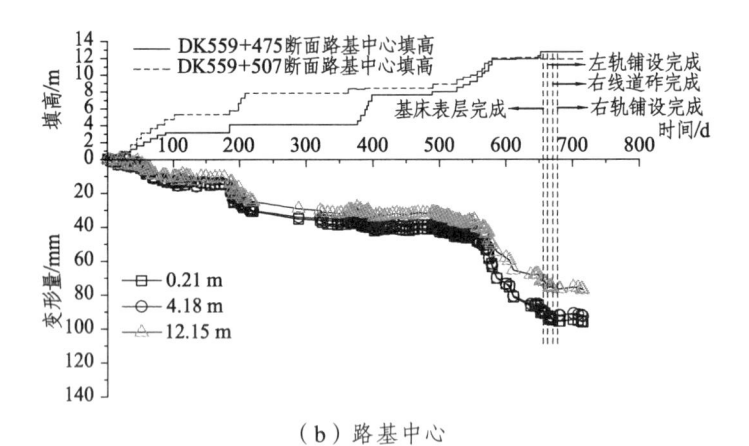

图 6-18 DK559+475 断面右路肩、路基中心分层沉降-时间曲线

(a）右路肩

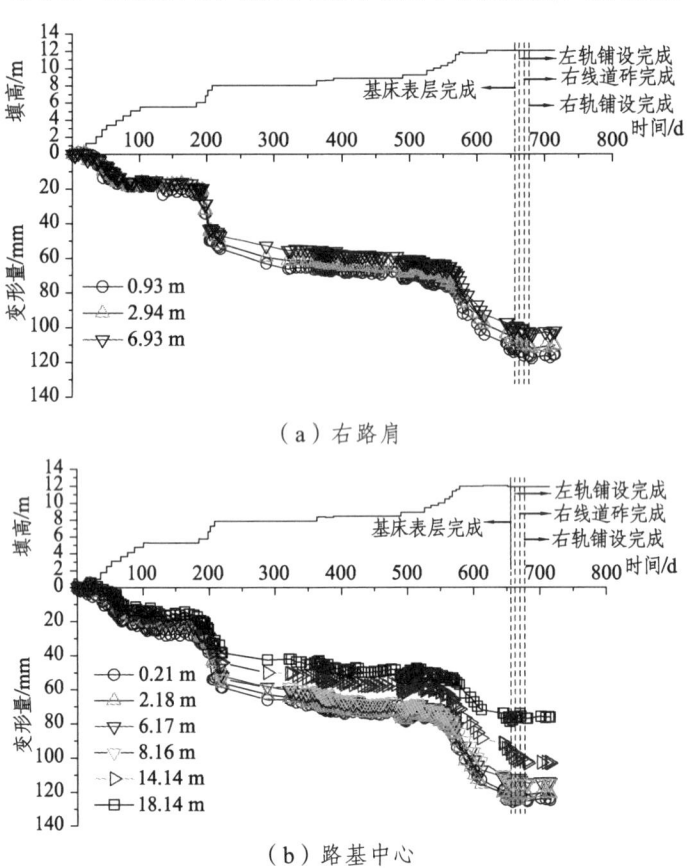

(b）路基中心

图 6-19 DK559+507 断面右路肩、路基中心分层沉降-时间曲线

6 中等压缩性土地基现场监测

(a) 右路肩

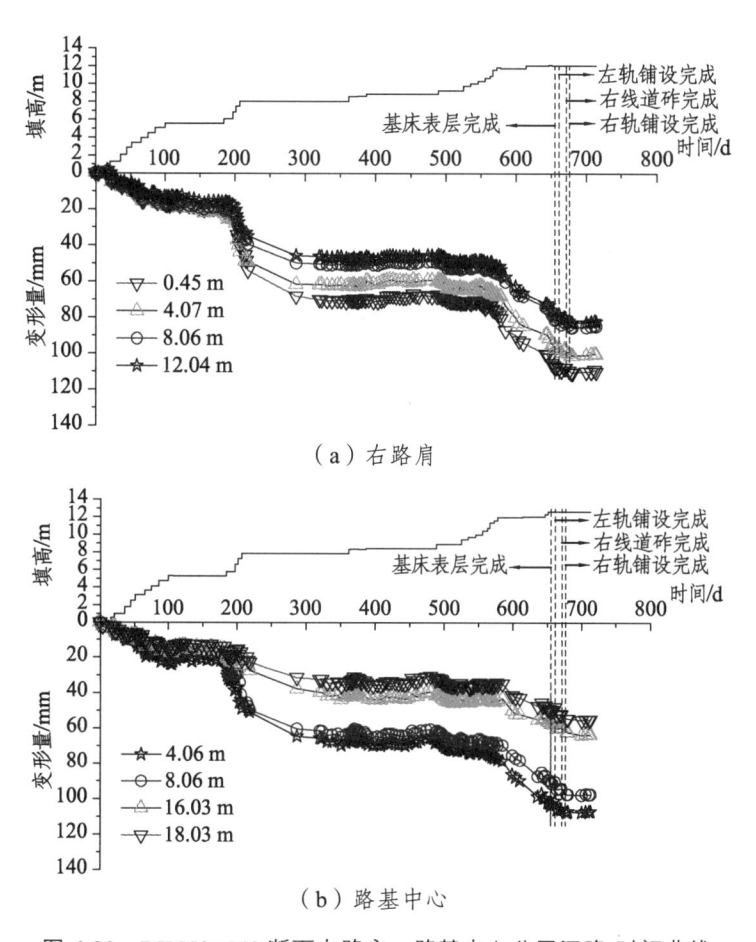

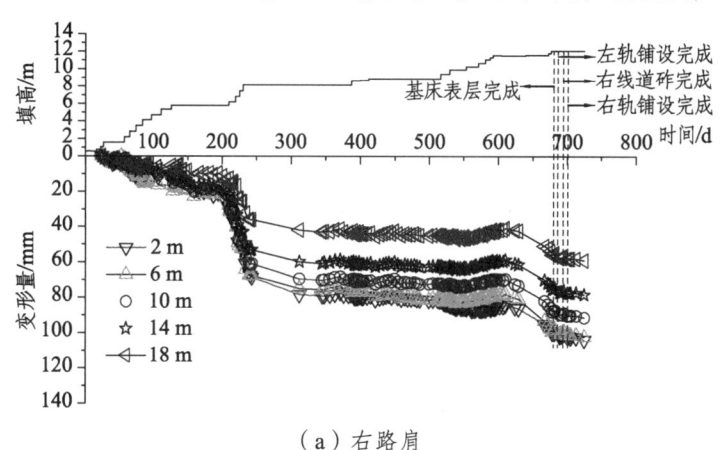

(b) 路基中心

图 6-20 DK559+540 断面右路肩、路基中心分层沉降-时间曲线

(a) 右路肩

(b) 路基中心

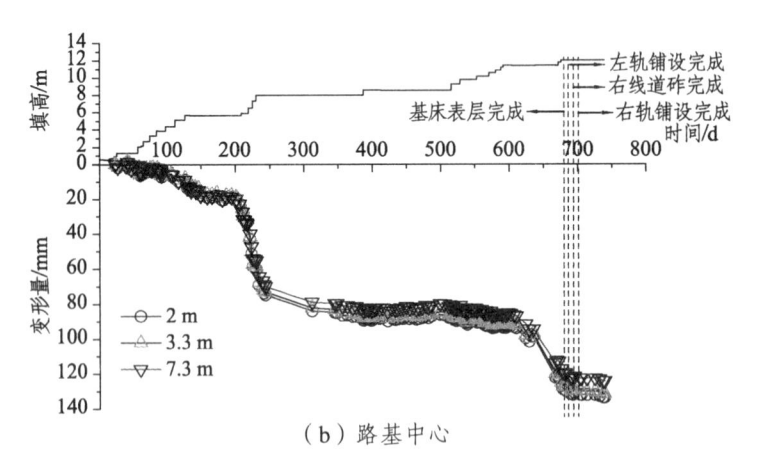

图 6-21　DK559+606 断面右路肩、路基中心分层沉降-时间曲线

(a) 右路肩

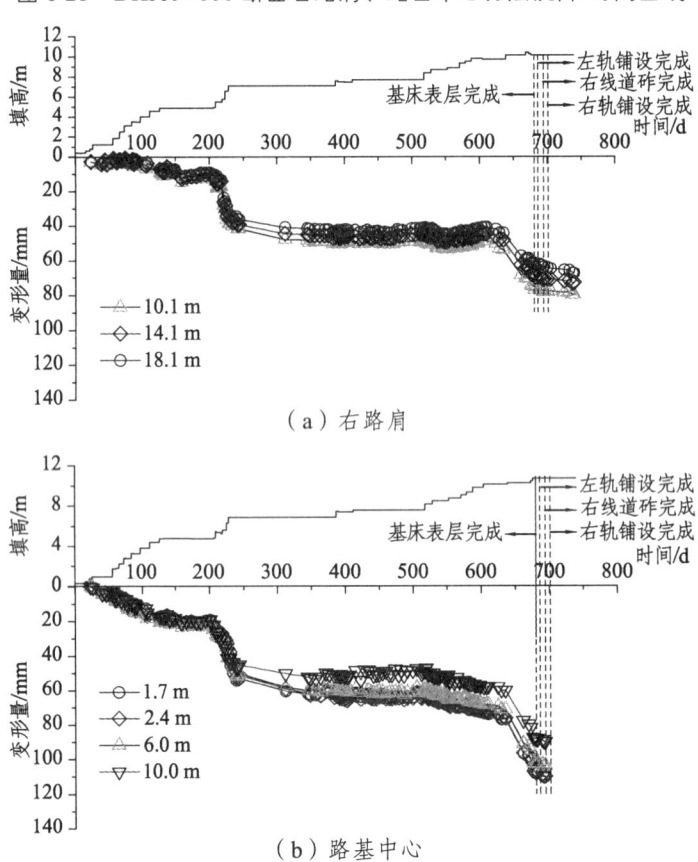

(b) 路基中心

图 6-22　DK559+650 断面右路肩、路基中心分层沉降-时间曲线

6 中等压缩性土地基现场监测

（a）右路肩

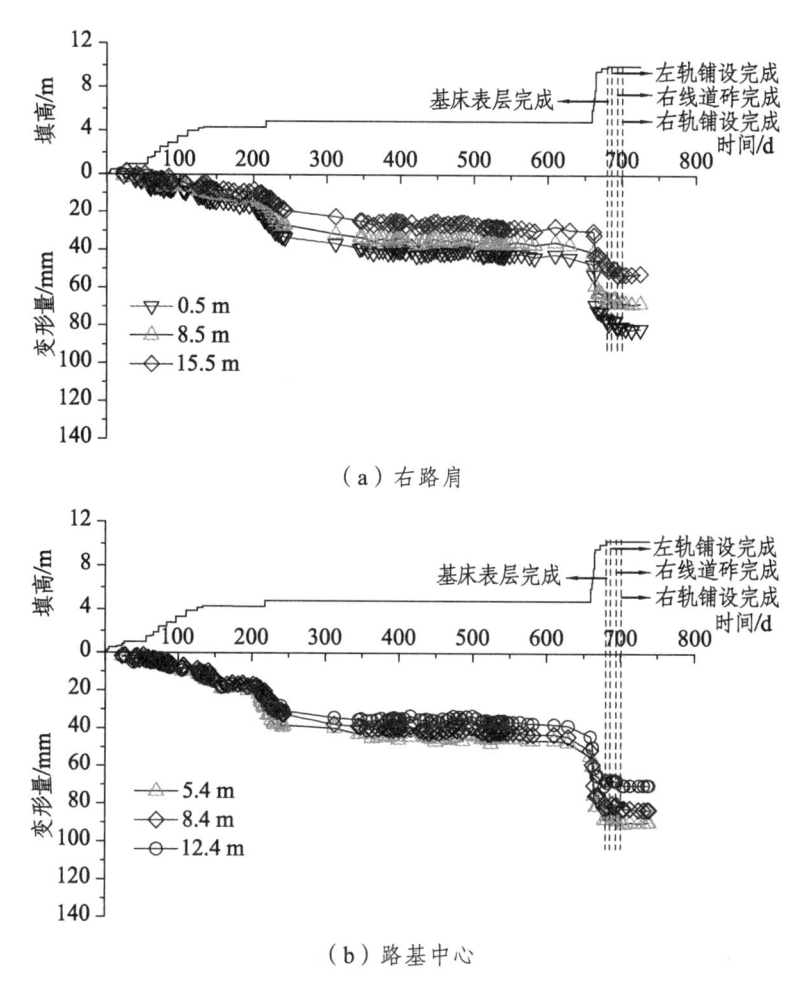

（b）路基中心

图 6-23 DK559+671 断面右路肩、路基中心分层沉降-时间曲线

两种监测仪器得到的分层沉降随时间发展规律基本一致。若以最底部监测节点作为不动点（20 m），其上部土层压缩量随时间变化如图 6-24 和图 6-25 所示。由图 6-24 和图 6-25 可知，多点位移计与沉降磁环测量的沉降基本一致，磁环数据波动稍大，而多点位移计测量精度更高，数据稳定。考虑到多点位移计购置费用及安装费用较沉降磁环高，因此可以综合考虑，发挥两种仪器的优势，在试验经费允许的情况下，尽可能在更多需要关注的监测点位设置沉降磁环，而在关键点位设置高精度的多点位移计对磁环数据进行校对与修正，合理优化监测仪器配置。

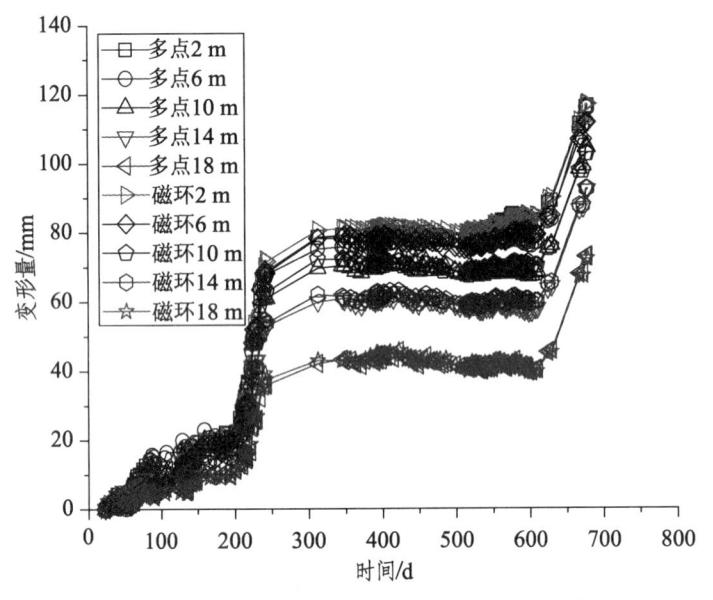

图 6-24 多点位移计与沉降磁环测量的沉降对比

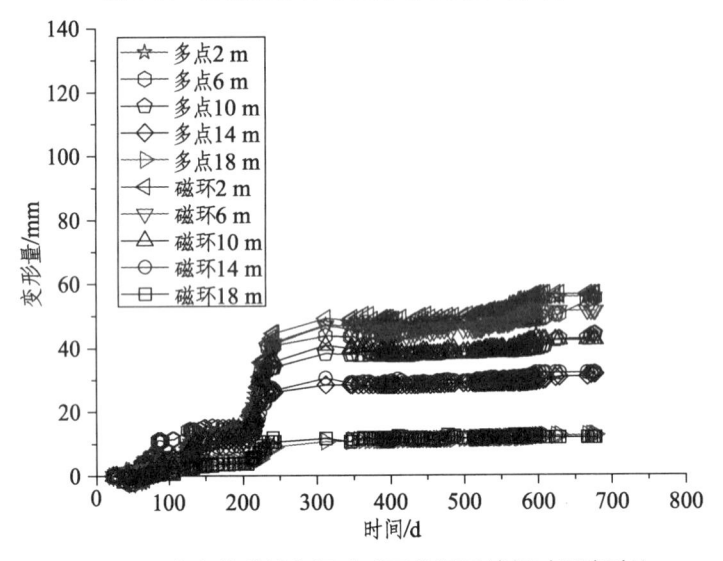

图 6-25 多点位移计与沉降磁环监测区域相对沉降对比

6.4.4 地基侧向位移监测结果

1）坡脚侧向位移监测结果

地基侧向变形因地基处理方式的不同而存在差异，通过对比 CFG 桩处理、未处理工点坡脚处侧向变形随填筑时间、填高的变化曲线，分析地基的侧向变形发展规律。由于监测断面测斜管底端未嵌入基岩，因此将测斜管管顶水平位移作为侧向变形基点进行处理。截至 2013 年 5 月 11 日，监测断面不同深度处侧向变形随路基填高、时间的变化曲线如图 6-26 所示。

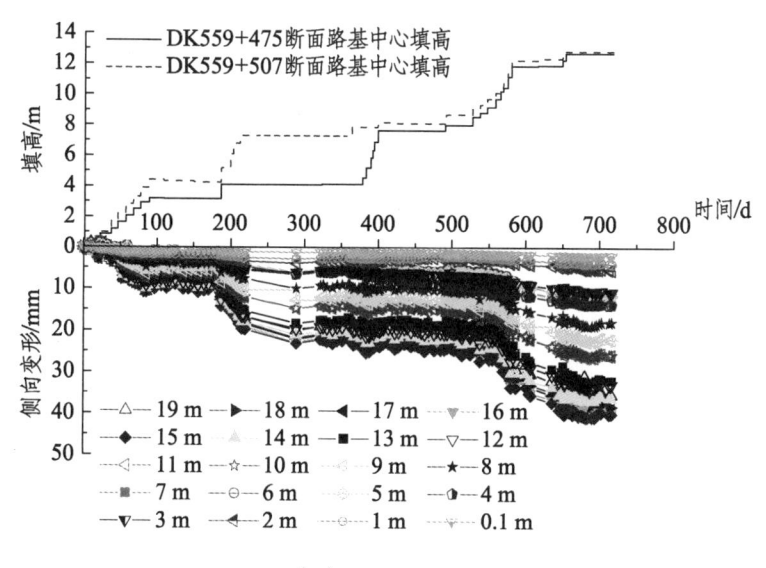

（a）DK559+475

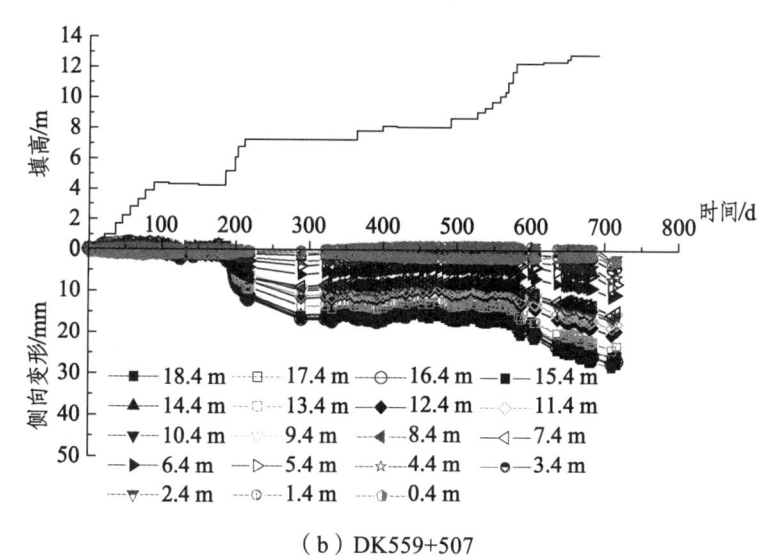

（b）DK559+507

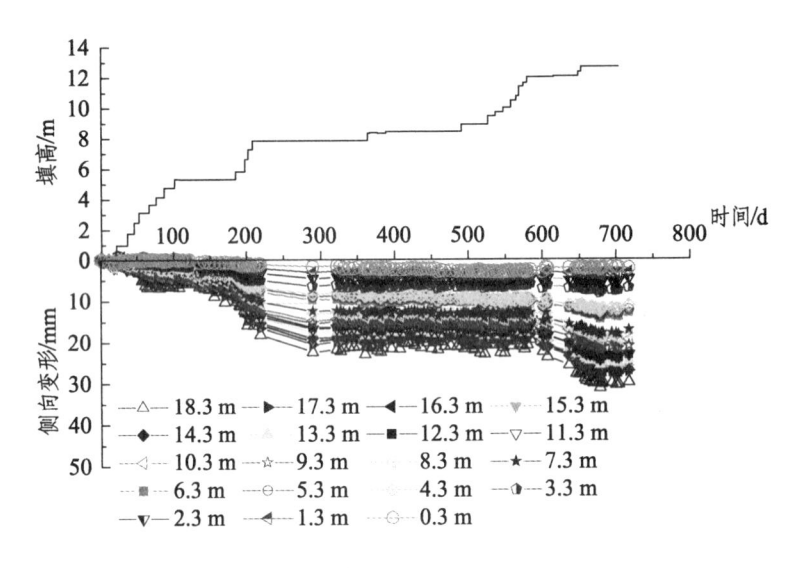

（c）DK559+540

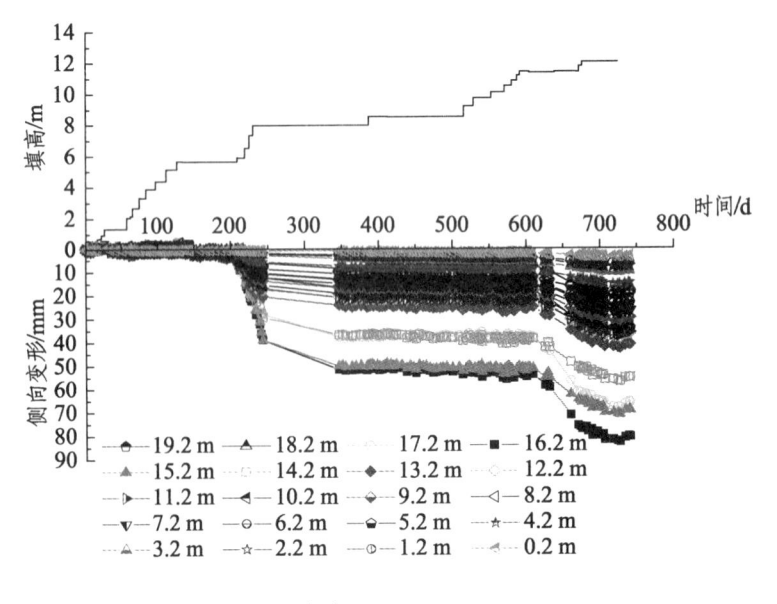

（d）DK559+606

(e) DK559+650

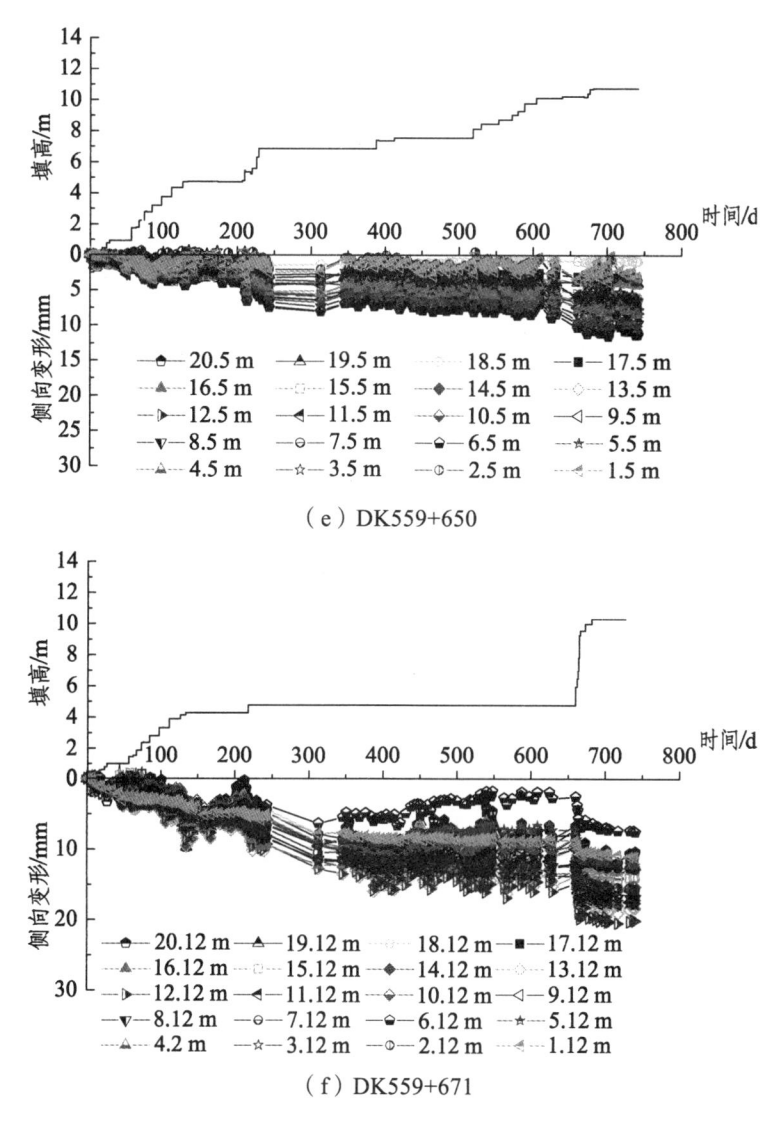

(f) DK559+671

图 6-26 不同监测断面坡脚侧向变形随填高、时间变化曲线

由图 6-26 可知：

（1）截至 2013 年 5 月 11 日，各监测断面不同深度地基的侧向变形趋于稳定，侧向变形较大的监测断面趋于稳定的速率较慢。

（2）不同深度处侧向变形随填高、时间的变化基本相同，第一次路基连续填筑过程中，地基侧向变形发展较慢；填筑期与放置期前期侧向变形较大，放置期后期的变形较小（如 DK559+606、DK559+650 断面），甚至存在较小向坡脚内发展的趋势（如 DK559+507、DK559+540、DK559+671 断面）。

（3）当路基放置期较长，再次填筑时，填筑初期阶段地基侧向变形较小，当超过一定填高后侧向变形突然增大，这与地基的沉降变形特征相类似。路基填筑过程中侧向变形速率小于 5 mm/d，侧向变形最终趋于稳定，表明填筑过程可以保证地基稳定性。

图 6-27 给出了坡脚侧向变形-深度曲线，研究路基荷载下地基不同层位的侧向变形。监测开始于 2011 年 5 月 25 日，现场监测截至 2013 年 5 月 11 日。

由图 6-27 可知：

地基侧向变形随着上部荷载的增大而增大；地基侧向变形呈"弓"字形，侧向变形随深度的增加呈先增大后减小趋势，DK559+540 断面测量深度未到达收敛深度；CFG 桩加固区内，侧向变形较小，加固区以下地基侧向变形增加速率较加固区大，在深度 15~18 m 左右，侧向变形达到最大值，然后向坡脚内侧收敛，DK559+606 断面 18 m 深度左右的侧向变形收敛最为明显。

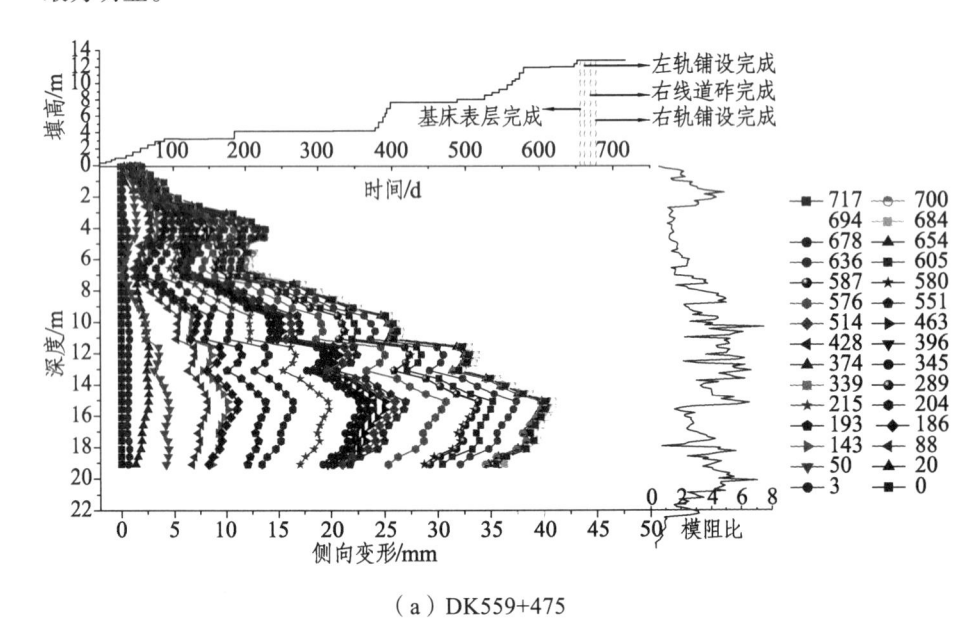

（a）DK559+475

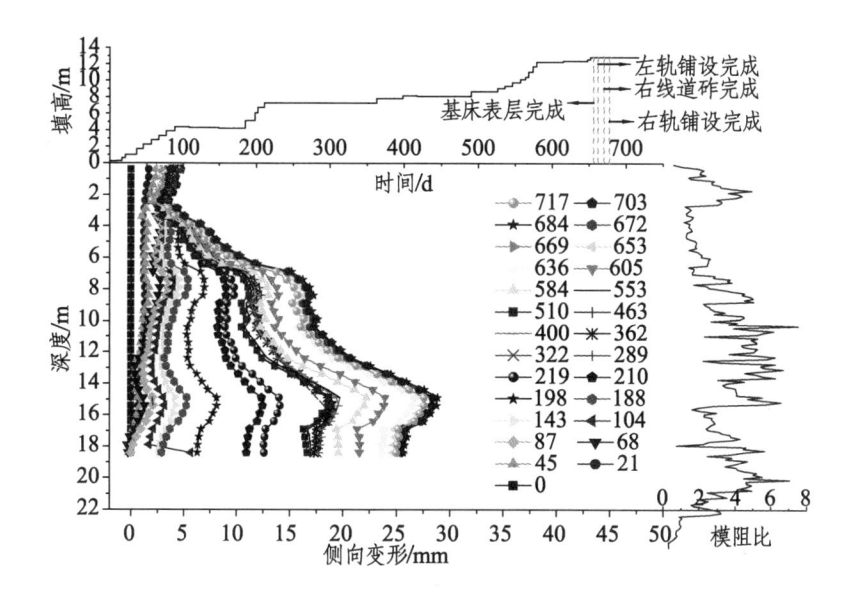

（b）DK559+570

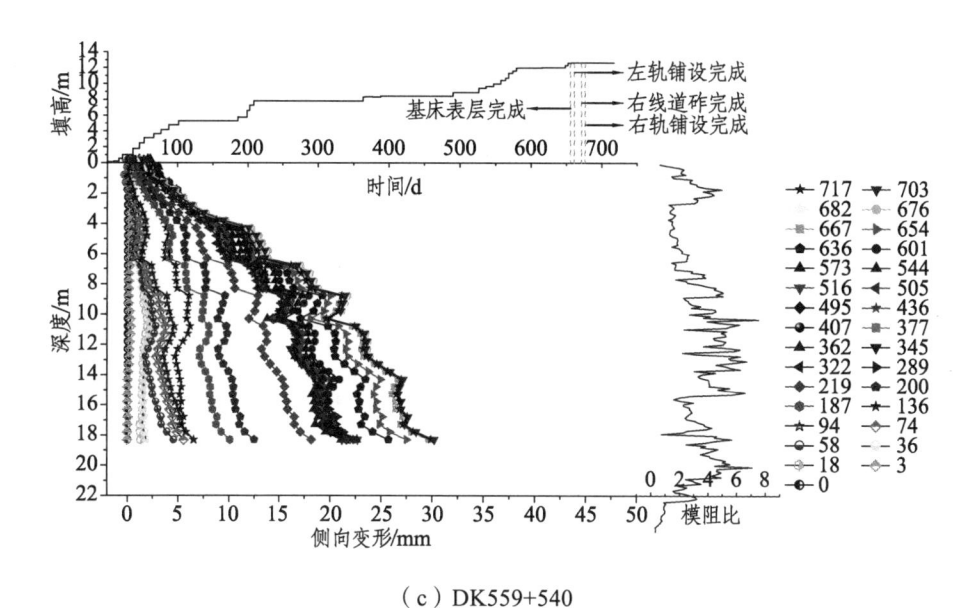

（c）DK559+540

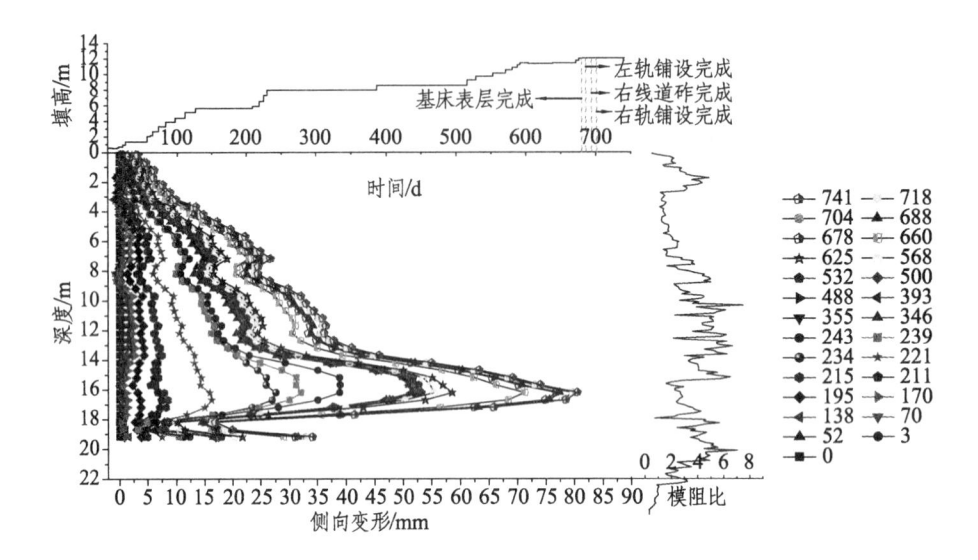

(d) DK559+606

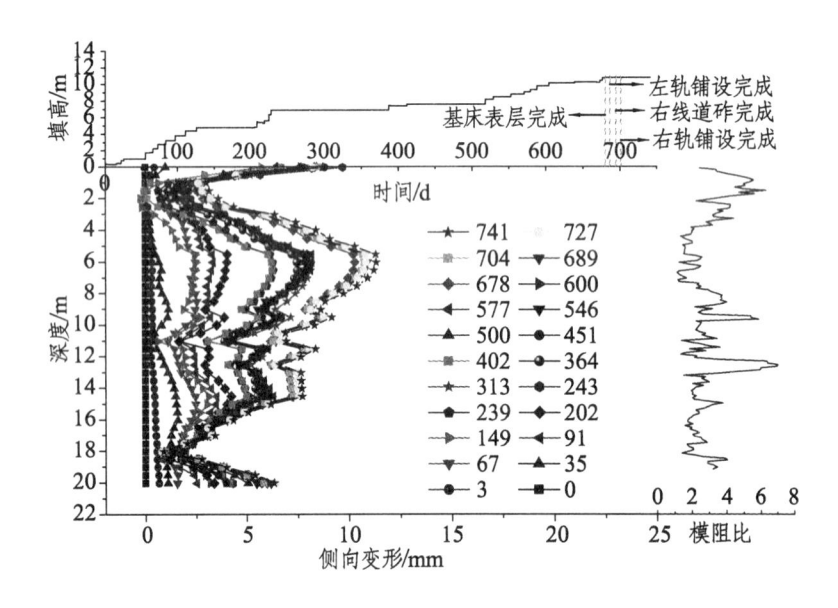

(e) DK559+650

(f) DK559+671

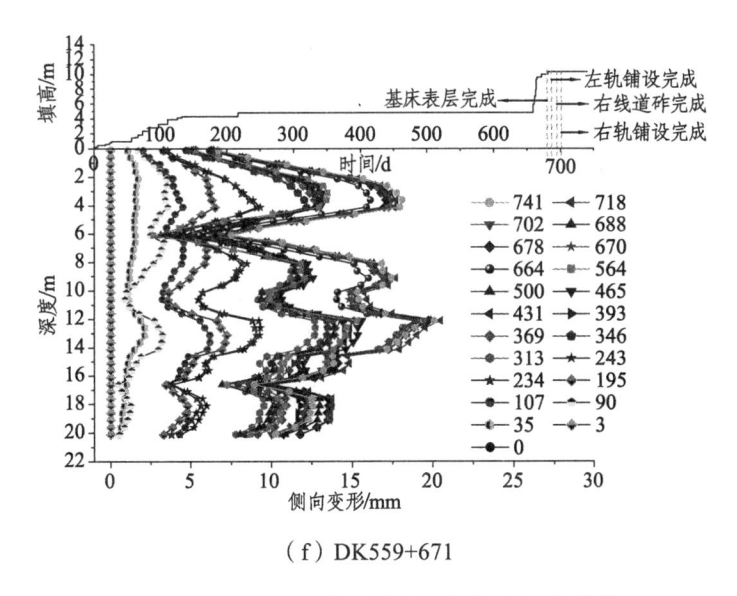

图 6-27 不同监测断面坡脚侧向变形-深度曲线

加载初期侧向变形速率较快，特别是当路堤超过临界高度 H_c（一般为 4 m 左右）后，侧向变形急剧发展；加载完成后，随着地基固结的进行，抗剪强度逐渐提高，地基侧向变形速率逐渐减小，最终趋于稳定。值得注意的是，侧向变形在加载期间及工后很长一段时间内都存在，变化的只是变形速率。

2）路基荷载下地基侧向变形计算方法

在实际工程应用中，设计人员常忽略了侧向变形的各种影响。例如，沉降计算中常用的分层总和法，就忽略了地基侧向变形对路基沉降的影响，但地基在路基荷载下会产生侧向变形，而且地基侧向变形是影响路基沉降的重要因素之一。研究侧向变形不仅可以帮助分析本体基础的竖向沉降，同时也可帮助分析其对邻近基础的影响。国内外对于侧向变形的研究一直没有间断过，Loganathan[57]分析了路基荷载下总沉降与侧向变形的关系，并初步给出了两者间的对应关系。周镜[58]分析了软土地基沉降计算的困难及存在的问题，得到影响侧向变形的主要因素为荷载应力水平、荷载几何形状、前期固结压力、荷载底宽与软土层厚的比值。殷宗泽[59]初步分析了土体泊松比对侧向变形和沉降的影响，以及泊松比对土工结构物受力的影响大小，得出土体泊松比是影响侧向变形内在因素。曾国熙[60]介绍了垂直荷载下软黏土地基的侧向变形，推导出泊松比 μ 为 0.5 时，弹性半无限体地基在线性荷载、带状均布荷载、三角形荷载下的侧向变形公式。不过文献[60]的中公式没有建立统一坐标系，使得要进一步分析变形方向，并且计算方法也相对较复杂，另外对于泊松比 $\mu < 0.5$ 的情况未予以讨论。

课题组在文献[60]基础上，假设路基基底的应力分布横断面方向为梯形，纵向均匀分布，同时考虑边坡坡度和路基高宽比对路基基底应力的影响，通过对布辛奈斯克集中力下的侧向变形解进行积分，分别推导出泊松比 $\mu = 0.5$ 与 $\mu < 0.5$ 两种情况下，地基在线性荷载、带状均布荷载及带状三角形荷载下的侧向变形公式。在此基础上，建立统一的坐标系对其进行合并，进而推导出梯形路基荷载下的侧向变形公式。

（1）带状梯形荷载下的侧向变形（泊松比 $\mu = 0.5$）。

对于饱和黏土地基，土体渗透性低，施加荷载后，空隙水不能及时排出，可以认为地基没有发生体变，故泊松比 $\mu = 0.5$[60]。此时地基的瞬时沉降完全来自地基的侧向变形[59]。而且此时，布辛奈斯克解侧向位移解第二项为 0。下面先从泊松比为 0.5，坐标系不随计算点的位置而改变的原则进行推导，这也是本书不同于文献[60]的重点。

图 6-28 中虚线为真实路基横断面形式，其坡度比 m 为 1∶1.5。实线为地基反力分布，即实线尺寸相当于原横断面的等效荷载尺寸。在路基等效梯形荷载下地基的侧向变形等于图 6-28 中I型、II型、III型三部分等效荷载分别作用下的侧向变形之和。

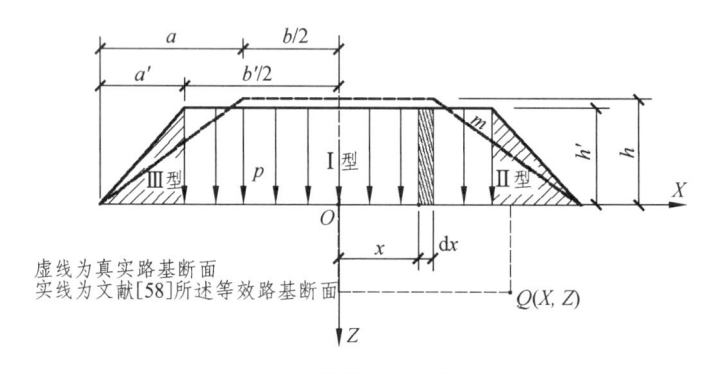

图 6-28 地基反力分布示意

在进行叠加前，首先要进行坐标统一，梯形荷载的坐标原点设置在横断面对称轴与地面的交点处，如图 6-28 所示。则Ⅲ型三角形荷载向左平移了 $a'+b'/2$ 个单位，侧向变形公式可转换为

$$u_{\mathrm{III}} = \frac{1.5zp}{2\pi E}\left\{\frac{x+a'+b'/2}{a'}\times\ln\left[\frac{(x+a'+b'/2)^2+z^2}{(x+b'/2)^2+z^2}\right]+\right.$$
$$\left.\frac{2z}{a'}\tan^{-1}\left(\frac{x+a'+b'/2}{z}\right)-\frac{2z}{a'}\tan^{-1}\left(\frac{x+b'/2}{z}\right)-2\right\} \quad (6\text{-}1)$$

Ⅱ型三角形荷载向右平移了 $b'/2$ 个单位，侧向变形公式转换为

$$u_{\mathrm{II}} = \frac{1.5zp}{2\pi E}\left\{\frac{a'+b'/2-x}{a'}\times\ln\left[\frac{(x-b'/2)^2+z^2}{(x-a'-b'/2)^2+z^2}\right]+\right.$$
$$\left.\frac{2z}{a'}\tan^{-1}\left(\frac{x-a'-b'/2}{z}\right)+2-\frac{2z}{a'}\tan^{-1}\left(\frac{x-b'/2}{z}\right)\right\} \quad (6\text{-}2)$$

均布矩形荷载下侧向变形为

$$u_{\mathrm{I}} = \frac{1.5zp}{2\pi E}\ln\frac{(x+b'/2)^2+z^2}{(x-b'/2)^2+z^2} \quad (6\text{-}3)$$

梯形荷载下土体侧向变形 u 为式（6-1）、（6-2）、（6-3）的叠加：

$$u = u_{\mathrm{I}} + u_{\mathrm{II}} + u_{\mathrm{III}} \quad (6\text{-}4)$$

（2）带状梯形荷载下的侧向变形（泊松比 $\mu < 0.5$）。

对于梯形荷载下的侧向变形解，也可采用分部荷载平移后叠加得出。在如图 6-28 所示的梯形荷载下，均布矩形荷载相对于坐标系没有变化，Ⅱ型三角形荷载相对于坐标系向左平移了 $a'+b'/2$ 个单位，Ⅱ型三角形荷载相对于坐标系向右平移了 $b'/2$ 个单位，平移后两三角形荷载下的侧向变形公式为

$$u_{\mathrm{III}} = \frac{(1+\mu)zp}{2\pi E}\left\{-2 + \frac{x+a'+b'/2}{a'} \times \ln\left[\frac{(x+a'+b'/2)^2 + z^2}{(x+b'/2)^2 + z^2}\right] + \right.$$

$$\frac{2z}{a'}\tan^{-1}\left(\frac{x+a'+b'/2}{z}\right) - \frac{2z}{a'}\tan^{-1}\left(\frac{x+b'/2}{z}\right)\right\} -$$

$$m \times \left\{\frac{\pi(x'+a'+b'/2)^2}{a'} - \frac{\pi a'}{2} + z - \right.$$

$$\frac{a'^2 + z^2 - (x+a'+b'/2)^2}{a'}\tan^{-1}\left(\frac{z}{x+b'/2}\right) - \qquad (6\text{-}5)$$

$$\frac{(x+a'+b'/2)^2 - z^2}{a'}\tan^{-1}\left(\frac{z}{x+a'+b'/2}\right) -$$

$$\left.\frac{(x+a'+b'/2)z}{a'}\ln\left[\frac{z^2 + (x+a'+b'/2)^2}{z^2 + (x+b'/2)^2}\right]\right\}$$

式（6-5）中，x' 的取值如下：

$$\begin{cases} x' = -b'/2, & x \geqslant -b'/2 \\ x' = x, & -(a'+b'/2) < x < -b'/2 \\ x' = -(a'+b'/2), & x \leqslant -(a'+b'/2) \end{cases} \qquad (6\text{-}6)$$

$$u_{\mathrm{II}} = \frac{(1+\mu)zp}{2\pi E}\left\{\frac{a'+b'/2-x}{a'}\ln\left[\frac{(x-b'/2)^2 + z^2}{(x-a'-b'/2)^2 + z^2}\right] + 2 + \right.$$

$$\frac{2z}{a'}\tan^{-1}\left(\frac{x-a'-b'/2}{z}\right) - \frac{2z}{a'}\tan^{-1}\left(\frac{x-b'/2}{z}\right)\right\} -$$

$$m\left\{-\frac{\pi a'}{2} - z + \frac{(x'-a'-b'/2)^2 - a'^2 - z^2}{a'}\tan^{-1}\left(\frac{z}{x-b'/2}\right) + \right. \qquad (6\text{-}7)$$

$$\frac{z^2 - (x-a'-b'/2)^2}{a'}\tan^{-1}\left(\frac{z}{x-a'-b'/2}\right) - \frac{\pi(x'-b'/2)^2}{a'} +$$

$$\left.\frac{(x-a'-b'/2)z}{a'}\ln\left[\frac{z^2 + (x'-b'/2)^2}{z^2 + (x-a'-b'/2)^2}\right] + 2\pi(x'-b'/2)\right\}$$

式（6-7）中，x' 的取值如下：

$$\begin{cases} x' = b'/2 + a', & x \geqslant b'/2 + a' \\ x' = x, & b'/2 < x < b'/2 + a' \\ x' = b'/2, & x \leqslant b'/2 \end{cases} \tag{6-8}$$

由上述讨论可得，泊松比 $\mu < 0.5$ 时，带状梯形荷载下的侧向变形 u 为

$$u = u_\mathrm{I} + u_\mathrm{II} + u_\mathrm{III} \tag{6-9}$$

上面三项进行平移后叠加使得表达式更加复杂，虽然表达式有利于在软件中编程使用，但实际操作中可以转换为 $uE/(zp) = k$。其中，k 是与 x/B、z/B 有关的无因次量，B 为不同荷载的底宽。对于梯形荷载下的无因次量，就是三部分荷载的无因次 k 值进行叠加。

（3）侧向变形规律分析。

本节主要讨论图 6-28 中实线所示等效梯形荷载作用范围外地基的侧向变形规律，为了更直接地反映侧向变形与泊松比、荷载几何尺寸等变量间的关系，使用侧向系数 uE/p 来表示侧向变形。

如果假设地基为弹性体，外界荷载条件一定，那么从推导的侧向变形公式可知，影响地基侧向变形大小的因素有弹性模量 E 和泊松比 μ，但影响其侧向变形分布规律的只有泊松比 μ。假定路基顶面等效宽度 b' 为 13.4 m，路基等效高 h' 为 6 m，路基荷载容重为 20 kN/m³，采用式（6-9）分别计算泊松比为 0.3、0.35、0.4、0.45、0.5 时，坡脚处沿深度 z 的侧向变形，结果如图 6-29 所示。

从图 6-29 可知，坡脚处沿深度 z 上各点的侧向变形随着泊松比的增加而增加，并且 u_max 所处的深度，随泊松比的增加而减小；在 0.3 ~ 0.5 的泊松比范围内，最大侧向变形的深度位置在荷载底面宽度 B 的 50%~85%中变化。另一方面，当泊松比 $\mu < 0.5$ 时，地基表面一定范围内的侧向变形出现向内挤压的现象，出现内挤情况的原因是式（6-9）推导过程中把路基荷载简化成单一的竖向梯形荷载，并且把地基作为理想弹性体来计算。实际上，路基和地

基两者都是柔性结构，路基填筑后，路基横断面中部的沉降大于两侧，当沉降差异到一定值后，产生土拱效应，除出现文献[5]中所述的竖向应力重分配外，也会产生水平推力，使得地表产生向外的水平位移；另外土体并非理想弹性体，当地基表层以下土体产生较大向外发展的侧向变形时，通过土颗粒之间的摩擦力和黏聚力可带动地表土体向外移动。所以在实际工程中，坡脚外地基表层土体的侧向变形很少出现向内发展的现象。

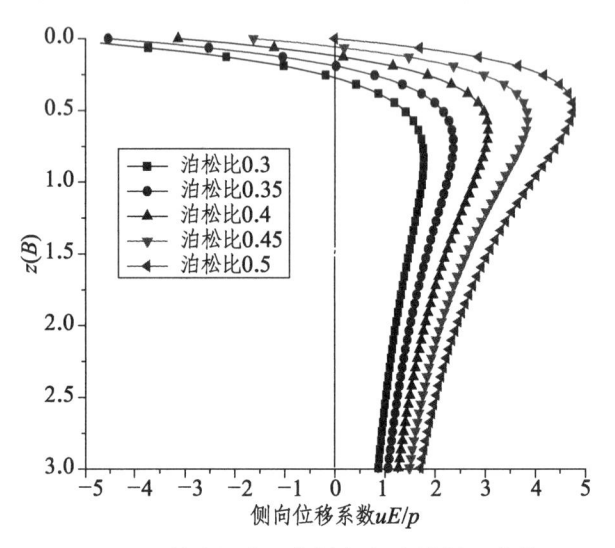

图 6-29 坡脚深度 z 向侧向变形-泊松比曲线

图 6-30 是等效荷载高 h' 为 6 m，等效顶面宽度 b' 为 13.4 m，路基容重为 20 kN/m³ 条件下，饱和土体（此时 $\mu=0.5$）加载瞬间，离坡脚外不同距离地基的侧向变形随深度的变化曲线。从图 6-30 可知，对于梯形荷载，如果弹性模量 E 为常数，那么各断面的 u_{max} 随着与坡脚处距离的增加而向下移动，其值也有所增加，但 u_{max} 最后将趋于某个收敛值。

3）沉降与侧向变形关系分析

路基施工过程中地基不仅会产生竖向沉降，也会发生侧向变形，二者在施工过程中是同步发生的。侧向变形主要包括上部荷载作用下产生的剪切变形（包括弹性阶段的侧向变形及超出弹性阶段的塑性挤出变形，统称为侧向挤出变形），以及土体排水固结阶段有效应力增大产生的向坡脚内发展的侧向变形。现场监测的侧向变形是以上两部分侧向变形之和。图 6-31 给出了各监测断面路基中心地表沉降与坡脚处最大侧向变形随时间的变化曲线。

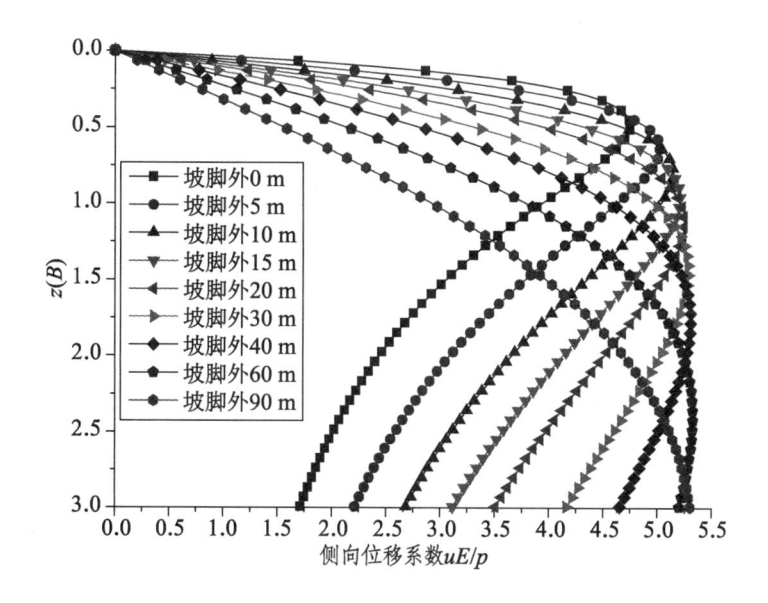

图 6-30 梯形荷载下坡脚外地基侧向变形-深度曲线

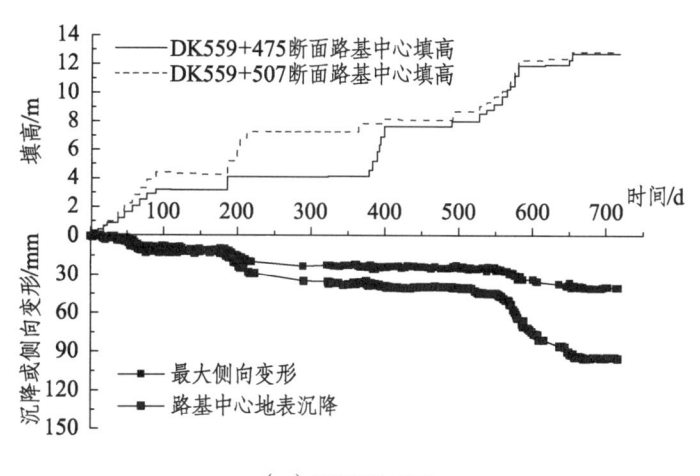

（a）DK559+475

(b) DK559+507

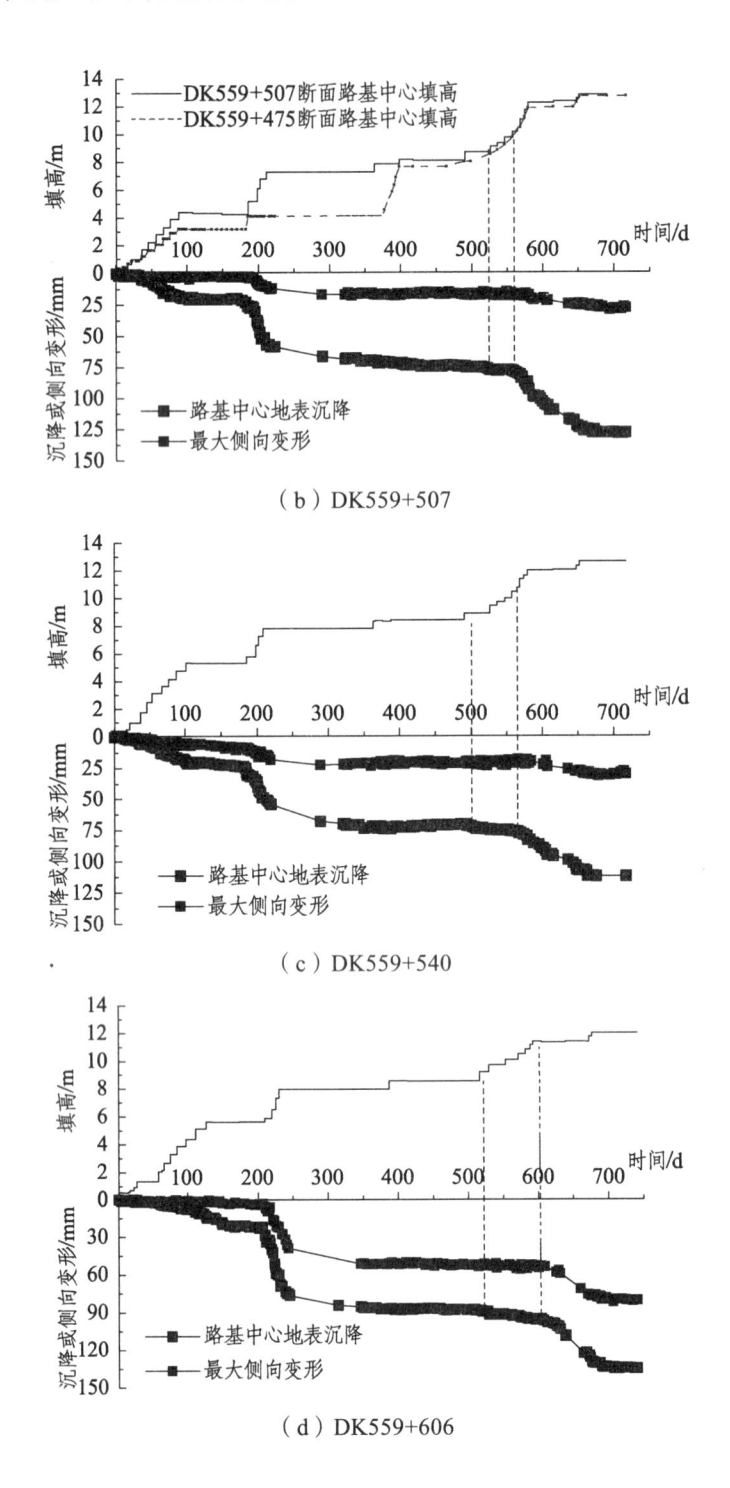

(c) DK559+540

(d) DK559+606

（e）DK559+650

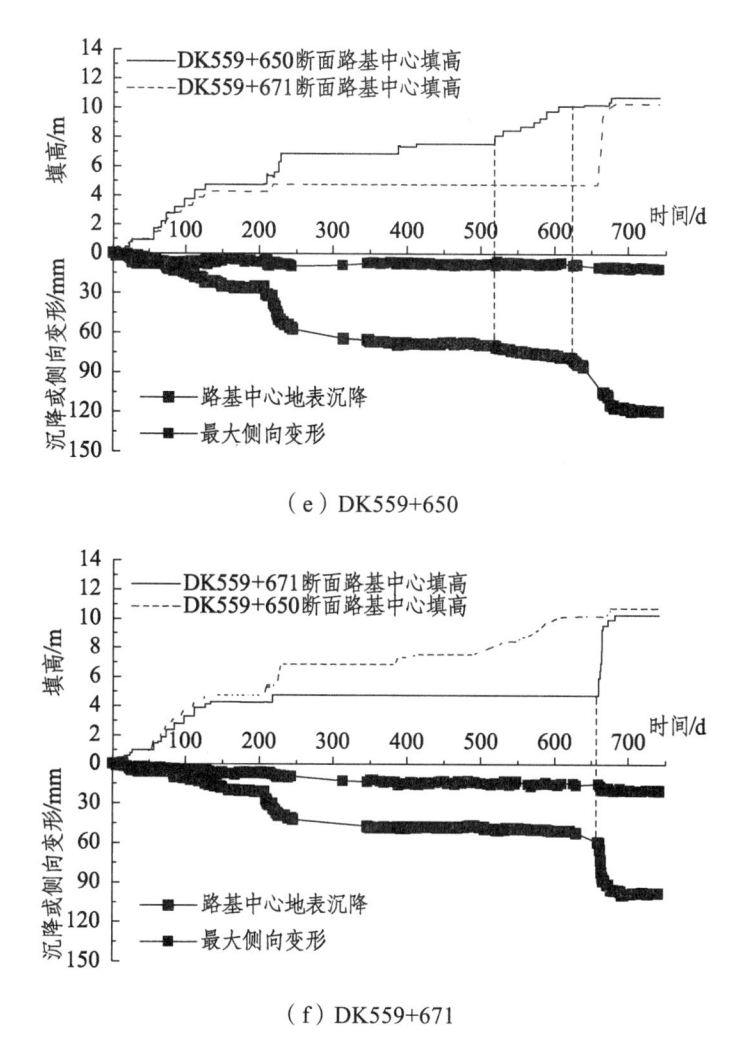

（f）DK559+671

图 6-31 不同监测断面路基中心地表沉降与坡脚处
最大侧向变形随时间的变化曲线

从图 6-31 可知：

路基中心地表沉降与坡脚最大侧向变形随时间的发展规律相似，地表沉降、最大侧向变形随填高、时间的发展而增大，最大侧向变形较地表沉降小且增速较慢，随着填高增大，两者的差距也增大；地基沉降和最大侧向变形随时间、填高的发展具有一定滞后性，当放置期较长时，再次填筑，初始阶段地基沉降及最大侧向变形增加不明显,当超过一定填高后沉降、侧向变形发展较快;放置期初期地基最大侧向变形继续向坡脚外发展,当放置期超过 45 d 后,地基侧向变形基本稳定,甚至存在向坡脚内发展的趋势。

图 6-32 给出了不同监测断面路基中心地表沉降-最大侧向变形曲线,由于 DK559+540 断面侧向变形测量范围内未出现收敛现象,在此先不做讨论。

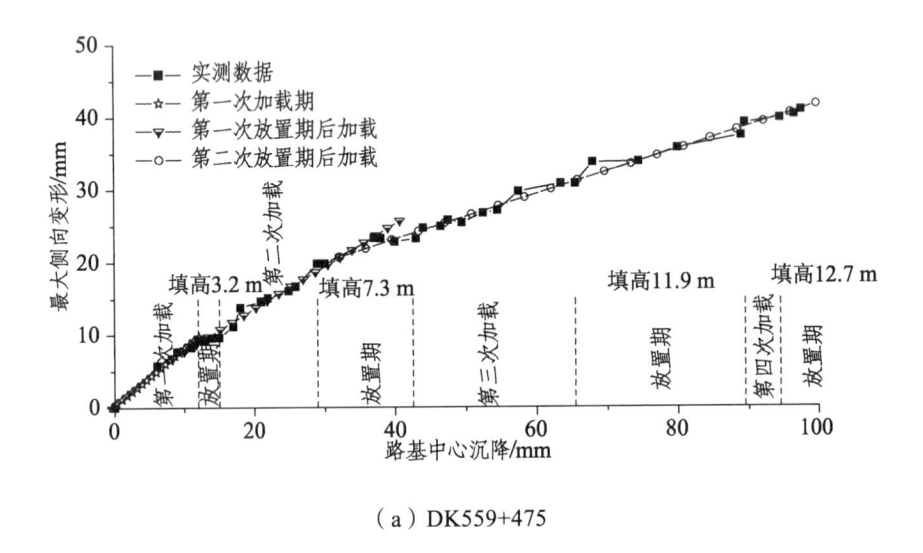

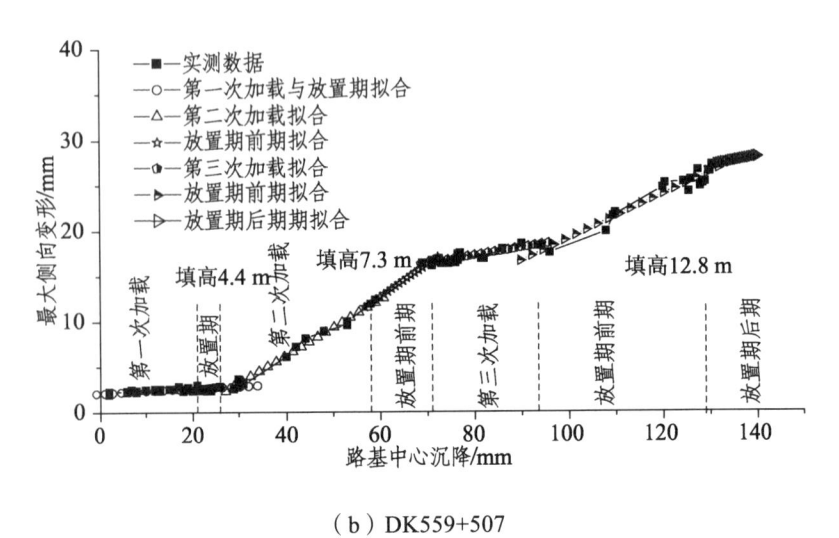

(a) DK559+475

(b) DK559+507

（c）DK559+606

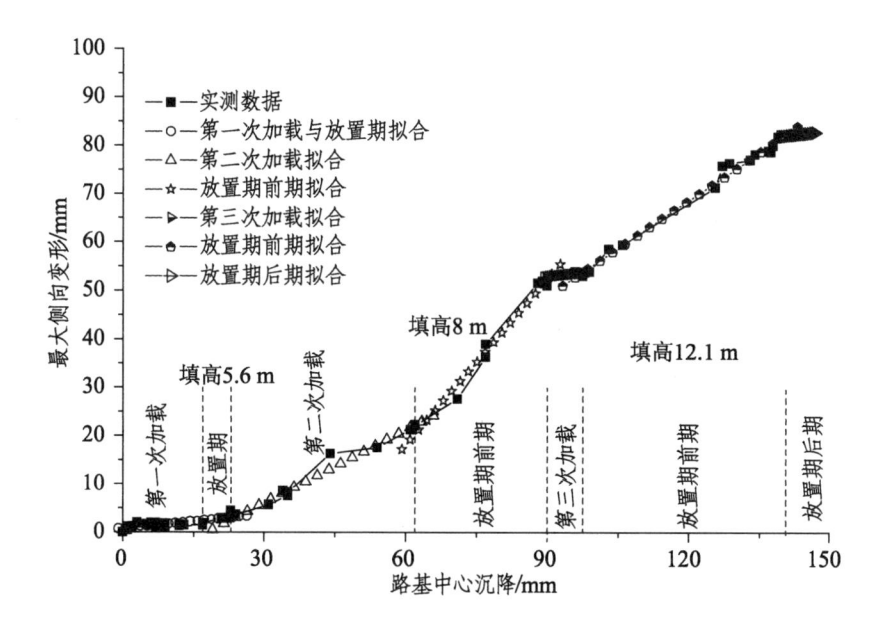

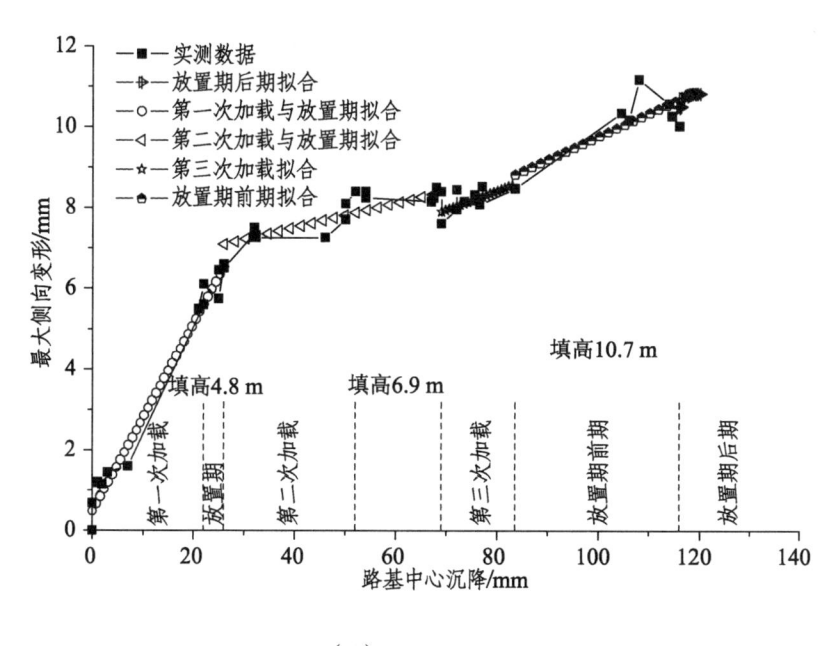

（d）DK559+650

(e) DK559+671

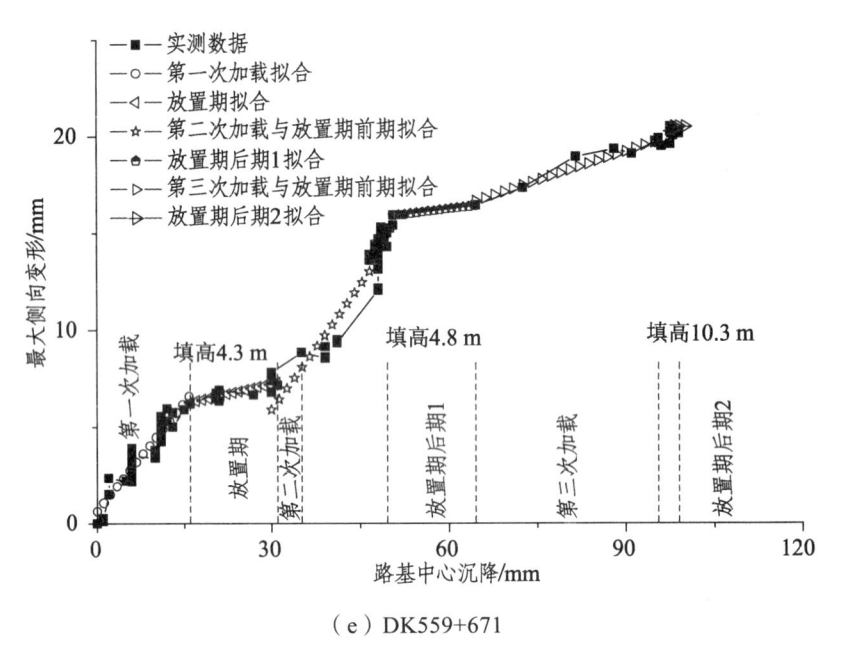

图 6-32 DK559+671 断面路基中心地表沉降-最大侧向变形关系曲线

由图 6-32 可知，填筑阶段路基填高分级增加 3~5 m 时，路基中心沉降差别较大，不同填筑及放置阶段地基最大侧向变形与沉降关系存在明显差异。

DK559+475 断面第一次加载阶段侧向变形与沉降比值较大，曲线斜率在每一次加载期、放置期内都较为接近，第二次加载放置结束后斜率有减小趋势，说明地基土体侧向挤出稳定时间较长。DK559+507、DK559+606 监测断面第一次加载阶段曲线斜率较小，说明当填高未超过土体显示超固结特性的临界高度 H_c 时，地基土体处于超固结状态，孔隙水压力能够及时消散，地基排水顺利进行，主要以固结沉降为主；当填高超过 4 m 时（第二次加载），曲线斜率明显增大，地基处于不排水状态，侧向变形引起的地基沉降较为明显，放置期前期曲线斜率也较大，放置期前期土体很大一部分沉降伴随侧向变形而发生；放置期后期地基侧向变形较小，甚至存在向坡脚内发展趋势。由于放置期前期侧向变形占总沉降比例较大，因此将填筑期结束作为地基进入长期排水固结阶段是不合理的。对于第二次加载完成后放置期后期的比值，由于变形较小，在图中包含于第三次加载阶段，因此第三次加载期的斜率比值反应了第二次放置期后期的变形速率。

DK559+650 断面地基第一次加载阶段侧向变形与沉降的比值很大,且此阶段侧向变形占总侧向变形的比例达到 50%,其后各阶段曲线斜率减小且基本接近;DK559+671 断面地基第一次加载阶段侧向变形与沉降比值也较大,放置期的比值减小,而第二、三次加载阶段与放置期前期的侧向变形与沉降的比值较为接近,放置期后期比值较小,这主要与地基土体侧向挤出稳定时间较长有关。

各断面曲线斜率分析如下:

① DK559+475 断面第一阶段(第一次加载)曲线斜率平均值为 0.776,第二阶段(放置期与第二次加载)曲线斜率平均值为 0.583,第三阶段(放置期与第三、四次加载)曲线斜率平均值为 0.309。

② DK559+507 断面第一阶段(第一次加载与放置期)曲线斜率平均值为 0.025,第二阶段(第二次加载)曲线斜率平均值为 0.305,第三阶段(放置期前期)曲线斜率平均值为 0.352,第四阶段(第三次加载)曲线斜率平均值为 0.085,第五阶段(放置期前期)曲线斜率平均值为 0.240 7,第六阶段(放置期后期)曲线斜率平均值为 0.095。

③ DK559+606 断面第一阶段(第一次加载与放置期)曲线斜率平均值为 0.01,第二阶段(第二次加载)曲线斜率平均值为 0.504,第三阶段(放置期前期)曲线斜率平均值为 1.1,第四阶段(第三次加载)曲线斜率平均值为 0.09,第五阶段(放置期前期)曲线斜率平均值为 0.65,第六阶段(放置期后期)曲线斜率平均值为 0.101。此断面曲线斜率较大与地基 16~17 m 深度处存在软弱土层有关,当土体的结构性被破坏但又未达到强度破坏时,地基产生较大的侧向挤出,并导致较大沉降的发生,沉降板数据也反映了这一点。

④ DK559+650 断面第一阶段(第一次加载与放置期)曲线斜率平均值为 0.233,第二阶段(第二次加载与放置期)曲线斜率平均值为 0.030,第三阶段(第三次加载)曲线斜率平均值为 0.047,第四阶段(放置期前期)曲线斜率平均值为 0.057,第五阶段(放置期后期)曲线斜率平均值为 0.033。

⑤ DK559+671 断面第一阶段(第一次加载)曲线斜率平均值为 0.376,

第二阶段（放置期）曲线斜率平均值为 0.067，第三阶段（第二次加载与放置期前期）曲线斜率平均值为 0.431，第四阶段（放置期后期 1）曲线斜率平均值为 0.037，第五阶段（第三次加载与放置期前期）曲线斜率平均值为 0.1，第六阶段（放置期后期 2）曲线斜率平均值为 0.1。

DK559+475 断面加载期与放置期曲线斜率变化不明显，不易区分加载阶段、固结阶段的沉降与侧向变形的差异。对于 DK559+507、DK559+606 断面而言，由于地基加载阶段变形的滞后或者延续，放置期前期的变形特征一定程度反映了加载阶段的影响。由于土体超固结特性、变形滞后性及放置期有效应力提高等因素，导致第三次加载阶段的曲线斜率与第二次加载放置期后期基本一致；DK559+650 和 DK559+671 两断面加载期与放置期前期曲线斜率一致，放置期后期曲线斜率趋于平缓。由此可得出，当填高未超过地基土体超固结特性的临界高度 H_c 时，其曲线斜率平均值为 0.02；当填高超过临界高度 H_c 后，加载阶段的曲线斜率平均值为 0.29，存在软弱土层时曲线斜率值增大，甚至可达 0.75，其后固结阶段的曲线斜率均值为 0.067 左右。

4）侧向挤出沉降比例分析

根据侧向挤出体积应与侧向挤出引发的沉降体积相等的原理进行分析，由于测斜管测量深度有限，且管底未进入基岩，所以 6 个监测断面的所有侧向挤出体积不能由测斜管数据直接积分得到。本书主要针对测斜管测量范围深度内的地基的相对压缩量和相应的侧向挤出出发，探讨测量范围内侧向挤出所引发的沉降占相对沉降的比例。

本次主要分析加固区和加固区以下至测斜管底之间的侧向挤出沉降，由于地基表层横断面的沉降曲线可以根据不同位置的沉降板数据得出，加固区与测斜管管底的沉降曲线可以采用沉降磁环与多点位移计的沉降值，故可求得加固区、加固区以下至测斜管底之间的相对压缩体积。同时假设由于地基固结和侧向挤出引发的路基下陷对横断面的沉降分布效果是等效的，那根据加固区、加固区以下至测斜管底之间的侧向挤出体积和其对应沉降压缩量的比值就可以估算两者的侧向挤出沉降所占总沉降的比例。6 个断面的情况如表 6-6 所示。

表 6-6 试验断面侧向挤沉降分析

试验断面	填高	A_s/mm² 加固区	下卧层	总体	A_u/mm² 加固区	下卧层	总体	侧向挤出沉降占总沉降比例/% 加固区	下卧层	总体
DK559+475	3.2	50 280	131 430	181 710	18 493	85 188	103 680	36.8	64.8	57.1
	7.3	131 085	267 459	398 544	44 490	212 600	257 090	33.9	79.5	64.5
	11.9	182 568	455 147	637 714	74 633	342 688	417 320	40.9	75.3	65.4
	12.7	180 017	468 432	648 449	82 444	367 463	417 320	45.8	78.4	64.4
DK559+507	4.2	140 145	139 435	279 580	24 900	30 062	54 962	17.7	21.6	19.7
	8.7	377 891	380 645	758 536	33 387	158 738	192 125	8.8	41.7	25.3
	12.8	584 034	689 670	1 273 704	51 163	250 400	301 563	8.8	36.3	23.7
DK559+540	5.3	252 473	131 657	384 130	44 350	47 062	91 412	17.6	35.7	23.8
	8.9	727 511	437 448	1 164 959	114 338	127 900	242 238	15.7	29.2	20.8
	12.6	903 004	665 431	1 568 435	146 975	183 025	330 000	16.3	27.5	21.0
DK559+606	5.6	43 240	244 170	287 410	2 831	28 325	31 156	6.5	11.6	10.8
	8.5	191 338	801 675	993 013	34 356	339 200	373 666	18.0	42.3	37.6
	12.0	316 949	1 258 844	1 575 792	54 719	553 875	608 594	17.3	44.0	38.6
DK559+650	4.8	134 929	108 796	243 725	13 319	32 369	45 688	9.9	29.8	18.7
	6.9	249 823	263 413	513 236	17 856	54 406	65 188	7.1	20.7	12.7
	10.7	318 873	362 009	680 881	25 919	74 431	100 350	8.1	20.6	14.7
DK559+671	4.4	—	—	283 155	—	—	103 638	—	—	36.6
	4.8	—	—	762 339	—	—	228 686	—	—	30.0
	10.8	—	—	636 457	—	—	185 703	—	—	29.2

从表 6-6 可知,除 DK559+475 断面外,其余 5 个断面在路基填筑完成后,侧向挤出沉降占总沉降比例在 21.0%~38.6%,其中 CFG 桩加固区土体侧向挤出沉降比值明显小于下卧层,比例分布在 8.1%~17.3%,主要说明了 CFG 桩能够有效约束土体侧向变形,达到减小侧向变形的目的。DK559+540 断面总体侧向挤出沉降比例较另外两个断面要小,说明 CFG 桩越长,更能有效减小总沉降与侧向挤出沉降。DK559+606 断面下卧层与总体侧向挤出沉降比值

明显比另外两个断面大,但加固区侧向挤出沉降比值与其他断面接近,这与其特殊的地层条件有关,16~17 m 深度处软土层侧向变形存在明显外凸现象,说明下卧软弱层侧向变形对沉降的影响不容忽视。

5)侧向变形理论值与实测值对比分析

根据推导的侧向变形计算方法,对 DK559+507 断面的侧向变形进行计算,并与现场实测的数据进行对比分析。加载前期阶段由于地基存在超固结特性,侧向变形几乎没有什么变化,故侧向变形计算时应分为两部分组成,一部分为小于超固结特性的临界高度 H_c 时的侧向变形,另一部分为超过临界高度 H_c 的侧向变形。结合室内试验测得的前期固结压力与现场原位实验得出,DK559+507 断面超固结特性的临界高度 H_c 为 4 m。并且根据观测数据可知填高小于 4 m 时,地基侧向变形量很小,在此不予计算。由于地基属于饱和土体,泊松比可采用 0.5。地基的变形模量选用标准贯入所测值,然后对 DK559+507 断面进行分析,结果如图 6-33 所示。图 6-33 中曲线①为现场实测侧向变形;曲线②为模量取标准贯入平均值,填高减去临界高度 H_c 的计算值;曲线③为模量取标准贯入,填高减去临界高度 H_c 的计算值;曲线④为模量取标准贯入平均值,填高未减去临界高度 H_c 的计算值;曲线⑤为模量取标准贯入,填高未减去临界高度 H_c 的计算值。

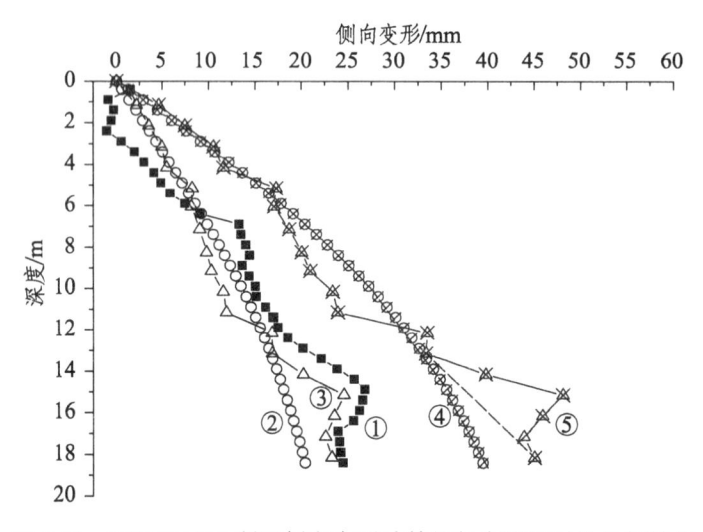

图 6-33 DK559+507 断面侧向变形计算值与实测值对比分析结果

由图 6-33 可知：

（1）侧向变形理论计算结果的发展趋势与实测侧向变形的发展规律一致；

（2）填高未减去临界高度 H_c 时（曲线④、⑤），侧向变形的计算值明显大于实测值，故对于具有超固结特性地基土体，当填高小于临界高度 H_c 时，地基侧向变形要区分考虑；

（3）曲线②、③与实测值比较接近说明，采用标准贯入所得变形模量和不计临界填高 H_c 时所得的侧向变形，能比较正确地反映柳南线试验段的侧向变形规律。

6）小　结

（1）通过建立统一坐标系，分析得出地基泊松比 μ 为 0.5 时，天然均质地基在线性荷载、均布矩形荷载、三角形荷载及梯形荷载下内部各点的侧向变形解析解；并在此基础上进一步推导出泊松比 $\mu<0.5$ 时，上述荷载下的侧向变形解析解。该方法思路清晰，数学逻辑严密，最终的侧向位移解的公式有利于计算机编程计算。

（2）在考虑路基边坡坡度和高宽比对地基反力影响下，采用本书所得的地基的侧向变形须与数值模拟及现场的实测数据进行对比分析，以检验公式的适用性并进行适当的修正。

（3）通过对地基侧向变形的观测可知，地基侧向变形呈"弓"字形，在 15~18 m 深度处达到最大值；路基填筑期与放置期间的侧向变形较大，放置期后期侧向变形变化较小；侧向变形的发展规律与地表沉降发展规律类似，并具有一定的滞后性；加固区由于 CFG 桩的约束作用，侧向变形相对较小。

（4）通过对侧向变形与沉降的联合分析得出：在前期加载阶段，当填高未超过地基土体超固结特性的临界高度 H_c 时，存在一个以排水固结沉降为主的过程，不能简单的看为不排水沉降，最大侧向变形与路基中心沉降斜率平均值为 0.02；当填高超过临界高度后，加载阶段的曲线斜率平均值为 0.3，存在软弱土层时曲线斜率值要更大，可达 0.75，其后固结阶段的曲线斜率平均值为 0.1 左右。

（5）根据侧向挤出体积应与侧向挤出引发的沉降体积相等的原理进行分析得出：柳南客运专线试验段的侧向挤出沉降占总沉降的比例在20%~40%，加固区的比值明显低于下卧层的比值，位于10%~15%，CFG桩处理能够有效地约束土体的侧向变形，减小沉降量。

（6）根据前文推导的侧向变形计算方法对柳南DK559+507试验断面进行侧向变形计算，如果模量选用标准贯入模量，填高减去土体超固结特性的临界高度H_c时，公式计算的侧向变形与实测值接近。

总体上，侧向位移随上部荷载的增大而增大；地基沉降速率和侧向变形速率规律大致相似；地基侧向变形随深度增加，先向外发展，到一定深度达到最大，然后向路基内侧收敛；CFG桩处理的各断面加固区内，地基侧向变形较小，且有随着加固区深度变大而增大的趋势；由于DK559+475、DK559+507、DK559+540断面地基变形模量随着深度衰减，加固区以下地基侧向变形仍然随深度增加先向外发展，且增加的速率较加固区一般要大，在15~18 m深度左右，侧向变形达到最大值，然后向路基内侧收敛。DK559+540断面地基侧向变形在18~20 m深度下收敛不是非常明显，可能此断面18~20 m深度处地基变形模量较低。DK559+606断面地基侧向变形与前三个断面类似，不过在18 m深度左右，地基变形模量较大，侧向变形向内收敛较为明显。DK559+650断面地基变形模量较为均匀，地基侧向变形的变形规律较前四个断面有明显不同，加固区以下，地基侧向变形向内收敛的速率较前四个断面明显要快，且最大侧向变形相比较小，最大侧向变形发生在深度6 m处。DK559+671断面，随荷载增加，地基的侧向位移逐渐增加，地基侧向变形也具有随深度增加先向外发展，然后向路基内侧收敛的趋势，可能地质条件较为复杂，在6 m、12 m深度处有突变产生。

6.4.5 桩间土工格栅位移监测结果

1）格栅位移监测

在加筋垫层土工格栅埋设柔性位移计监测土工格栅的拉伸量，6个监测断面的监测结果如图6-34所示。

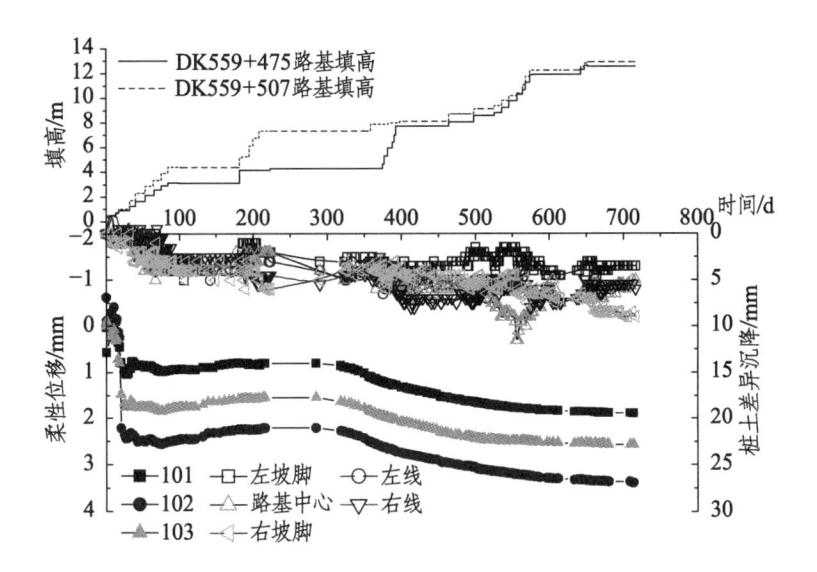

（a）DK559+475

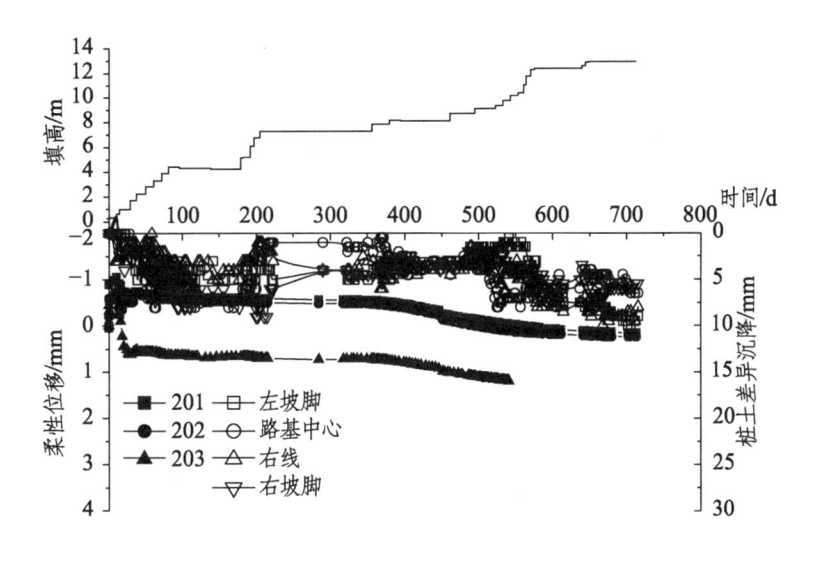

（b）DK559+507

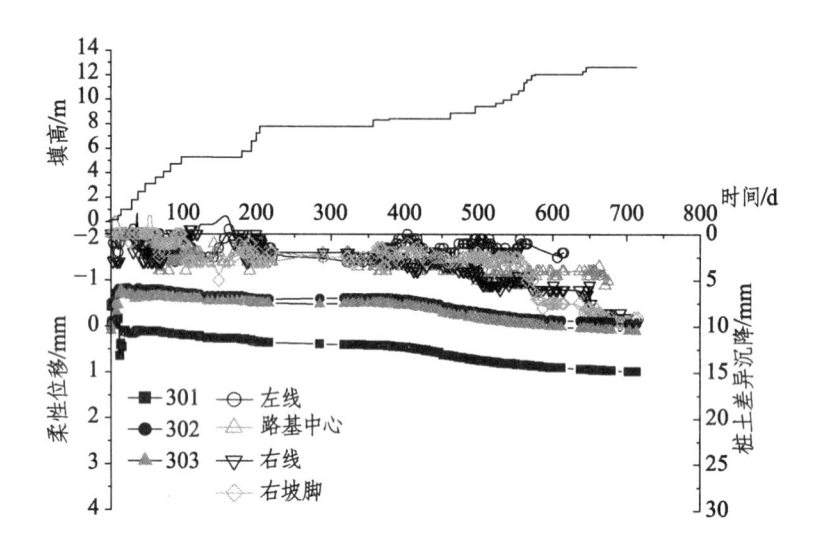

(c) DK559+540

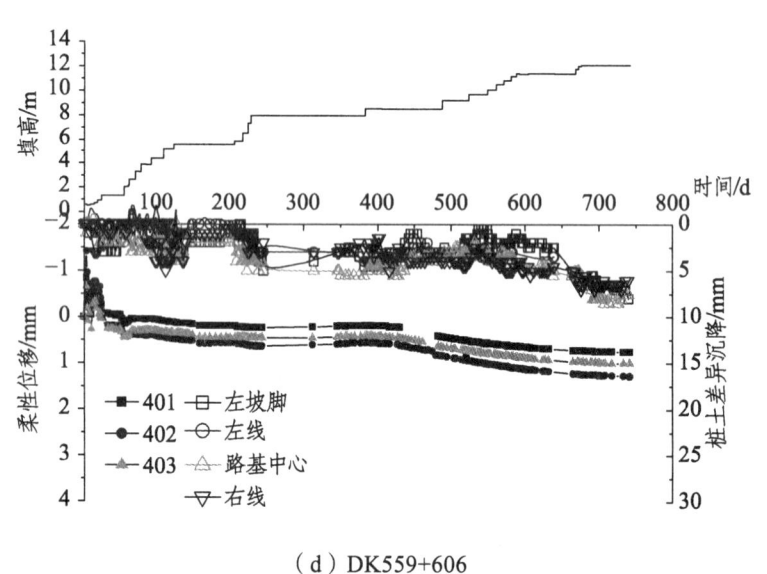

(d) DK559+606

（e）DK559+650

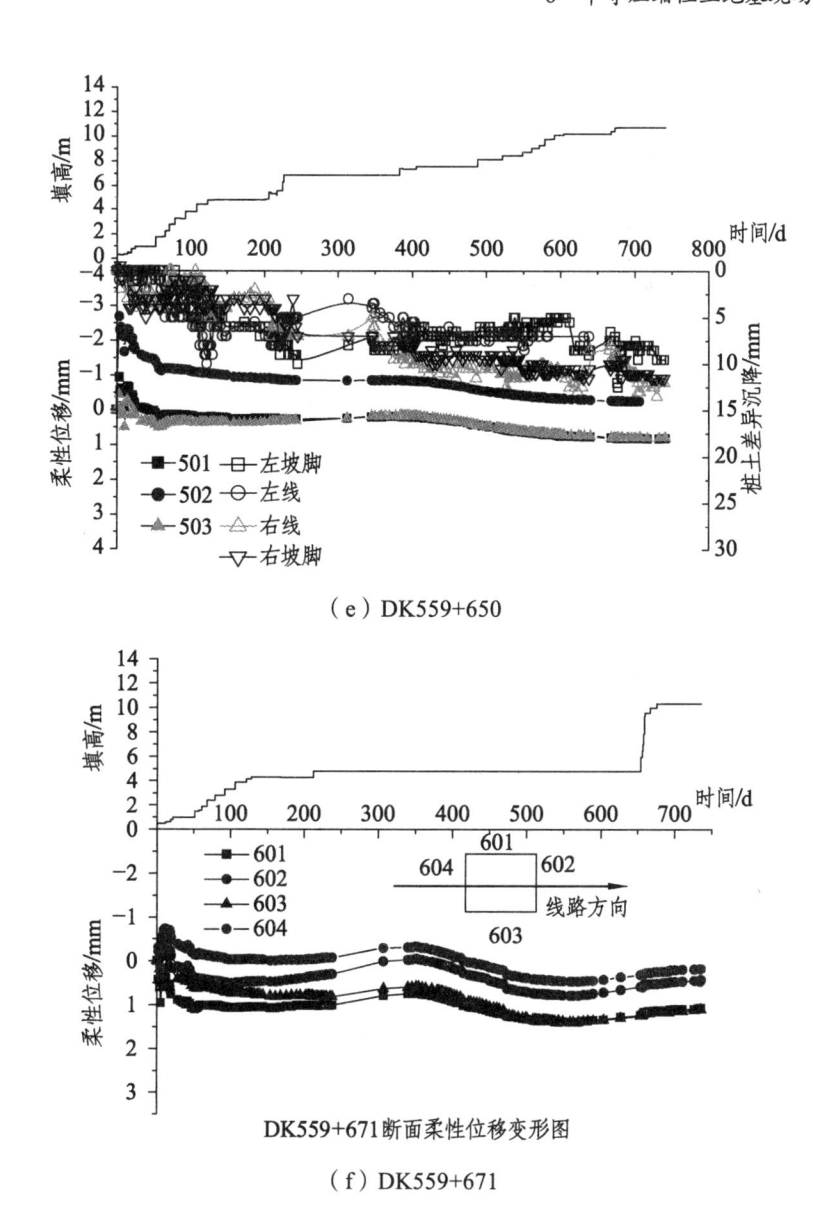

（f）DK559+671

图 6-34 不同监测断面柔性位移-时间曲线

2）小 结

由柔性位移计监测结果可知，路基填筑初期柔性位移波动较大，主要是由于位移计周围填筑砂层压密引起的，随着路基填高增大，柔性位移趋于稳定，同一断面不同方向柔性位移变化趋势、大小基本一致。对于 CFG 桩加固处理断面，柔性位移变化规律与桩土差异沉降变化规律存在相关性，随着路堤填高增大，柔性位移随之增大，填筑期增长速率大于放置期。未处理监测断面填筑期产生拉伸变形，由于格栅松弛，放置期柔性位移减小。所有监测断面柔性位移值一般在 0.48~1.33 mm，拉伸量较小，未处理地基的柔性位移值较处理断面的更大。各监测断面柔性位移拉伸量见表 6-7。

表 6-7 柔性位移计拉伸量（单位：mm）

断面	仪器编号			
	1	2	3	4
DK559+475	0.59	0.65	0.56	—
DK559+507	0.71	0.88	0.78	—
DK559+540	0.82	0.71	0.76	—
DK559+606	0.81	1.08	0.74	—
DK559+650	0.87	1.33	0.47	—
DK559+671	0.48	0.66	1.02	0.88

6.4.6 孔隙水压力监测结果

1）孔隙水压力监测

通过在地基内部埋设孔隙水压力计观测地基内部孔隙水压力的变化规律，孔隙水压力观测与沉降变形观测同期进行，观测结果如图 6-35 所示。

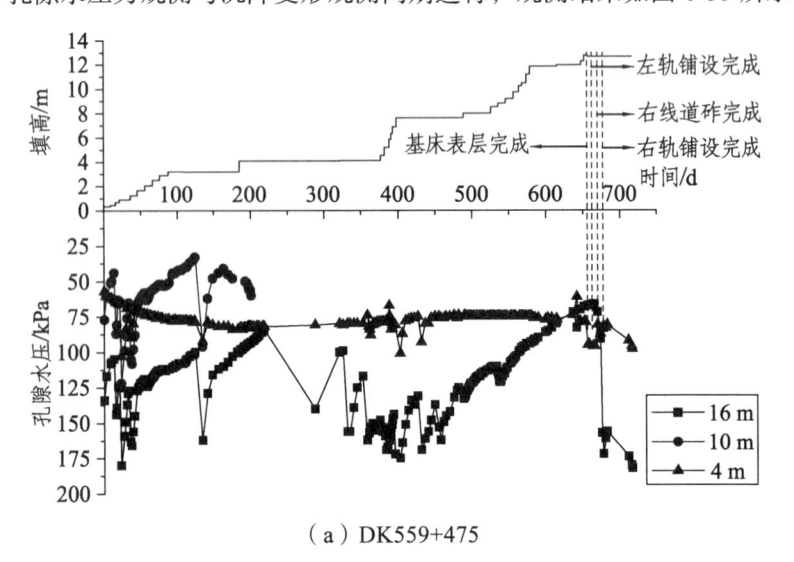

（a）DK559+475

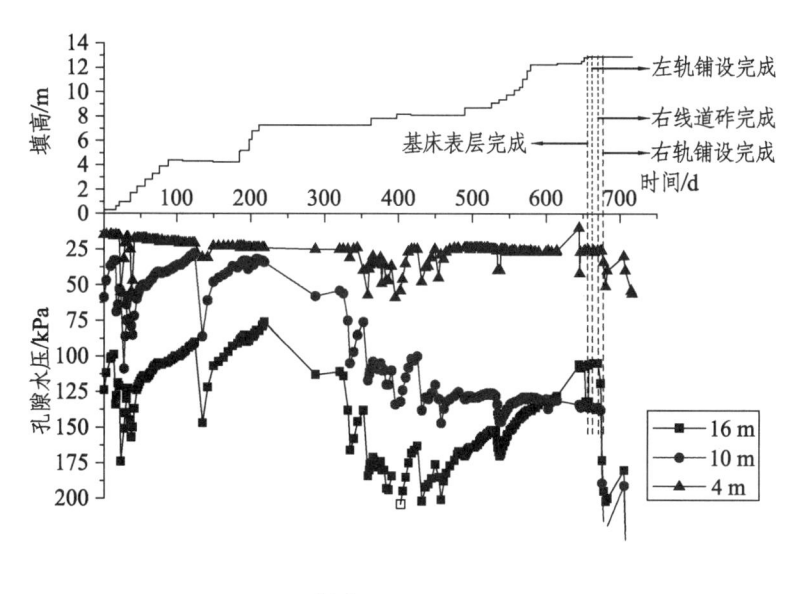

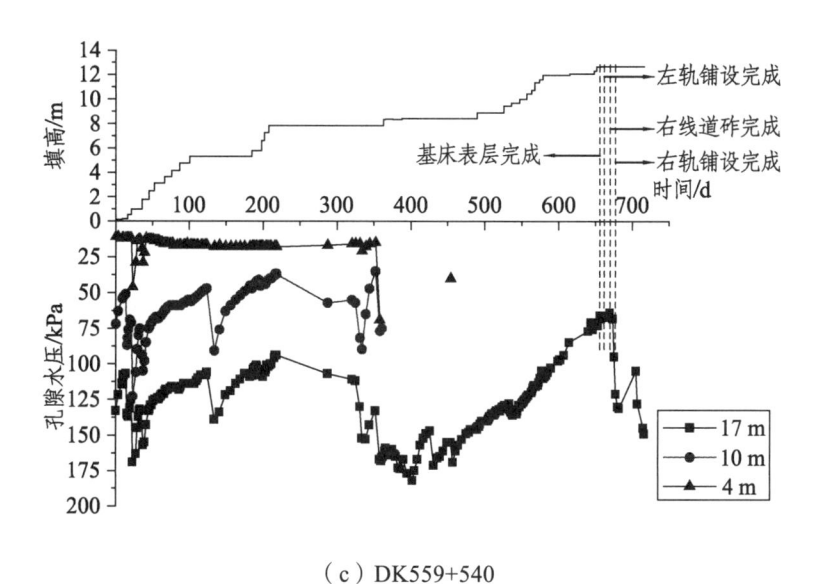

(b) DK559+507

(c) DK559+540

(d) DK559+606

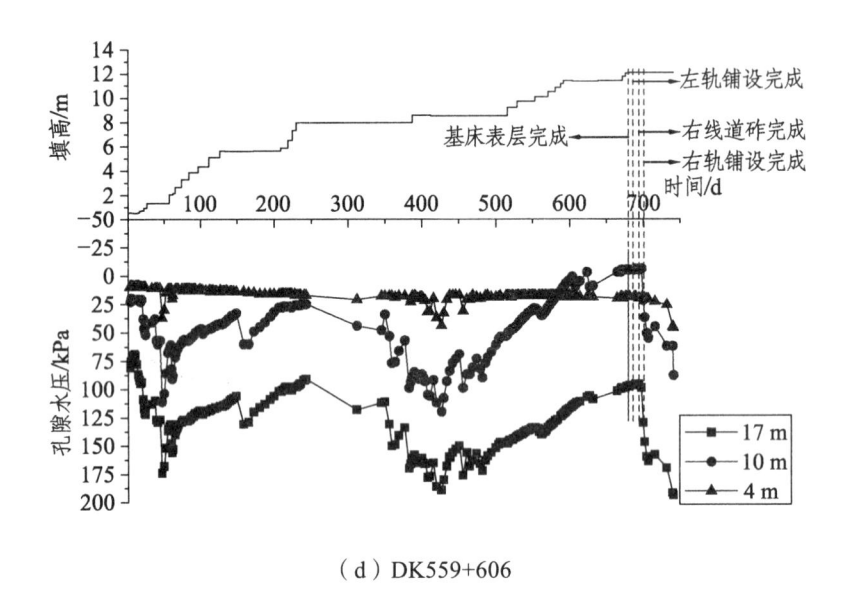

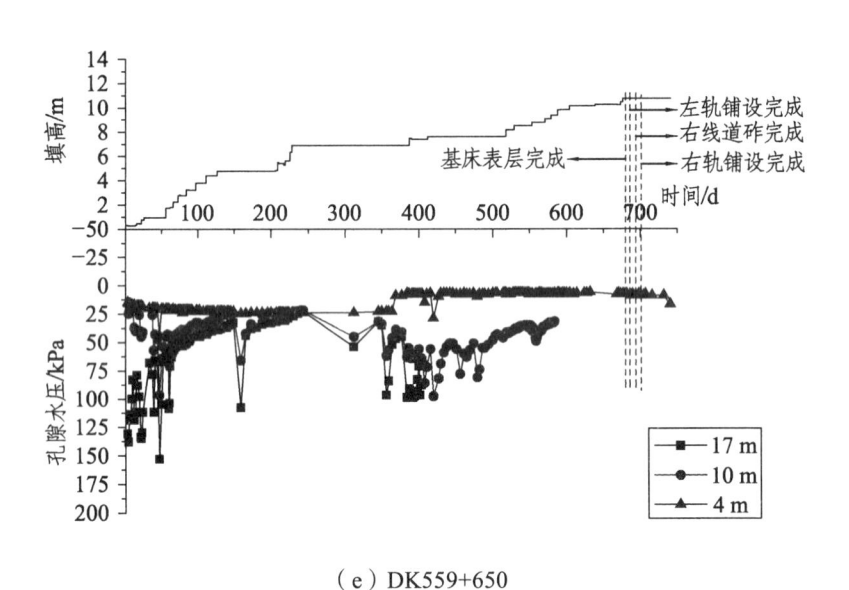

(e) DK559+650

（f）DK559+671

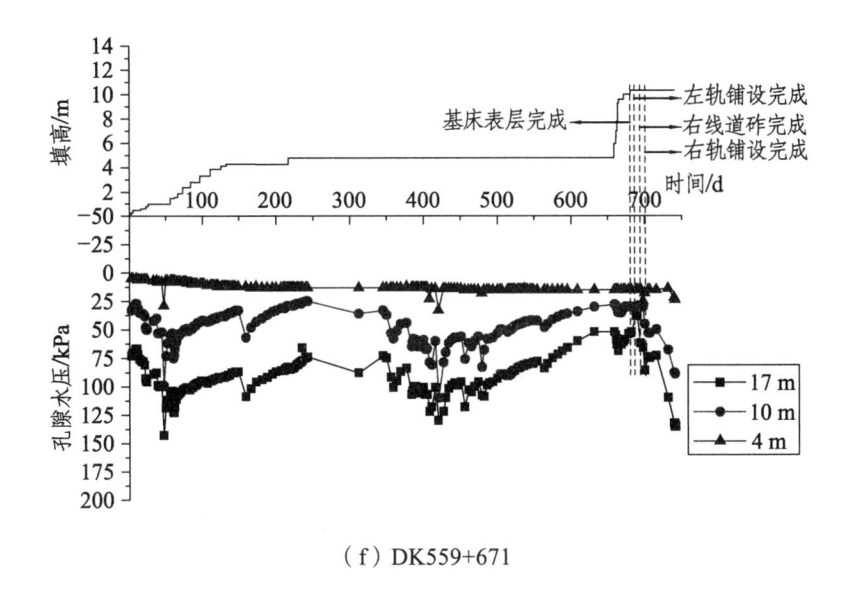

图 6-35　不同监测断面地基孔隙水压力-时间变化曲线

2）小　结

由上述试验结果可看出,地基中孔隙水压力呈现不同变化趋势,具体如下：

（1）在路堤填筑阶段,10 m 以下地基中孔隙水压力呈现波动变化,而地基浅层土中孔隙水压力均较为稳定。

（2）对于深层土体,由于加固工法不同,导致地基中孔隙水压力变化不一致。未处理断面（DK559+671 断面）土体内部孔隙水压力变化趋势相对均一；CFG 桩加固处理地基（DK559+475 断面、DK559+507 断面、DK559+540 断面、DK559+606 断面、DK559+650 断面）地基土体内部表层与深层孔隙水压力变化呈现明显差异性。

（3）孔隙水压力随上部载荷变化呈现出明显的滞后性。

6.4.7　剖面沉降监测结果

1）基底剖面沉降监测

DK559+475、DK559+507、DK559+540 三试验断面剖面管理设时间为 2011 年 7 月 1 日,DK559+606、DK559+650、DK559+671 三试验断面剖面管理设时间为 2011 年 6 月 8 日,剖面沉降-时间变化曲线（图 6-36）中的填

筑时间均以各自剖面管的埋设日期开始计算。各断面剖面管的沉降均为相对剖面管埋设后初始值的累计沉降量。由于路堤填高不同，6 个断面剖面管的长度也有所差异，DK559+475 断面剖面管长 56 m，DK559+507、DK559+650 断面剖面管长 53 m，DK559+540 断面剖面管长 54 m，DK559+606 断面剖面管长 57 m，DK559+671 断面剖面管长 50 m。

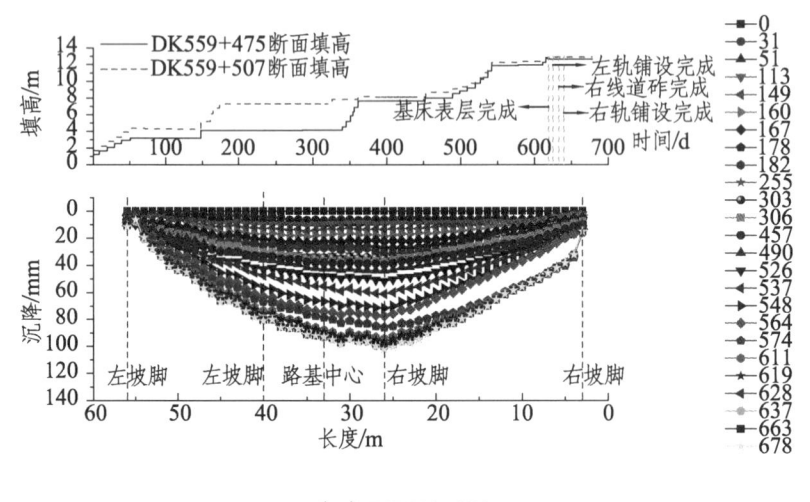

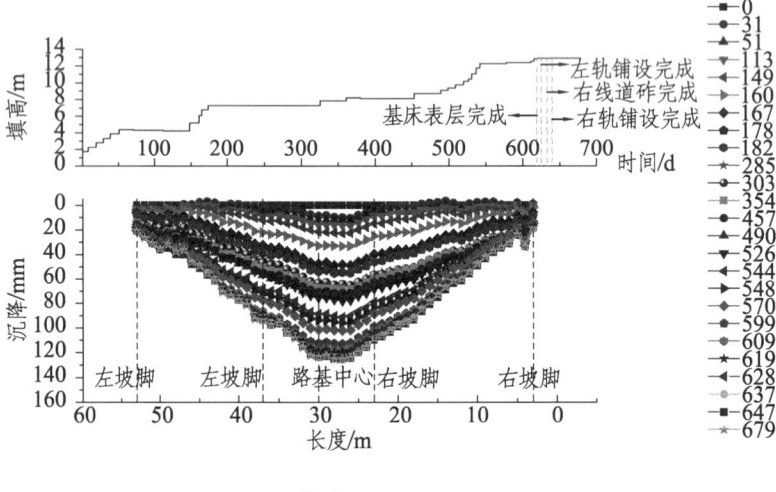

（a）DK559+475

（b）DK559+507

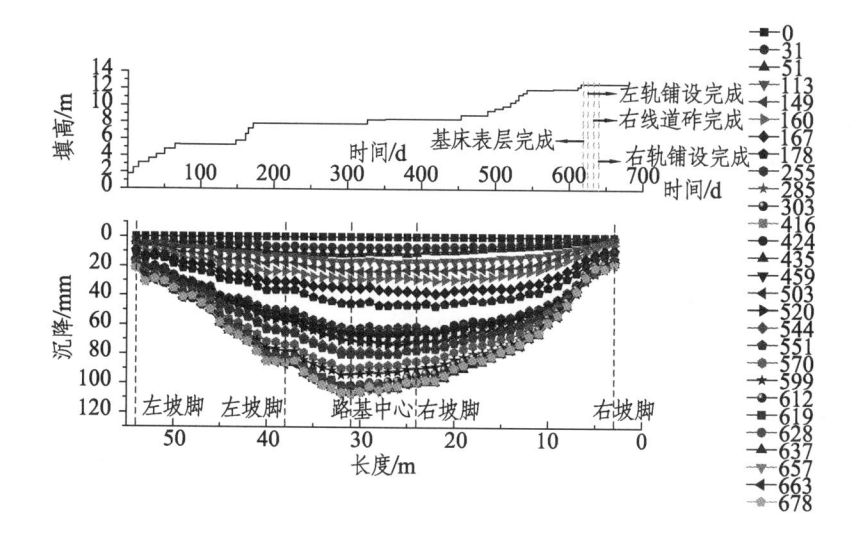

（c）DK559+540

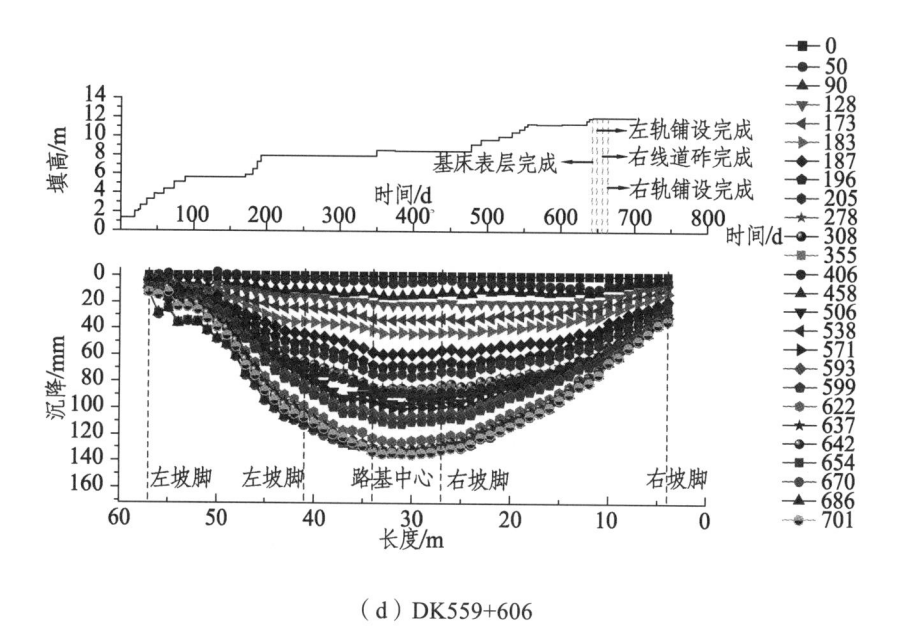

（d）DK559+606

(e) DK559+650

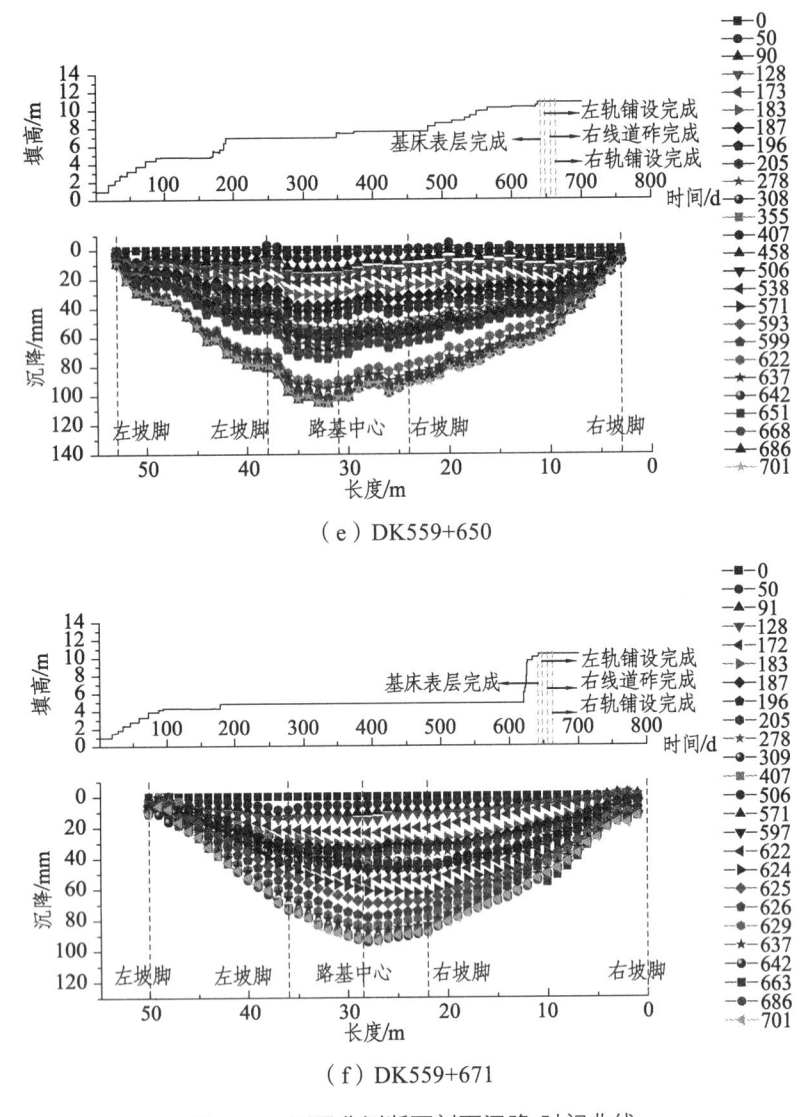

(f) DK559+671

图 6-36 不同监测断面剖面沉降-时间曲线

2）小 结

由图 6-36 可知：

（1）剖面沉降曲线基本形状为"锅底"状，路基中心沉降较大，向左右坡脚方向逐渐减小，左右坡脚处沉降最小。

（2）路基荷载较小时，剖面沉降曲线较为水平，随着路基荷载增大而不断下凹，荷载超过 60 kPa 后，"锅底"状较为明显。

（3）剖面沉降与地表沉降板基底横向分布趋势基本一致。

（4）DK559+650 断面 CFG 桩未设桩帽，桩土差异沉降较大，剖面沉降曲线起伏较为明显；DK559+475、DK559+507、DK559+540、DK559+606 四处监测断面，桩土差异沉降较小，经过 0.6 m 加筋垫层调整后，剖面沉降曲线较为平滑；未处理断面（DK559+671 断面）剖面沉降曲线尤为平顺。

6.4.8 基底土压力监测结果

通过在地基表面埋设土压力计（图 6-37）观测地基表面土压力随路基填筑的变化规律，土压力观测与沉降变形观测同期进行，观测结果如图 6-38~图 6-48 所示。

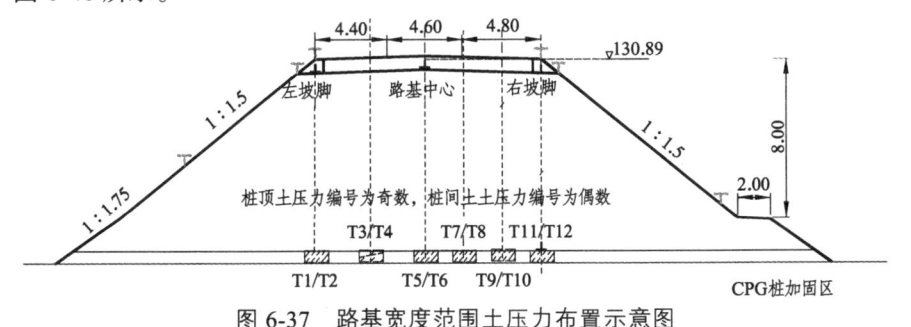

图 6-37 路基宽度范围土压力布置示意图

1）DK559+475 断面

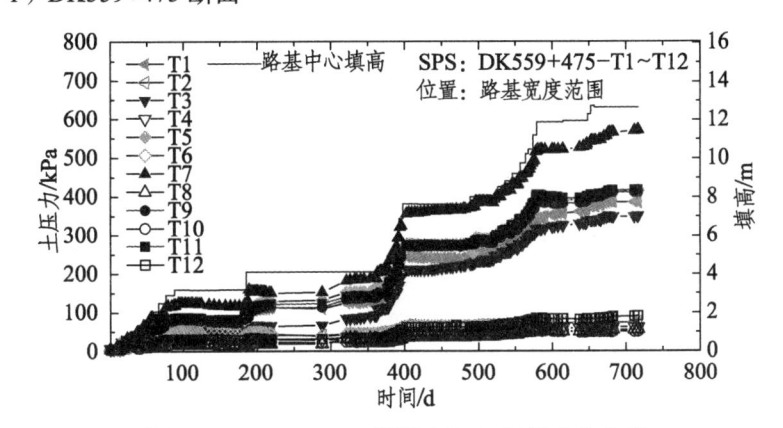

图 6-38 DK559+475 断面土压力-时间变化曲线

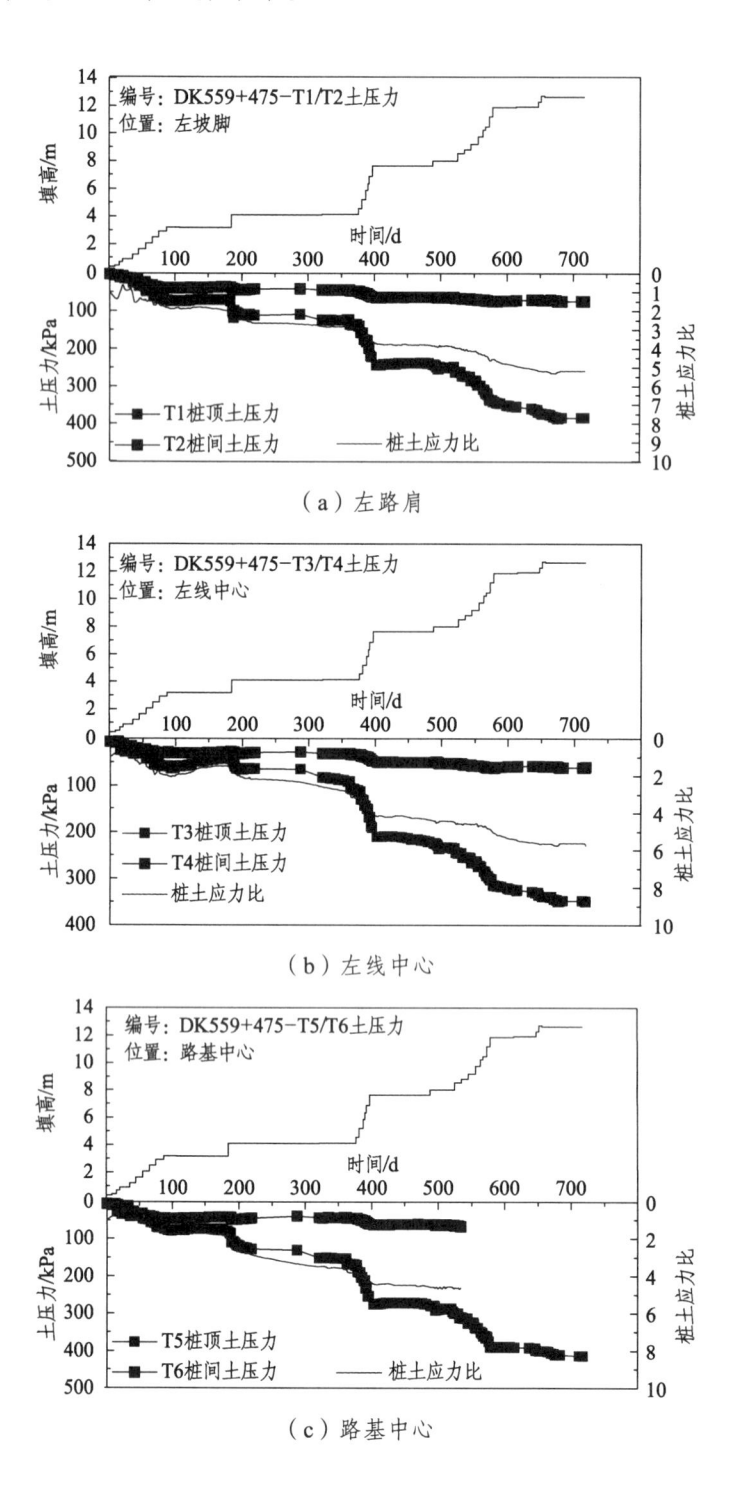

(a) 左路肩

(b) 左线中心

(c) 路基中心

6 中等压缩性土地基现场监测

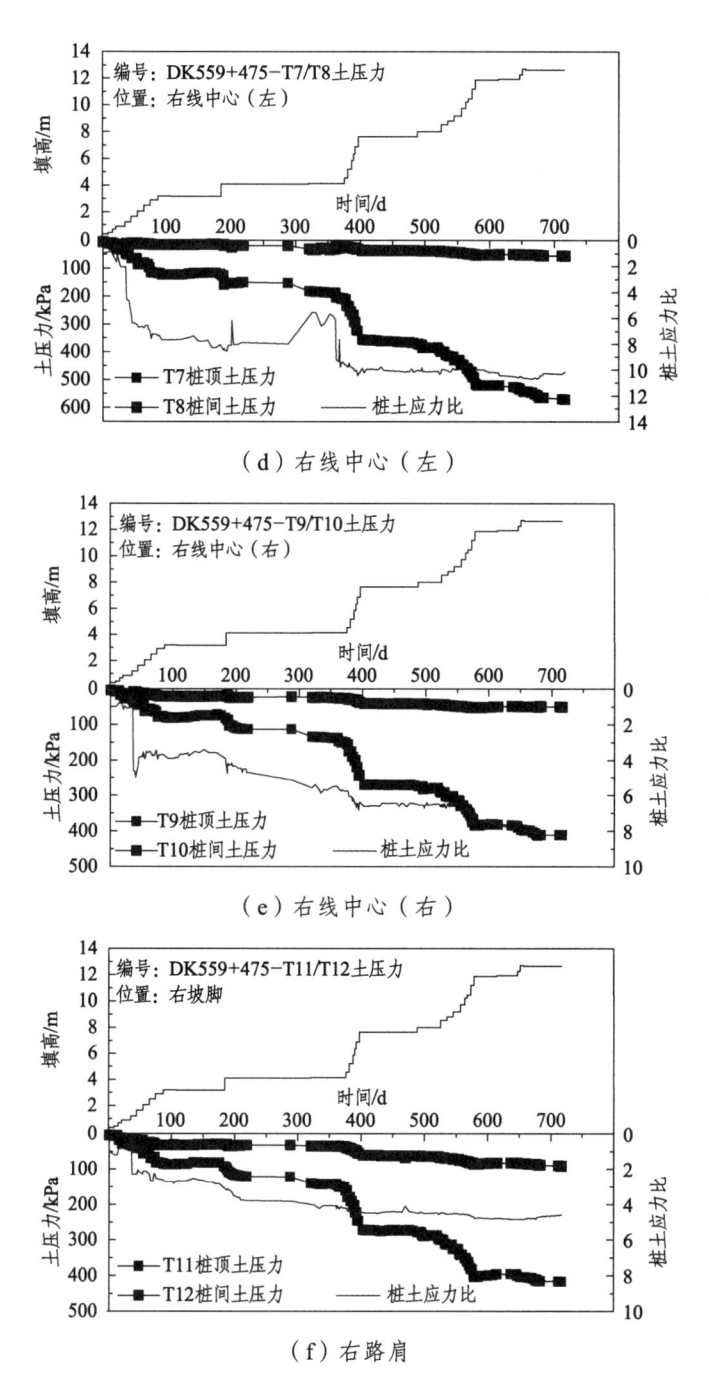

(d) 右线中心(左)

(e) 右线中心(右)

(f) 右路肩

图 6-39 DK559+475 断面不同位置土压力、桩土应力比-时间曲线

2）DK559+507 断面

图 6-40 DK559+507 断面土压力-时间曲线

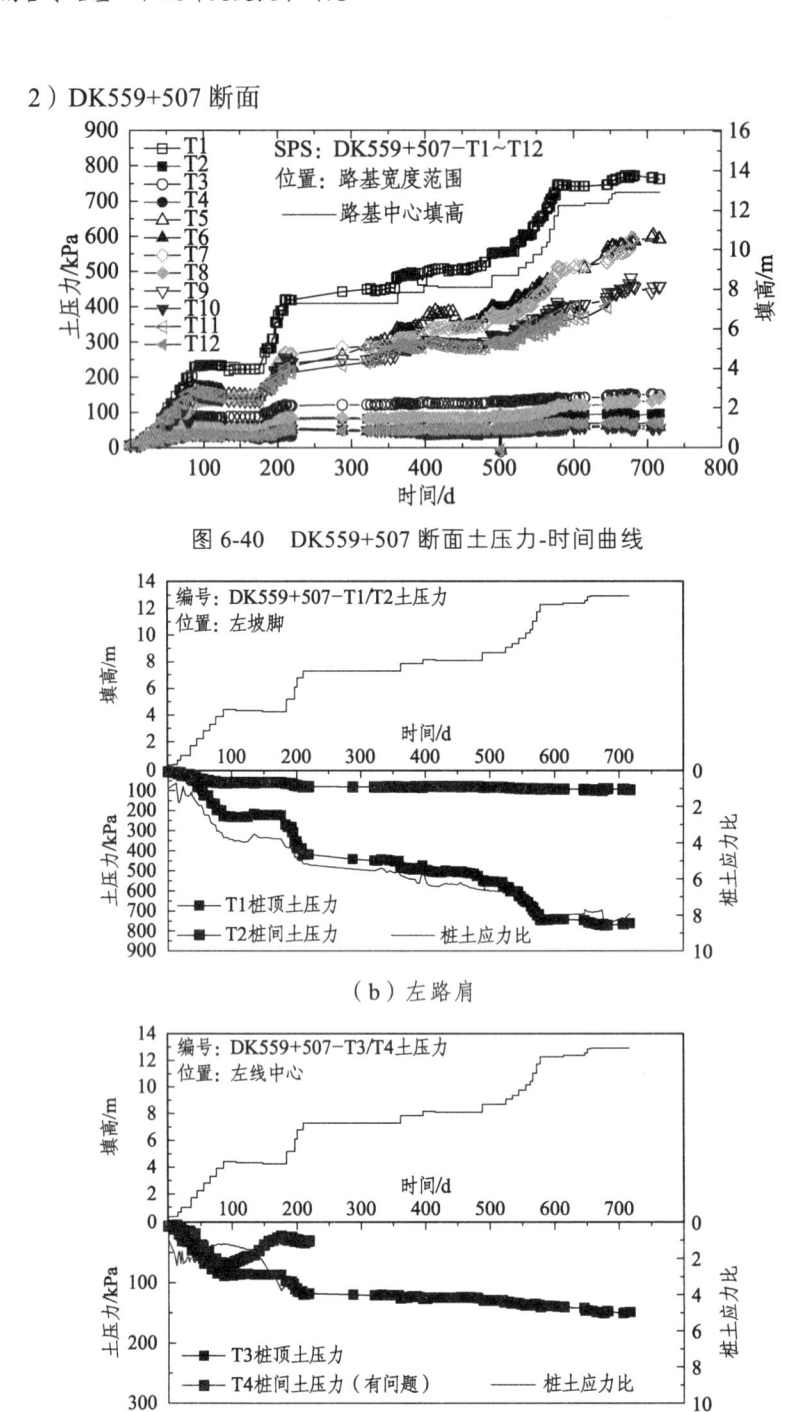

（b）左路肩

（b）左线中心

（c）路基中心

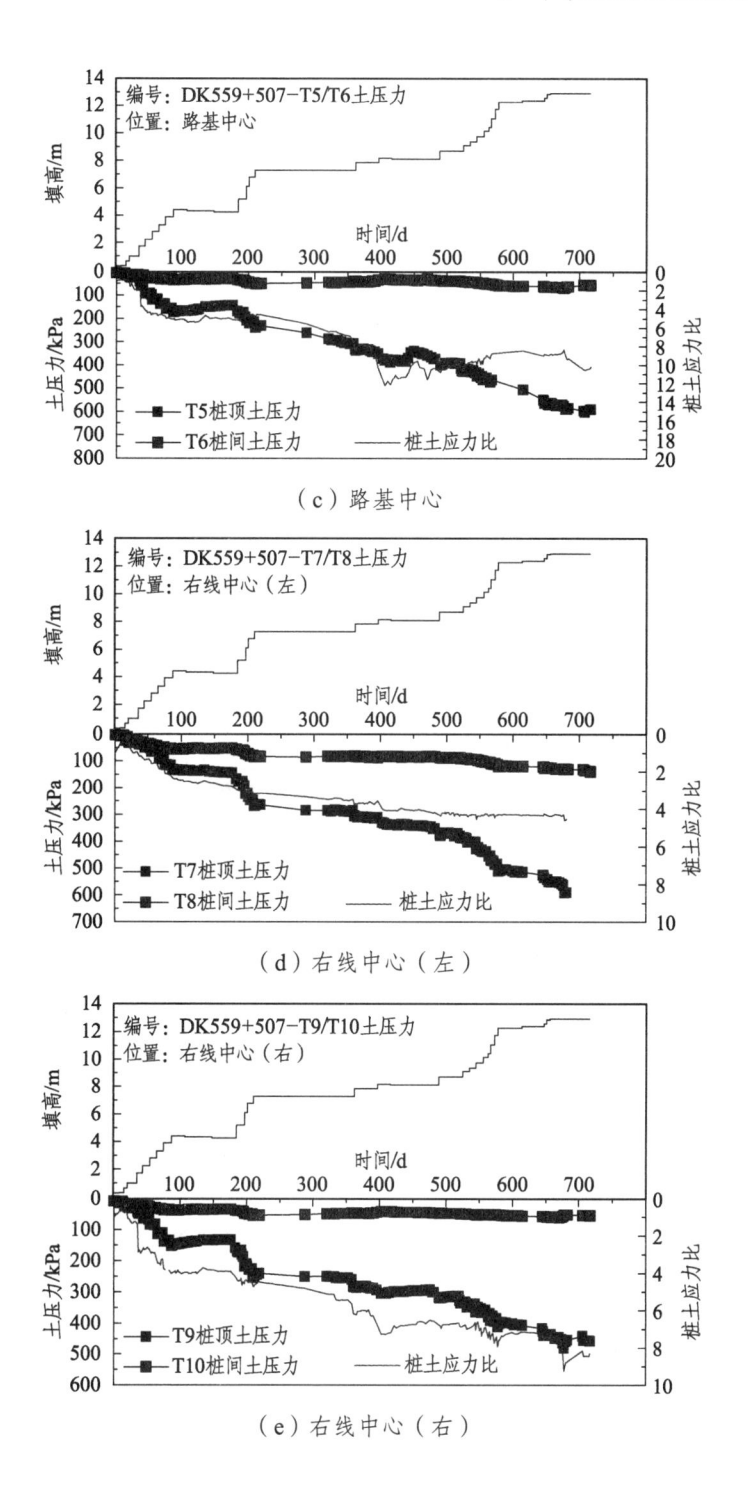

（d）右线中心（左）

（e）右线中心（右）

（f）右路肩

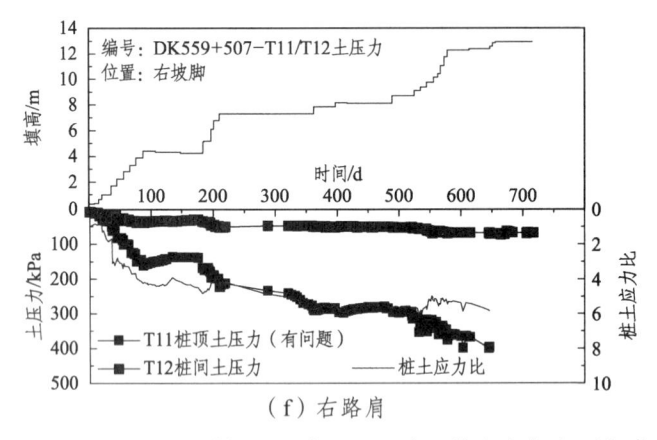

图 6-41　DK559+507 断面不同位置土压力、桩土应力比-时间曲线

3）DK559+540 断面

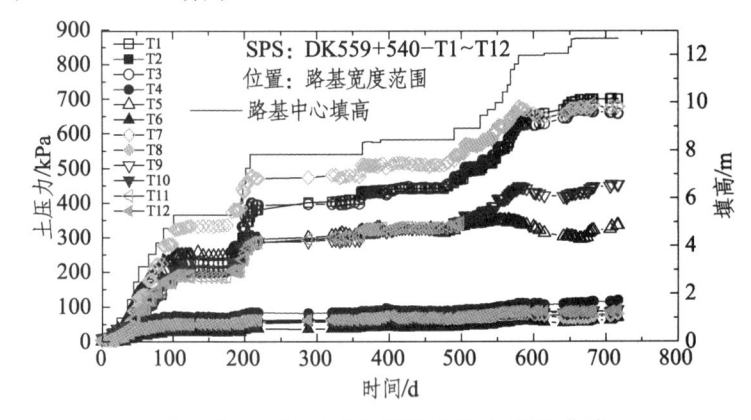

图 6-42　DK559+540 断面土压力-时间曲线

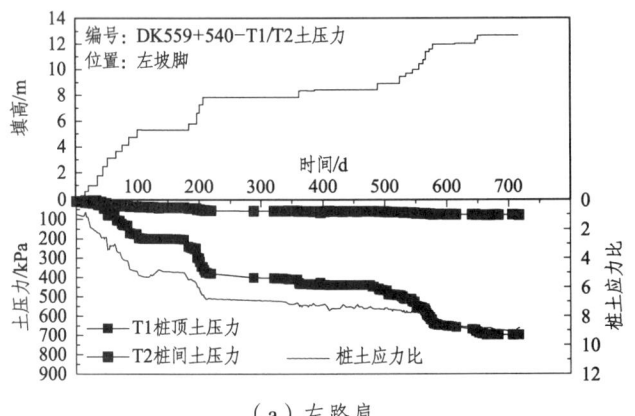

（a）左路肩

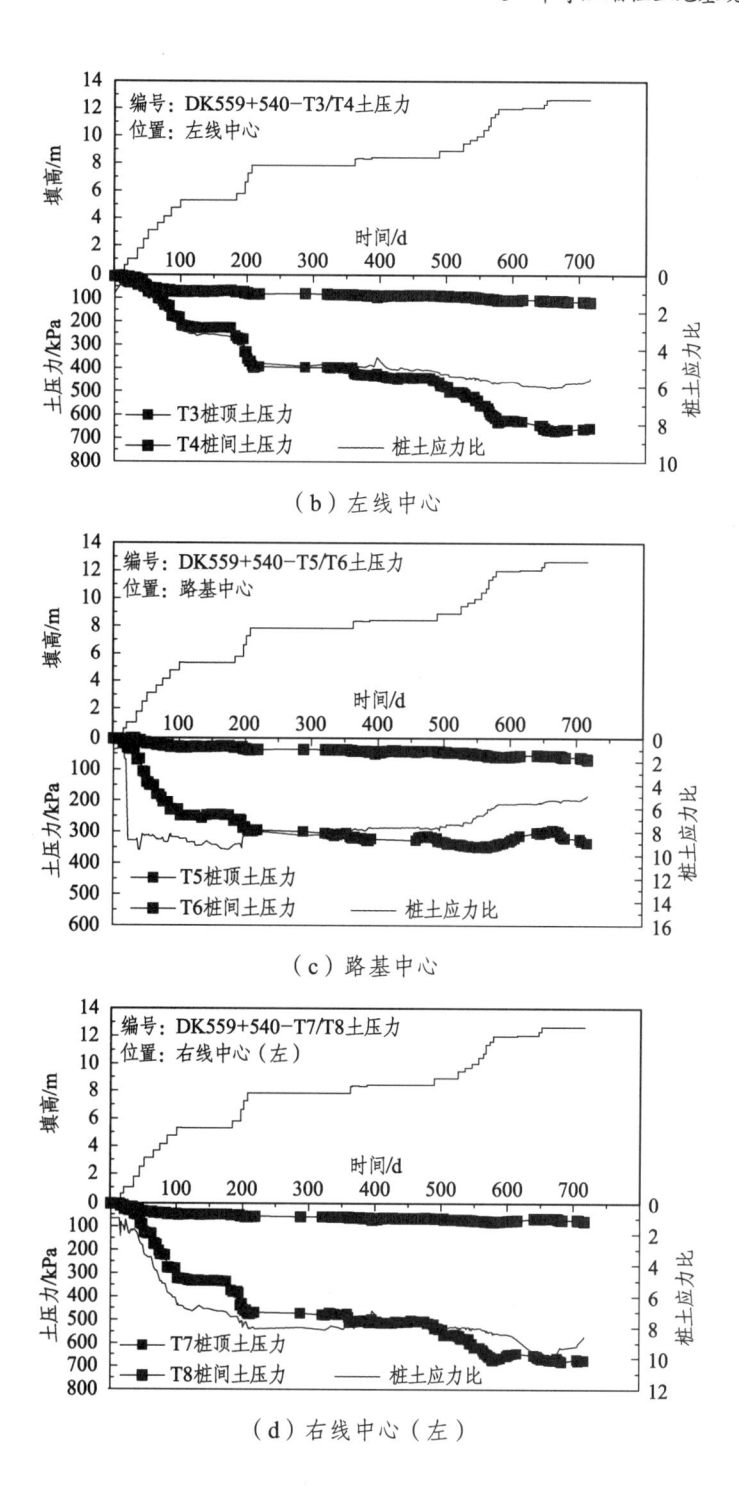

（b）左线中心

（c）路基中心

（d）右线中心（左）

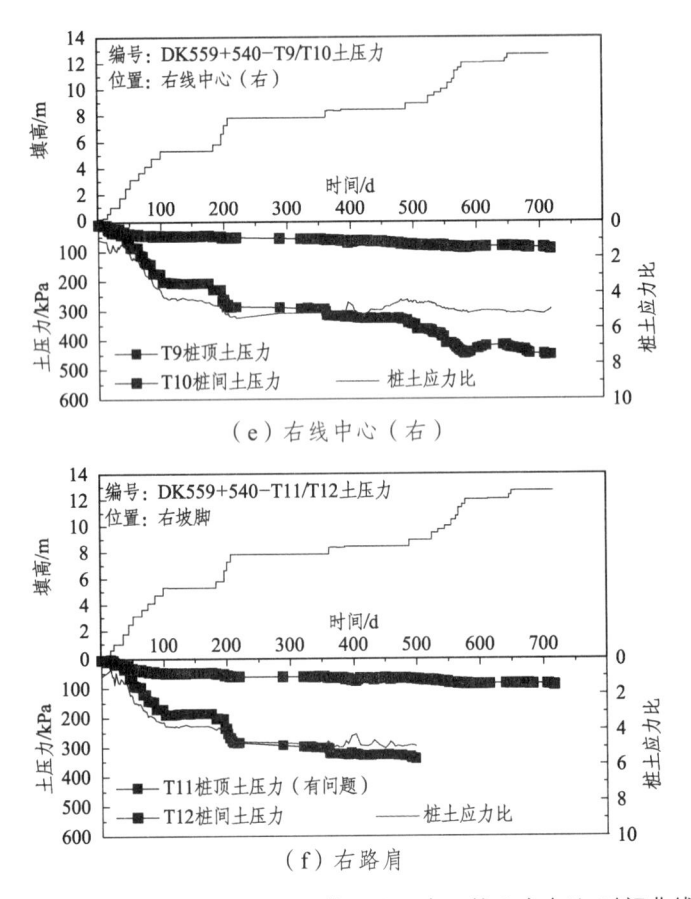

图 6-43 DK559+540 断面不同位置土压力、桩土应力比-时间曲线

4) DK559+606 断面

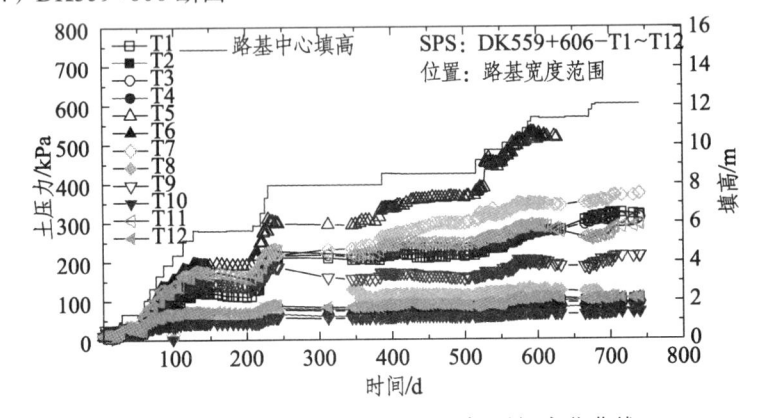

图 6-44 DK559+606 断面土压力-时间变化曲线

6 中等压缩性土地基现场监测

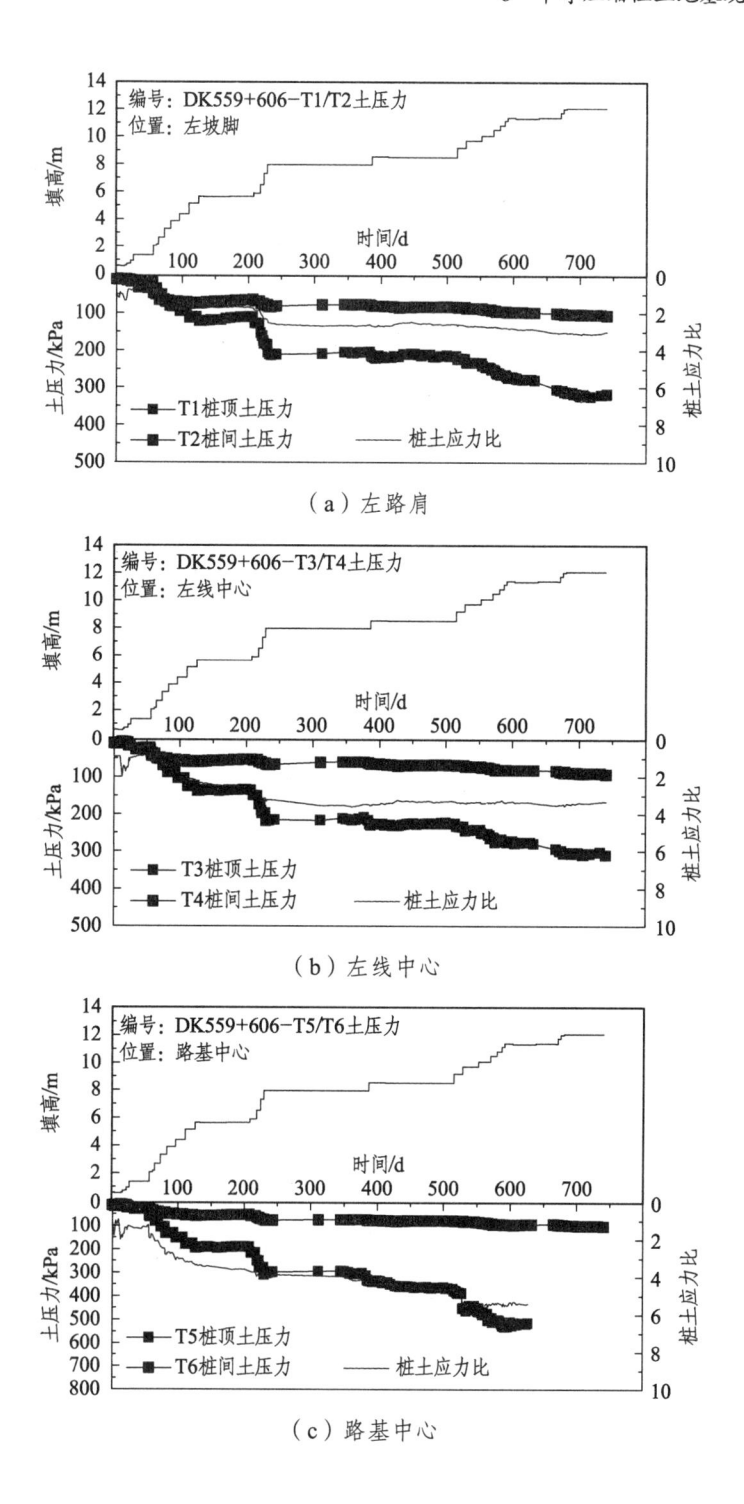

(a) 左路肩

(b) 左线中心

(c) 路基中心

(d) 右线中心（左）

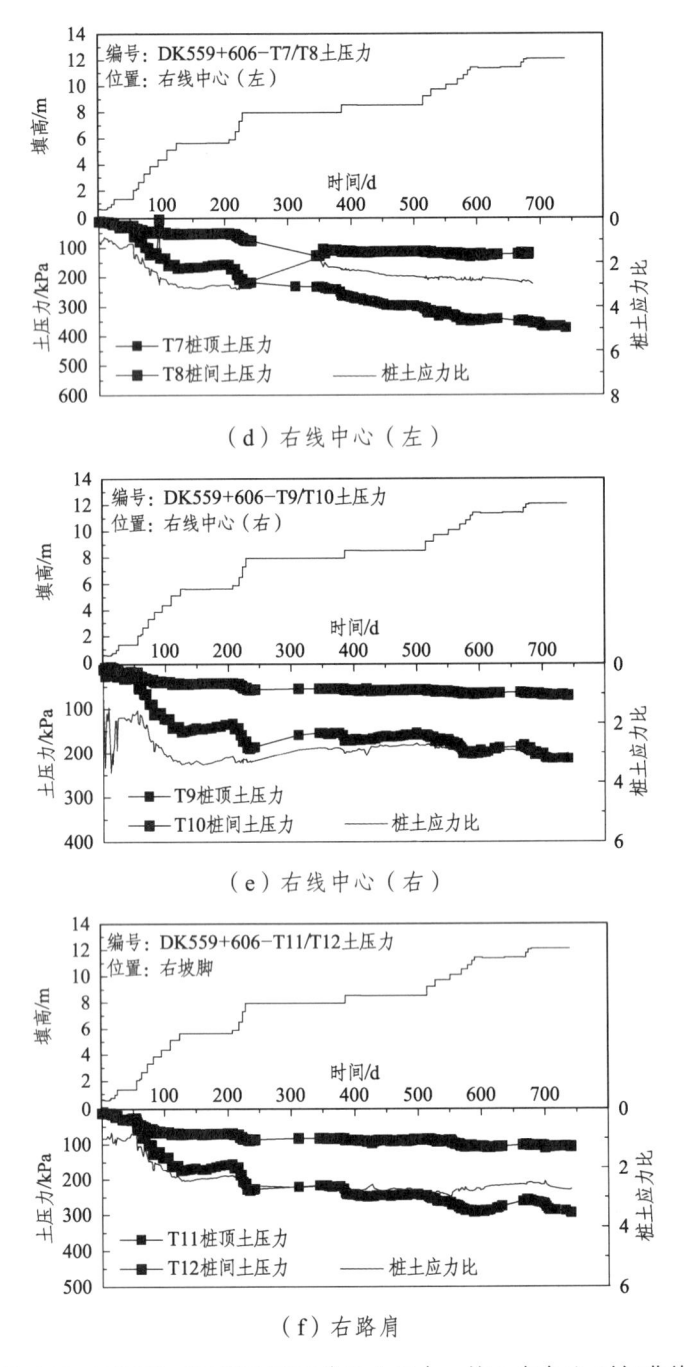

(e) 右线中心（右）

(f) 右路肩

图 6-45 DK559+606 断面不同位置土压力、桩土应力比-时间曲线

5）DK559+650 断面

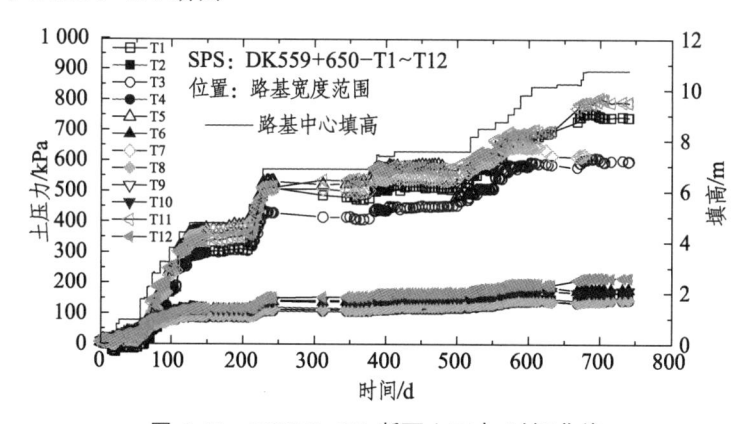

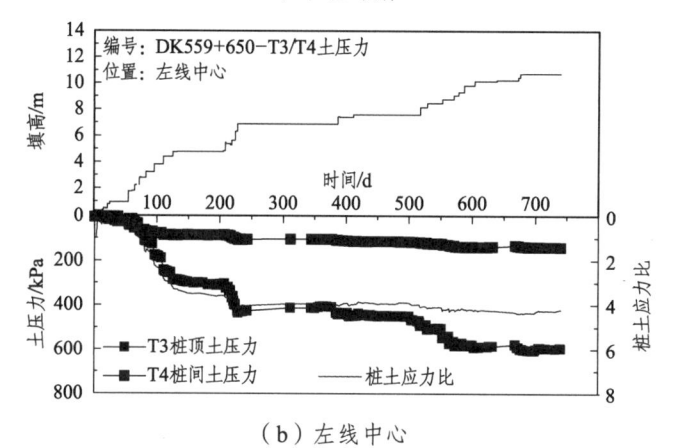

图 6-46 DK559+650 断面土压力-时间曲线

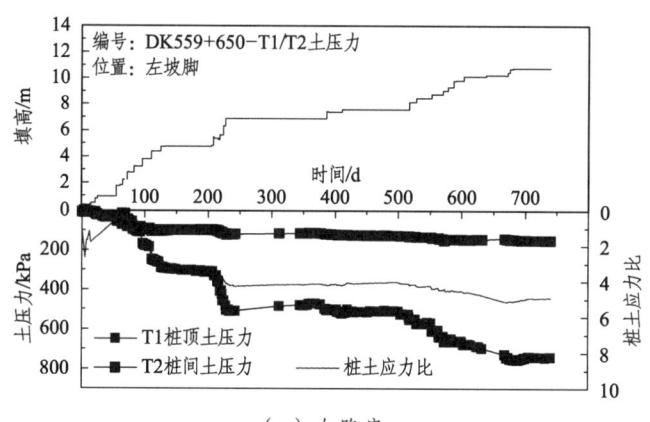

（a）左路肩

（b）左线中心

(c) 路基中心

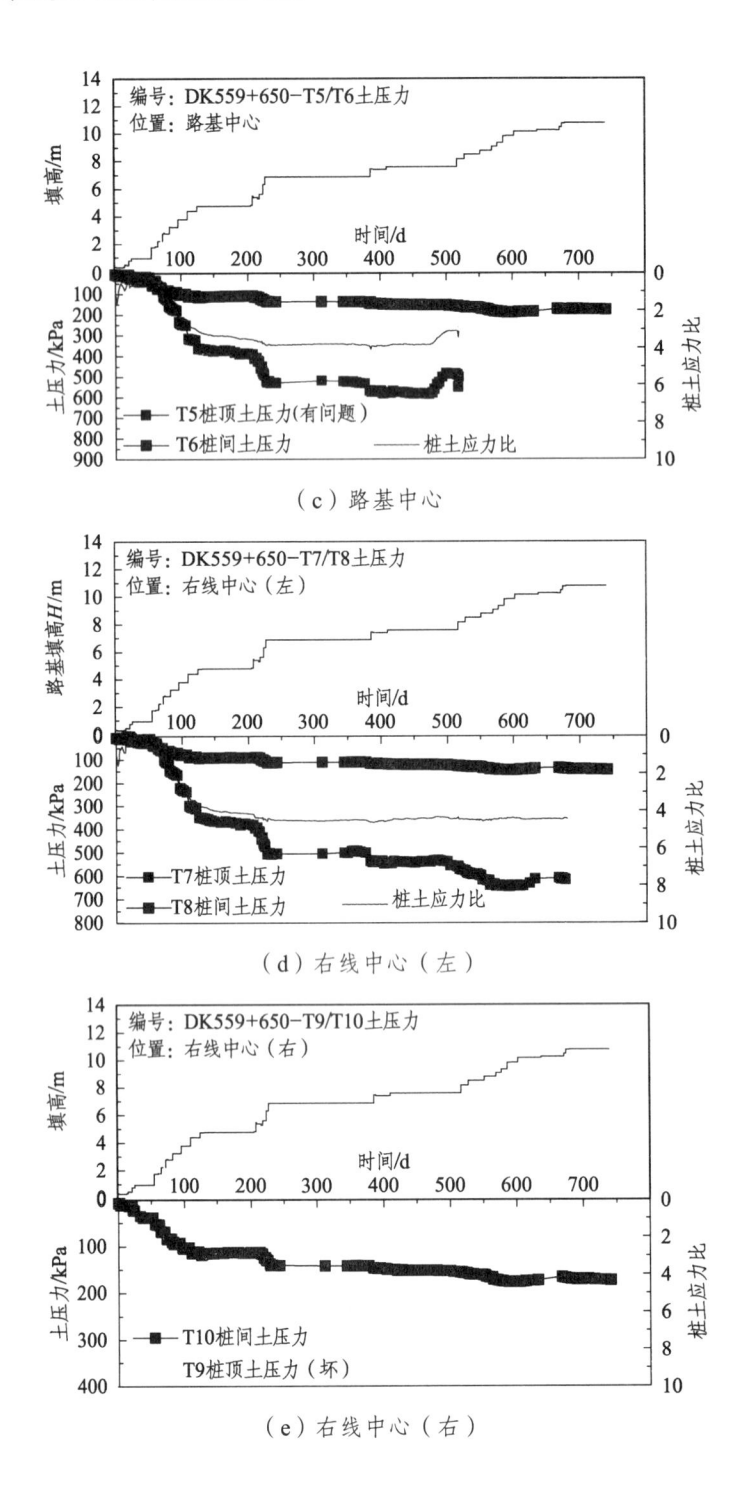

(d) 右线中心（左）

(e) 右线中心（右）

(f）右路肩

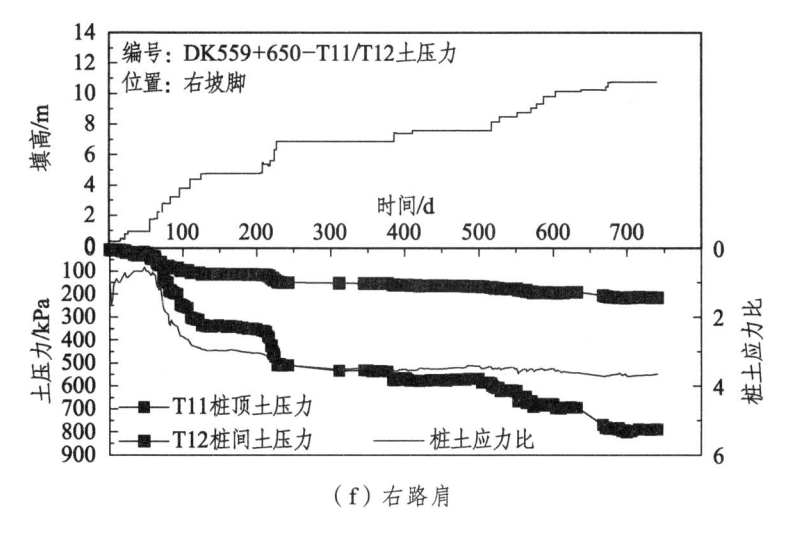

图 6-47　DK559+650 断面不同位置土压力、桩土应力比-时间曲线

6）DK559+671 断面

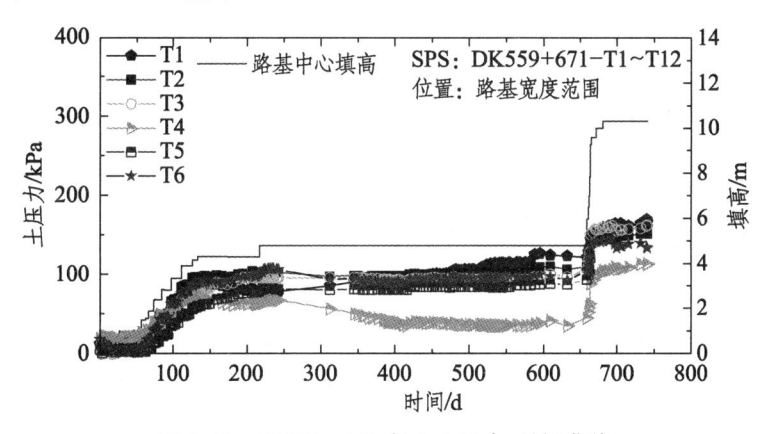

图 6-48　DK559+671 断面土压力-时间曲线

7）小　结

根据土压力检测数据可知，路基基底土压力变化趋势与路基填筑高度一致，对于 CFG 桩加固断面，桩顶土压力明显比桩间土压力大。根据各个断面桩土应力比可知，在第一次路基填筑期间，桩土应力比随填筑高度的增加而迅速增长；第二次填筑时，其增长幅度明显减小；在进行第三次填筑时，桩土应力比基本保持不变。这与路堤中土拱的形成过程相关，在填筑初期，

土拱正在形成，应力在不断向桩体转移，桩土应力比逐渐增大。当填筑高度达到某一值后，土拱完全形成，此时增加的荷载则是按照某一比例分配到桩和桩间土上，因此桩土应力比保持某一值不变。

6.5 本章小结

本章以柳南客运专线修建为依托，在 DK559+475 ~ DK559+671 试验段选取 6 个典型断面进行现场试验，对高填方路基中等压缩性土地基沉降变形特性进行了研究。

（1）设置桩帽的 CFG 桩处理断面，桩土差异沉降一般小于 5 mm；未设桩帽的 CFG 桩处理断面，桩土差异沉降较大，能超过 10 mm。由于地基浅层附加应力较大，地基浅层模量大小直接影响地基整体沉降和附加应力的扩散。加固处理的地基表层，模量显著增大，对减小总沉降和增加承载力是十分有利的。

（2）地基沉降随着路基填筑高度的增加和时间的延长而增大。在路基填筑过程中，地基沉降速度较快，竣工后的地基沉降相对较缓慢。各断面地基沉降增长总体趋于稳定，未出现较大沉降突变情况。路基横断面的沉降呈中间大，逐步向左、右两侧递减的趋势。桩土沉降差一般随着路基填筑高度的增加而增大，同时也具有中间大，逐步向左、右两侧递减，并在坡脚处归零的趋势。增加 CFG 桩桩长能够有效降低地基沉降量。

（3）各深度分层沉降变形规律一致，分层沉降变形量随深度增加逐渐减小。加固区内变形量小，下卧层变形量大，并且在观测深度以下的土体的变形量很大，应予以重视。在桩底处，土体变形增量大，这与 CFG 桩荷载传递机制相关。另外，由于土体性质不均，土体变形增量并不是随深度增加而逐渐减小，其分布规律与原位试验所得地层分类一致。多点位移计和沉降磁环两种观测方法得到的变形规律一致，但多点位移计的监测结果波动比沉降磁环小，其精度相对较高。

（4）CFG 桩处理断面的最大侧向位移，当地基变形模量较均匀时发生在桩端附近，当地基变形模量随深度减小时发生在加固区以下一定深度。加固区的侧向变形随深度有增加趋势，但加固区侧向变形较桩端或加固区以下的最大侧向变形明显偏小，说明 CFG 桩能有效约束地基的侧向位移。各监测断面地基的侧向位移都较小，满足客运专线有砟轨道铺设要求。

（5）剖面沉降与地面沉降板变化趋势较为一致。路基中心处沉降较大，随着向左右坡脚靠近，沉降逐渐减小。对于设置了桩帽的试验断面，桩土差异沉降较小，剖面沉降曲线也较为平滑，基本不能反映地表处桩土差异沉降，说明加筋垫层能起到调节差异沉降的作用。

（6）路基基底土压力变化趋势与路基填筑高度一致，对于 CFG 桩加固断面，桩顶土压力明显比桩间土压力大。根据各个断面桩土应力比可知，在第一次路基填筑期间，桩土应力比随填筑高度的增加而迅速增长；第二次填筑时，其增长幅度明显减小；在进行第三次填筑时，桩土应力比基本保持不变，这与路堤中土拱的形成过程相关。

7 结论与展望

7.1 主要结论

本书以柳南客运专线为工程背景,针对不同路基工况开展了膨胀土路基设计、锰矿开采区复合地基加固、四线并行段路基设计、岩溶及危岩落石整治设计,以及中等压缩性土地基现场监测的研究等。以柳南线若干断面为研究对象,进行了一系列室内试验、原位试验、沉降计算、路基稳定性分析、复合地基承载力分析、排水设计及路基防护研究,得到主要结论如下:

(1)多种室内试验结果表明:膨胀土路基试验段内,土体大多呈弱膨胀性;土样初始孔隙比 e_0 随深度的增大而减小,压缩系数 a_{1-2} 在 0.097~0.152 MPa^{-1} 之间变动,属于中等压缩性土;三轴试验中,土样在低围压下呈现低软化性,在高围压下呈现出硬化特征;对比各类室内试验及原位测试方法发现,不同方法测得的各类参数不完全一致,但是随深度的变化规律大体上一致。

(2)天然地基沉降计算中,基底应力采用修正的比例荷载法计算。附加应力计算中,弹性土堤法和拟合公式法考虑了路基高宽比、坡度、地基泊松比等参数,其计算结果更加接近实测值,故建议采用。对比采用不同基底应力算法所得沉降量可发现,采用不同的附加应力计算方法得到的最终沉降量之间差异很大，说明附加应力对沉降的影响比基底应力大得多。

（3）复合地基沉降计算中，采用传统的加固区+下卧层的方法与 $L/3$ 法所得结果相差不大，$L/3$ 法由于计算过程没有前者烦琐且与实际值更接近，故予以采用；另一方面，由于复合地基的沉降量采用修正的比例荷载法的计算结果作为基底应力的计算值，所得结果与实测值更为接近，间接说明了该公式的可靠性。

（4）不同稳定性分析方法之间存在假设条件、平衡条件、适用条件等方面的不同，但最大的区别还是条块间作用力假设的不同，瑞典条分法的计算结果一般误差较大，Bishop 法的结果更接近实际值，而传递系数法结果与 Bishop 法相近；对比 CFG 桩加固后的地基，其稳定性较天然地基有着很大提高，说明 CFG 桩复合地基对于沉降变形和稳定性提高都有很好的加固效果。

（5）在水泥搅拌桩加固洗矿池方案中，采用多向水泥搅拌桩的施工方法，有效解决了普通水泥搅拌桩成桩强度不达标、成桩深度受限、成桩质量难以控制等问题，并通过了单桩承载力和复合地基承载力的验算。在预应力管桩加固采空区的方案中，采用"预应力管桩+钢筋混凝土地梁+碎石垫层"的加固形式，经验算其单桩竖向承载力和水平承载力均满足规范要求。

（6）会车压力波是影响线间距的主要因素，根据相关规范及计算确定柳南客专四线并行段路基两线之间最小线间距为 4.6 m，并行线间线间距的设置在考虑了路基面宽度、基床结构形式、排水设施与接触网立柱设置的要求等因素后，确定并行线两线之间最小线间距为 7.7 m。对线间沟的泄水能力进行验证，发现其满足设计流量的要求。

（7）岩溶注浆加固使用"探灌结合、分序实施、动态设计"的施工原则，使得加固措施更加科学合理；针对溶洞发育强烈处，根据现场揭示情况采取动态调整注浆浆液浓度的措施，使得加固措施更有针对性；对于基底岩溶发育、地下水位较高、覆盖土较厚、填方较高及不均匀沉降难以控制的情况，宜设桥通过。

（8）落石防护主要遵循以下原则：针对隧道进出口危岩落石强烈发育地段，贯彻"早进晚出"的理念；当防护难度大，存在极大安全隐患时采取增设和接长明洞、棚洞的方法；除去以上两种情况，其他路段路基防护应根据落石计算等设置主、被动防护网。图 7-1 为喀斯特地貌危岩落石整治后实景。

（9）中等压缩性土地基条件下的高填方路基，地基沉降随着路基填筑高度的增加和时间的延长而增大。当天然地基沉降计算不满足规范要求时，采用 CFG 桩进行地基加固是必要的，CFG 桩加固断面桩顶土压力明显比桩间土压力大；且在 CFG 桩顶部设置桩帽对高填方路基减少总沉降和增加承载力是有利的。

图 7-1　喀斯特地貌危岩落石整治后实景

7.2　展　望

本书论述部分涉及试验、沉降计算、稳定性分析、复合地基、路基防护等诸多内容，笔者论述部分仅参考现有工程资料及相关试验研究，其中必有诸多疏漏之处有待更正，包括：

（1）室内试验与原位试验获取的相关参数与真实值相比有一定偏差，因此在试验时应采取必要措施增加试验结果的精度，减少不必要的扰动。

（2）无论是沉降计算还是稳定性分析，都是在假设土层均质、各向同性

7 结论与展望

等不同前提条件下进行的理论分析计算,结果与实测值还是存在差别。所以必须进行长期的应力应变、沉降变形及稳定性的观测,再结合理论计算,总结地基土力学及变形特性。

(3)目前,预应力管桩的设计计算大多参考建筑规范,其在铁路工程上的运用还未成熟,希望通过本次设计,总结出管桩加固下的复合地基的沉降变形特性及承载力变化规律,为预应力管桩更好地应用到铁路工程上提供借鉴。

(4)本书所提及的复合地基研究内容目前只涉及基本的地基沉降、承载力及加固效果等方面,针对复合地基内部土体的力学特性及变形特征尚未深入研究。

(5)岩溶和危岩落石整治是喀斯特地貌和地质条件下路基工程设计需要攻克的难题,一个是不良地质条件下的地基处理问题,一个是边坡防护问题。本书仅结合柳南客运专线的勘察设计经验对上述问题进行总结研究,后续仍需要通过理论分析、注浆和落石试验研究的深化,再结合更多工程实践,完善设计理论、设计原则及整治措施。

参考文献

[1] 王国强. 安徽省江淮地区膨胀土的工程性质研究[J]. 岩土工程学报, 1999（1）: 122-124.

[2] 周建普, 李献民, 王永和. 湖南某高速公路膨胀土变形特征相关性试验研究[J]. 公路, 2003（4）: 114-118.

[3] JIANG G, CHEN W, LIU X, et al. Field study on swelling-shrinkage response of an expansive soil foundation under high-speed railway embankment loads[J]. Soils and Foundations, 2018, 58（6）: 1538-1552.

[4] MIAO L, LIU S, LAI Y. Research of soil-water characteristics and shear strength features of Nanyang expansive soil[J]. Engineering Geology, 2002, 65（4）: 261-267.

[5] 冯玉国. 用物元分析法判别膨胀土胀缩等级[J]. 勘察科学技术, 1996, 4: 28-31.

[6] 卢国斌, 张瑾. 膨胀土胀缩等级分类的 Fisher 分析判别[J]. 辽宁工程技术大学学报, 2013, 32（11）: 1476-1479.

[7] AYTEKIN M. Numerical modeling of EPS geofoam used with swelling soil[J]. Geotextiles and Geomembranes, 1997, 15（1-3）: 133-146.

[8] 曾国熙, 顾尧章, 徐少曼. 饱和粘性土地基的孔隙压力[J]. 浙江大学学报, 1964（1）: 105-122.

[9] 蒋关鲁, 王海龙, 李安洪, 等. 高速铁路路基基底应力计算方法研究[J].

铁道建筑，2009，4：104-105.

[10] PERLOFF W H, BALADI G Y, HARR M E. Stress distribution within and under long elastic embankments[J]. Highway Research Record，1967，181：12-40.

[11] 王海龙. 高速铁路客运专线天然地基及CFG桩加固地基沉降特性研究[D]. 成都：西南交通大学，2010.

[12] MINDLIN R D. Force at a point in the interior of a semi-infinite solid[J]. Physics，1936，7（5）：195-202.

[13] GEDDES J D. Stresses in foundation soils due to vertical subsurface loading[J]. Geotechnique，1966，16（3）：231-255.

[14]]RANDOLPH M F，WROTH C P. An analysis of the vertical deformation of pile groups[J]. Geotechnique，1979，29（4）：423-439.

[15] 李建国，王珣，孙立勋. 复合地基下卧层附加应力实用计算方法研究[J]. 铁道工程学报，2015，10：32-37.

[16] 肖溟，龚晓南，黄广龙. 深层搅拌桩复合地基承载力的可靠度分析[J]. 浙江大学学报（工学版），2000，34（4）：3-6.

[17] 李哲. 粉喷桩复合地基承载特性与承载力评价方法研究[D]. 西安：长安大学，2006.

[18] 易思蓉. 铁道工程[M]. 北京：中国铁道出版社，2012.

[19] BISHOP A W. The use of the slip circle in the stability analysis of slopes[J]. Geotechnique，1955，5（1）：7-17.

[20] 张鲁渝，郑颖人，时卫民. 边坡稳定分析中关于不平衡推力法的讨论[J]. 岩石力学与工程学报，2005（1）：177-182.

[21] JANBU N. Slope stability computations[J]. Publication of：Wiley（John）and Sons，Incorporated，1973.

[22] Spencer E. A method of analysis of the stability of embankments assuming parallel inter-slice forces[J]. Geotechnique，1967，17（1）：11-26.

[23] SARMA S K. Stability analysis of embankments and slopes[J]. Journal of Geotechnical and Geoenvironmental Engineering，1979，105（12）：

1511-1524.

[24] 刘怡林. 甘肃省黄土地区高路堤、深路堑边坡稳定性研究[D]. 西安：长安大学，2001.

[25] 刘金龙，边坡稳定性及路堤变形与破坏机理研究[D]. 武汉：中科院武汉岩土力学研究所，2001.

[26] 李国英，沈珠江. 下限原理有限单元法及其在土工问题中的应用[J]. 岩土工程学报，1997（5）：86-91.

[27] 郑颖人，赵尚毅，邓楚键，等. 有限元极限分析法发展及其在岩土工程中的应用[J]. 中国工程科学，2006（12）：39-61+112.

[28] 赵尚毅，郑颖人，时卫民，等. 用有限元强度折减法求边坡稳定安全系数[J]. 岩土工程学报，2002（3）：343-346.

[29] 周资斌. 基于极限平衡法和有限元法的边坡稳定分析研究[D]. 南京：河海大学，2004.

[30] SHIRAISHI S. Recent major shield-driven tunnels through soft ground in Japan[J]. Soils and Foundations，1969，9（3）：16-34.

[31] [31] HOWELL K M，JENKINS P D. Records of shrews（Insectivora，Soricidae）from Tanzania[J]. African Journal of Ecology，1984，22（1）：67-68.

[32] CRAIG W H. Collapse of cohesive overburden following removal of support[J]. Canadian Geotechnical Journal，1990，27（3）：355-364.

[33] 谢忠球，万志清，钱海涛. 抽水引起岩溶区路基塌陷的机理分析及其控制[J]. 公路，2006，12（7）：25-28.

[34] 王建秀，何静. 阻水盖层分布区岩溶塌陷的物质基础及成因研究[J]. 水文地质工程地质，2000，（4）：25-29.

[35] 冷长明. 覆盖型岩溶路基塌陷机理与注浆加固方法[J]. 铁道建筑技术，2012，（1）：45-49.

[36] 薛元，郑永飞，曾锐，等. 动态设计在云桂铁路路基岩溶整治中的应用[J]. 高速铁路技术，2016，7（1）：19-25.

[37] AL-JABALI A M O，LEI N，AL-MAQTARY A S，et al. Causes of rockfalls

in Al-Huwayshah area, Yemen[J]. Global Geology, 2009, 12（1）: 5-12.

[38] DUNNING S A, MITCHELL W A, ROSSER N J, et al. The Hattian Bala rock avalanche and associated landslides triggered by the Kashmir Earthquake of 8th October 2005[J]. Engineering Geology, 2007, 93（3-4）: 130-144.

[39] 叶四桥, 唐红梅, 祝辉. 万州地区危岩发育的典型成因[J]. 水力发电, 2007, 33（2）: 31-33.

[40] 陈洪凯, 鲜学福, 唐红梅, 等. 三峡库区危岩群发性机理与防治——以万州太白岩为例[J]. 重庆大学学报, 2008, 31（17）: 1178-1184.

[41] [41]AZZONI A, LA BARBERA G, ZANINETTI A. Analysis and prediction of rockfalls using a mathematical model[J]. International Journal of Rock Mechanics & Mining Sciences & Geomechanics Abstracts, 1995, 32（7）: 709-724.

[42] JIANG J, YOKINO K, YAMAGAMI T. Identification of dem parameters for rockfall simulation analysis[J]. 岩石力学与工程学报, 2008, 27（12）: 2418-2430.

[43] 袁进科, 黄润秋, 裴向军. 滚石冲击力测试研究[J]. 岩土力学, 2014, 35（1）: 48-54.

[44] 叶四桥, 陈洪凯, 唐红梅. 落石冲击力计算方法的比较研究[J]. 水文地质工程地质, 2010, 37（2）: 59-64.

[45] 叶瑛. 高速铁路膨胀土地基沉降控制试验研究[D]. 南京: 东南大学, 2006.

[46] 南京水利科学研究院土工研究所. 土工试验技术手册[M]. 北京: 人民交通出版社, 2003.

[47] 龚晓南. 复合地基理论及工程应用[M]. 北京: 中国建筑工业出版社, 2002.

[48] 厉见芬, 代国忠, 李书进. 干湿法水泥搅拌桩加固软土地基工程实例对比分析研究[J]. 混凝土与水泥制品, 2013, 9: 39-41.

[49] 郑刚, 姜沂良. 水泥搅拌桩复合地基承载力研究[J]. 岩土力学, 1999,

20（3）：46-50.

[50] 王杰. 预应力管桩设计理论及其工程应用研究[D]. 长沙：湖南大学，2009.

[51] 乔英俊，何德华，陈厚嫦. 高速铁路线间距对列车交会压力波的影响研究[J]. 高速铁路技术，2016，7（6）：7-12.

[52] 朱军军. 高速铁路岩溶路基加固及效果检测研究[D]. 成都：西南交通大学，2017.

[53] 汤新福. 岩溶地质特征与路基岩溶病害调查及治理研究[D]. 长沙：中南大学，2005.

[54] 李铭鹏. 覆盖型岩溶地基基础处理方法的探索[D]. 深圳：深圳大学，2017.

[55] 叶四桥，陈洪凯，唐红梅. 危岩落石防护技术体系及其特点[J]. 公路，2010，7：80-84.

[56] 林宗元. 岩土工程勘察设计手册[M]. 沈阳:辽宁科学技术出版社,1996.

[57] LOGANATHAN N，BALASUBRAMANIAM A S，BERGADO D T. Deformation Analysis of Embankments[J]. Journal of Geotechnical Engineering，1993，119（8）：1185-1206.

[58] 周镜. 软土沉降分析中的某些问题[J]. 中国铁道科学，1999，20（2）：19-31.

[59] 殷宗泽. 土体的侧向变形[C]//岩土力学的理论与实践——第三届全国青年岩土力学与工程会议论文集，1998.

[60] 曾国熙. 垂直荷载下软粘土地基的侧向变形[J]. 浙江大学学报，1962，（1）：93-124.